教育·心理研究与探索丛书

丛书主编 ● 赵国祥 刘志军

教育学视阈中的人
基于马克思主义人学的思考

刘黎明 ◎ 著

科学出版社
北京

图书在版编目（CIP）数据

教育学视阈中的人：基于马克思主义人学的思考/刘黎明著．—北京：科学出版社，2010.7

（教育·心理研究与探索丛书）

ISBN 978-7-03-027881-4

Ⅰ.①教⋯　Ⅱ.①刘⋯　Ⅲ.①马克思主义-人学-应用-教育学-研究　Ⅳ.①G40②A811.64

中国版本图书馆 CIP 数据核字（2010）第 107236 号

责任编辑：付　艳　赵　冰／责任校对：桂伟利
责任印制：徐晓晨／封面设计：无极书装
编辑部电话：010-64035853
E-mail：houjunlin@mail.sciencep.com

科 学 出 版 社 出版
北京东黄城根北街 16 号
邮政编码：100717
http://www.sciencep.com

北京虎彩文化传播有限公司 印刷
科学出版社发行　各地新华书店经销
*

2010 年 7 月第 一 版　开本：B5（720×1000）
2021 年 1 月第三次印刷　印张：18
字数：255 000
定价：88.00 元
（如有印装质量问题，我社负责调换）

"教育·心理研究与探索"
丛书编委会

主　编　赵国祥　刘志军
副主编　汪基德　刘济良　杜　静
成　员　（按姓氏拼音排序）
　　　　蔡建东　宫火良　刘金平
　　　　刘黎明　王　可　王星霞
　　　　杨　捷　杨江涛　张新海
　　　　赵俊峰　左辞波

丛书序
preamble

关于心理学的出身，学界公认的观点是：哲学是其母体，自然科学研究方法是其催生的力量。由于出身的这种特殊性，心理学诞生后百余年来，一直在"亦文亦理"的道路上摇摆前行。其间，心理学与教育又结下了不解之缘，形成了教育心理学、学校心理学等以教育问题为直接研究对象的分支学科和领域，还有发展心理学、心理测量学、社会心理学等为实施教育提供依据和指导的学科，当然还有最新的认知神经科学，其成果和研究进展都会直接触动教育改革与发展，更新教育观念。可以说，心理学中的若干分支学科的发展与研究成果为教育问题的科学解决起到了不可替代的作用。在教育问题"心理学化"的同时，教育学的发展也在拉动心理学的成长。教育不仅是心理学展示价值的重要领域，也是心理学研究的问题源。在一定意义上，教育学的问题直接影响到心理学若干领域研究的方向、研究的内容以及研究成果的价值。总而言之，教育与心理应该是密不可分的"好朋友"，应该携手而行。河南大学教育科学学院策划出版"教育·心理研究与探索"丛书，集中展示近年来该院在全国著名高校获得博士学位的教育学、心理学年轻教师的科研成果，不仅反映出该院教师队伍建设成效颇显，同时再次表明教育与心理相辅相承的密切关系。

该丛书冠以"研究与探索"，直接反映了该丛书的基本特点。即丛书内容是作者深入思考、严密论证、实验求解的结果。每本书不仅是一个领域或一个专题的系统解读，同时还蕴寓有对该领域或该专题的展望。在这个意义上，该丛书的成果有一定创新性。

既然称之为丛书，各册之间应有逻辑关联，应构成一个相对完整的知识体系。这套书仅从题目看，似乎有点散，但实际上还是有一条主线的，只不过是条"暗线"，即主要还是围绕人的发展而展开的。

第一是学生成长的环境——学校，即《反思与前瞻：学校发展变革研究》，向读者展示了学校作为一种社会组织的形成与发展历程，以及当前面临的挑战和走向。第二是学生成长中的重要他人——教师，即《反对的力量：新课程实施中的教师阻抗》，教师作为课程改革实施主体，直接决定着新课程改革的实效，进而影响着学生发展。作者分析、研究了教师在"课改"中的阻抗情况。对深入推进"课改"有直接指导意义。第三是技术，即《现实、历史、逻辑与方法：教育技术研究范式初探》，作者探讨了教育现代化中的关键环节"教育技术"，从学派差异与学科差异两个角度对教育技术学研究范式进行了阐释，为科学理解和运用教育技术、研究教育技术提供了参考。第四是学生，涉及教育中最基本的问题，即《教育学视阈中的人：基于马克思主义人学的思考》关于"人"的看法，直接决定着教师素质中最为关键的成分即"学生观"。该书以马克思主义人学为指导对该问题进行了深入、系统探讨，对提高广大教育工作者的理论水平有重要帮助。同时，关于学生的发展还包括两个最常见、也是一直以来人们比较关注的问题，即《解密学业负担：学习过程中的认知负荷研究》和《中学生的写作认知能力及培养》，这两本书的作者都是从心理学，更确切地说是从认知及认知发展角度入手，吸纳先进"思维理论"和"认知加工理论"，对研究的主题进行了实证研究，从"过程"揭示了问题实质所在。最后，该丛书还有两本探讨公众生活中最为常见的社会心理现象，即《解读述情障碍：情绪信息加工的视角》和《理解·沟通·控制：

公众的风险认知》,对科学认识心理现象与心理问题是有意义的。

  我们常说:开卷有益。在今天全球化、信息化的时代,知识经济日益凸显其主导地位,构建学习型社会、学习型组织正为世界各国所重视。"开卷"读书不仅是必须、必要的,开系列之卷,更为重要。

北京师范大学发展心理研究所所长
申继亮
2010年6月于北师大

前言
Preface

"人是一种不断探究自身的存在物，一个在他的生存的每时每刻都必须查问和审视他的生存状况的存在物。"① 从一定意义上说，人类存在和发展的历史，就是人不断认识和揭示自身的历史。因此，古今中外，围绕着人性、人的本质、人的生存与发展等人的问题的理论探索从未停止过，进而也形成了大量、丰富有关人的学术思想和成果。

人，既是教育的对象，又是教育的主体。教育的历史与实践表明：任何教育活动要想真正卓有成效，就必须建立在对人的充分理解和认识的基础上。因此，教育学研究最应以对人的问题的探讨和解答为己任，最该将有关人的学说作为其理论核心。然而，在目前大量、丰富有关人的学术思想和成果中，教育学特有的学科立场和视角对人的解读却微乎其微。本书选择"教育学视阈中的人"为研究课题，就是想尝试呼吁并突出人学研究在教育学研究中的特殊地位和作用，也想尽其所能在这方面有所作为。

在我国，自20世纪上半叶马克思主义的传播以来，就开创了以马克思主义为指导进行教育学研究的学术传统。然而，由于历史与社会的原因，直到今天我们在运用马克思主义理论研究教育问题时，仍存

---

① 朱长超.认识自我.上海：华东师范大学出版社，2003：9

在着诸多问题，例如，立场上的意识形态化大于学理研究，态度上的忽冷忽热、简单肯定或简单否定，方法上的机械照搬、演绎推理，内容上的随意剪裁、不求甚解等。时至今日，马克思主义被历史和实践证明是具有当代价值的世界观和方法论，因此，我们的教育学研究仍应坚持以马克思主义为指导。众所周知，马克思主义理论的核心是哲学，而马克思主义哲学在一定意义上又集中体现为人学，即以"解放全人类"为理论旨趣的关于人的问题的学说。所以，本书就把对教育学视阈中人的探究，建立在马克思主义人学的基础之上。

本书基于马克思主义人学对教育学视阈中人的探讨，一方面，是将马克思主义关于人的认识的世界观和方法论运用于教育学视阈中人的认识，集中体现为从"现实的人及其活动"出发考察教育世界中人的基本特性；另一方面，则从马克思、恩格斯关于人性的经典概括和深刻揭示出发，来反观教育学中关于人的问题的认识，例如，基于马克思关于人的自然性和"类本质"的揭示，对教育中人的生命自然作进一步的解读，从而力求在人之生命本原的意义上理解和把握教育中的人；基于马克思关于"人的本质在其现实性上是社会关系的总和"的论断，对教育中人的社会性问题进行反思，从人的社会本质上重新认识教育中"人的社会化与个性化"、"社会本位与个体本位"等问题，并强调对教育中人的社会性的理解应聚焦在"具体个人"上；基于马克思关于"人的全面发展"学说，重新思考教育中人的发展和全面发展教育问题，认为教育中人的全面发展着重体现为是一种整体发展、全面需求发展，以及必须在个人的实践活动中实现全面发展，同时，还要结合时代背景重新审视我们的全面发展教育；基于马克思关于实践活动在人的生成中的意义的揭示，深刻理解教育中人的实践活动性质及其与个人的关系，提出学习与交往作为教育中人的两种基本实践活动，在人的一切发展可能性变为现实性的转换中起着决定性的作用。

本书属于教育学的基本理论研究，同时也涉及跨学科研究——马克思主义哲学（人学）研究。无论是教育学的基本理论，还是马克思主义哲学，都是人文社会科学的基础研究。这种研究不是解决现实社会中的具体问题，而是为解决现实问题提供一定的基础理论支撑。因此，本书的写作主要是在大量的文献资料基础上，通过比较、思辨和推理的方式得出一些理性认识，以期带给相关领域学习和研究的读者些许启示。

刘黎明

2010 年 4 月

目 录

丛书序（申继亮）\ i

前言 \ v

第一章 导 论 \ 1
 第一节 教育学视阈中人的问题的提出 \ 2
 第二节 教育学视阈中人的认识的理论根基 \ 12
 第三节 教育学视阈中人的研究构思与方法 \ 28

第二章 从生命本原上认识教育中的人 \ 37
 第一节 自然性——人之生命本原 \ 38
 第二节 马克思关于人的生命自然观 \ 50
 第三节 从生命本原再认教育中的人 \ 55
 第四节 教育与人的需要 \ 67

第三章 从现实性上认识教育中的人 \ 83
 第一节 社会性——人之现实本质 \ 84
 第二节 社会关系的总和——马克思关于现实人的

　　　　本质观 \ 92
　　第三节　教育学中人的"社会性"问题反思 \ 104
　　第四节　关注教育中的"具体个人" \ 116

第四章　从发展性上认识教育中的人 \ 136
　　第一节　发展性——人之生命价值 \ 137
　　第二节　马克思关于人的全面发展学说 \ 151
　　第三节　教育学中关于"人的全面发展"问题省思 \ 158
　　第四节　全面发展教育的当代诠释 \ 171

第五章　从"实践"意义上认识教育中的人 \ 183
　　第一节　实践——人之生成机制 \ 184
　　第二节　教育中人的对象性实践活动 \ 200
　　第三节　教育中人的交往实践活动 \ 210

第六章　反思与重建 \ 236
　　第一节　教育学中关于人之认识反思 \ 236
　　第二节　马克思主义指导教育学中人的认识之思 \ 243
　　第三节　教育学关于人的认识理路 \ 250

参考文献 \ 261

后记 \ 269

第一章 导论

教育是关乎人的活动和事业，因此，教育理应建立在对人的合理认识的基础上，这似乎是不言自明的。然而，也许正是由于这不言而喻的道理，人们以为无需对于如何认识教育中的人进行深究，以至于造成教育学领域虽不乏对人的问题的探讨，却仍给人一种"人学空场"的感觉。究竟如何认识教育中的人，才是教育学视角而非其他学科视角对人的认识？教育学应基于怎样的立场、观点和方法认识教育中的人，才能达到教育学认识人的真正目的？这不仅关系到以人的认识为核心的教育学的理论建构，而且还影响到以人的培养为直接目标的教育活动将何去何从。

第一节 教育学视阈中人的问题的提出

由于教育与人的关系的密不可分性,即倘若要问"什么是教育",就等于问"什么是人"。因此,古今中外,教育领域关于人的思考和探讨从未停止过,尤其是教育学作为一门独立的学科形成以后,有关人的问题的研究更是非常丰富,并形成了成果不菲的理论和思想。然而,如何才能在这些理论和思想的基础上,形成一种独具教育学视角关于人的问题的认识,从而为教育对人的生命质量的提升提供一种理论的支撑?在笔者看来,这是当前教育学研究所面临的一个重要课题。

一、反观教育学关于人的问题的探索

如上所述,长期以来,教育学并非缺乏关于人的问题的认识和探索,但不能否认,这些认识和探索更多地体现为哲学、心理学以及人类学等学科视角,而非真正教育学特有的立场和视角。虽然这些学科往往也被冠之于"教育"的头衔,即教育哲学、教育心理学、教育人类学等,但这不过是给这些学科知识贴上"教育"的标签。因此,所谓教育学对人的理解和认识,基本上也就是停留在哲学、心理学、人类学等学科层面,而未真正进入教育学层面。

(一) 哲学的视角

教育学视野中对人的研究,最为集中和最具代表性的当数哲学,或曰教育哲学。应该说,教育学是脱胎于哲学的,与哲学有着难以割舍的渊源关系,正如杜威所言:"哲学甚至可以解释为教育的一般理论。"[①] 但是,当教育开始走上"学"的道路以后,就把对人的思考交

---

① 约翰·杜威. 民主主义与教育. 王承绪译. 北京: 人民教育出版社, 2001: 347

给了哲学，自己则潜心专注于所谓教育规律的认识。随着教育"学"势力的不断壮大，便有教育哲学担当起不同于心理学、生理学等科学性质对教育中的人的认识。从德国黑格尔学派的罗森克兰茨著成的《作为一种体系的教育学》（Pedagogy as a System，1848年），后被美国学者布莱克特译为《教育哲学》（The Philosophy of Education，1894年），作为"教育哲学"独立形成的标志起，教育哲学就蕴涵着浓厚的对教育中的人的哲思。罗森克兰茨认为："对个体而言，教育过程是一个自我意识的丰富与发展的过程，即通过学习，扬弃自然的自我，进而达到理性自由的真正自我。"

20世纪初，美国的哲学家、教育学家杜威出版了《民主主义与教育》一书，该书被认为是迄今为止体系最为完整的一部教育哲学著作。其中对教育中人性与自然、个体与社会、身体与灵魂、心与物等"人的问题"进行了广泛而深入的探索。到了当代，教育哲学出现了众多流派，但有关人的问题始终是一个共同的话题。例如，存在主义教育哲学认为，知识应成为自我的手段，教育在于使人自我完善，学习的内容应服务于自我设计，课程的重点从外部世界的知识转移到人格世界的知识；行为主义哲学则认为，教育的目的就是要改变人的行为，把教育中的一切问题变为人的行为，将教育问题行为化。

我们国家的教育哲学研究起始于20世纪20年代，从最初的以引进西方教育哲学为主，到后来自己的著书立说，基本上都不乏对人性、人的本质、人的发展等问题的探讨。例如，我国学者张家祥在其所著《教育哲学》一书中，明确提出"人的问题是教育哲学的重要问题"，并对"人性观与教育观"的关系进行了历史考察。

由于人本身就是哲学的永恒主题，因此教育哲学对人的探讨，基本上是哲学领域对"普遍人"的探讨，而且多是一种演绎推理式的探讨。正如曾任美国教育哲学学会会长 Brubacher J. S. 所指出的："一般教育哲学的叙述，重点方面多有所偏差。在叙述方面，至多以哲学范畴为主而牺牲所谓真正的教育问题。例如，一些作家在讨论教育哲学时,总是围着与实在论、唯心论、实证主义、存在主义类似的哲学派别打转,其他的人,包括笔者自己在内,则依照哲学的分类——形而上学、认识论与价值论等来编排。这两种情况,都将教育问题,如教育目标、课程与方法等,附属于哲学范畴之内。而教育反倒像仅是附在哲学骨骼上的皮肉一样,只用来阐明哲学的原则。"[①] 至于有关教育中人的哲学思考,情形更是如此。

教育学脱胎于哲学,因此对教育中人的哲学思考是教育学的应有之意。况且,从哲学的视角对人的认识,是在整体层面对教育中人的把握,从而使我们能够对诸如人之本质、人的生存与发展等这些有关人的根本性问题有所了解,以成就教育在终极关怀的层面对人的影响。但是,不能否认,哲学思考为我们提供的只是教育中人的一般性假设和对人的认识的大前提,不能取代具体教育情境中人的认识。而教育若想真正实现对人的有效影响,就不能停留在抽象的哲学层面对人的认识,更不能简单地将哲学中对人的理解演绎推理为教育中人的认识,而是必须对作为"一般人"的人性特征在具体教育情境中的特殊表现有所认识和把握。因此,对教育中人的正确理解,以及通过理解实现教育的价值,就需教育学关于人的知识的建立。

(二) 心理学的视角

自从赫尔巴特创建教育学之日起,似乎就奠定了教育学的哲学和心理学基础,他的在伦理学基础上构建的教育目的论和在心理学基础上构建的教学理论,几乎影响着迄今为止的教育学格局。不过,依笔者之见,在他的教育理论中,有关人的思考更多地体现在心理学的探究,如他对学生个性的理解、对性格的主客观划分,以及对学生的认知过程的心理学分析等。事实上,通过心理学的论证实现教育学的科学化,正是赫尔巴特的学术诉求。也正是这一学术诉求,不仅为教育

[①] 范国睿.教育哲学与教育科学:历史的观点.华东师范大学学报(教育科学版),2000,(1):15-30

学获得了可靠的理论支撑，而且也促进了教育意义上的心理学研究的繁荣发展，进而成就了诸如教育心理学、发展心理学、人格心理学等与教育密切相关的分支学科。但是，令人不解的是，这些学科的发展似乎并没有完全遵循赫尔巴特当初的意愿，而是越走离教育学越远。在大学里，教教育学的人可以不钻研心理学，教心理学的人对教育学可以不屑一顾。最终，在教育学中对人的心理学探讨，基本上只留下"人的身心发展规律与教育"这样微乎甚微的内容。这可以从新中国成立以来的教育学教材中略见一斑。在此，我们并不准备对这一现象进行深入的剖析，只是想就心理学对人的认识的思维理路有所窥探。事实上，自赫尔巴特起，这一思维理路就已经形成了，即以科学求证的思维认识教育中的人，而且是把人作为感知的对象去认识，尤其是比较偏重从人的某一方面研究人。

毫无疑问，心理学这种对人的认识，是我们认识教育中的人的一个重要视角，也的确能够为我们从事教育活动提供一定的科学依据。但是，它却无法从"整体的"、"现实的"意义上把握教育中人的真实性存在和发展规律，从而也就难以达到在正确理解教育中人的基础上实施教育对人的影响。更何况在我国目前的教育中，心理学对人的研究几乎很少进入教育的视野中，表现为人们更多地是根据经验而不是心理学所揭示的人的心理发展规律从事教育活动。因此，心理学对人的揭示并不能涵盖对教育中人的全部理解，也无法真正体现教育中人的本真内涵。这也充分体现出运用心理学对人的揭示构建教育学对人的认识知识体系的必要性和迫切性。

(三) 人类学的视角

"人类学"（anthropology）一词源于古希腊文 anthropos（人）和 logia（科学），最早出现于16世纪，是一门研究"人"本身及其文化的横跨自然科学和社会科学之间的综合性学科。19世纪逐渐分化为科学人类学、文化人类学等学科。进入20世纪后，人类学领域越分越细，出现了许多分别研究人的各个方面的专门学科。20世纪20年代，德国哲学家 Max Scheler（1874—1928）创建了哲学人类学，旨在把不同学科对人的具体研究同对人的总体的哲学理解结合起来，即从哲学的角度去研究"整体的人"。教育人类学就是以人类学为背景和基础建立起来的、以教育的视角探究人的学科。苏联教育家乌申斯基于20世纪50年代首次提出"教育人类学"的概念，用以强调人在教育和教育学中的地位。他的巨著《人是教育的对象》一书的副标题即为"教育人类学"。不过，在今天看来，这并不是一本真正的"教育人类学"著作，而是类似于现代的"教育心理学"。

在德国，教育人类学分为三个流派。

(1) 以 A. Flitner 为首的一派认为，教育人类学是一门从教育角度出发，综合并阐述各种关于人的经验科学成果（如生理学、心理学、社会学、伦理学等研究成果）的学科，它是教育学的一门基础学科，即补充、加强教育学的一门分支学科。

(2) 以 H. Roth 为首的一派认为，教育人类学是一门研究人的本质、人的心灵和精神变化的学科，它要以探索人的发展过程及其规律为基础，提出教育的目的和方法。

(3) 以 Otto Friedrich Bollnow 为首的一派则认为，教育人类学是一门运用人类学理论和研究方法探讨教育现象的学科。"它是尝试把哲学人类学问题卓有成效地应用于教育学方面……所涉及的不再是教育学的某种辅助科学（或者说是各种辅助科学的综合），也不是教育学的补充性分支学科，而是从人类学角度出发重新来说明整个教育学的一种方式。"[①]

我国学者冯增俊在其所著《教育人类学》一书中指出，我国教育人类学的建立不能照搬硬套西方国家的理论和做法，必须从我国的国情出发，它"应是一门受马克思主义关于人的发展理论指导，按照历史唯物观的人类学原理，研究教育与人的发展相互关系的科学"[②]。据

---

① 博尔诺夫 O F. 教育人类学. 李其龙译. 上海：华东师范大学出版社，1999：24，25
② 冯增俊. 教育人类学. 南京：江苏教育出版社，1991：20

此,他把教育人类学的研究领域界定为 10 个方面:教育与人的本质;教育与人类进化;教育的文化功能;儿童的学习问题;应用体质人类学的方法、概念研究人;研究历史、现代和将来个人发展受教育影响的程度;探究每种文化的宇宙观特征;研究学校教育文化;研究社会发展和课程对人的影响;研究和探讨人获得全面发展的道路和各种理论。

应该说,教育人类学的兴起,不仅有力地强化了人在教育及教育学中的重要地位,而且也极大地拓展和深化了教育学视阈中对人的认识。然而,也许是教育学自身的发展还太稚嫩,也许是人类学的研究太宽泛,与哲学和心理学相比,教育人类学最终还只是作为教育学开垦的一片领地,一直欠缺更多的耕耘和收获,所以,也难能担当起教育学所特有的视角对人的认识的重任。

当然,教育学领域中对人的探究不只是哲学、心理学和人类学这三门学科,还有诸如生理学、教育社会学等其他学科。由于教育的对象是人,因此作为教育学的分支学科都不可避免地要对人的问题进行探究。而我们之所以仅从这三门学科进行分析,是因为在我们看来,这三门学科不仅与人的关系最为密切,而且基本上可以代表教育学领域对人的研究的成果。从这些成果来看,它们既为我们认识教育中的人提供了丰富的理论视角和科学依据,同时也暴露出对教育中人的认识的不足和局限。或者说,这些认识成果基本上还只是停留在其他学科的意识中,缺乏一种教育学学科意识对人的认识。因此,就需要有一种新的视角、新的思维,尤其是立足教育学特有的视角对其进行整合与提升,以形成对教育中人的重新认识,即形成教育学关于人的真正理解和把握。

二、审视教育学研究中的以马克思主义为指导

如上所述,教育是以人为对象的活动,因而教育学不能脱离对人的研究。在我国的教育学研究中对人的认识,有哲学视角的认识,如

对教育中的人的本性、本质、价值等的认识；有心理学视角的认识，如对教育中的人的身心发展规律的认识；还有生理学、伦理学、社会学、人类学等视角的认识。在这些不同视角对教育中人的认识中，又有着各种基于不同理论和立场的认识，例如，基于中国传统哲学人性善、性恶对教育中人的认识；基于西方传统哲学感性、理性对教育中人的认识；基于达尔文进化论对教育中人的认识；基于当代西方生命哲学、人本主义心理学对教育中人的认识；以及基于马克思主义关于人的问题的理论和立场对教育中人的认识。

  应该说，我国教育学研究以马克思主义为指导是历史的选择。早在19世纪末20世纪初，就有学者运用马克思主义的唯物史观和辩证法思想研究中国的教育问题，创建教育理论。例如，杨贤江把马克思主义原理与中国社会实际相结合，形成以革命人生观为核心的"全人生指导"教育理论。张栗原立足马克思主义的阶级立场，运用历史和比较的方法，致力于中国民族特色的教育哲学的建立。新中国成立后，以马克思主义为指导开始成为中国社会的主流思想，因而也成为教育学研究的主导思想。在20世纪50年代中期以前，表现为运用苏联学者概括出来的统一的马克思主义立场、观点和方法去研究教育问题；突出教育的阶级性及教育为无产阶级政治服务；强调马克思主义辩证法是教育研究的唯一方法论。50年代后期则转向了用毛泽东思想取代苏联式的马克思主义。强调以毛泽东思想为指导，加强党的领导，从中国教育发展的实际问题出发，探索中国社会主义教育的发展道路。"文化大革命"期间，意识形态化的马克思主义为指导的教育学研究被推到了极致，从而使马克思主义指导逐渐走向教条化、绝对化和简单化。

  20世纪70年代末80年代初，随着我国改革开放、解放思想局面的打开，教育领域开始走向了一种真正的学术研究之路。此时，以马克思主义为指导，坚持马克思主义的方法论，几乎成为研究者普遍认同的"公理"。不仅成立了全国"马克思主义教育思想研究会"，而且从"教育本质"这样的一般原理研究,到具体的教学、课程研究,可以说,马克思主义的影响基本上覆盖了教育学研究的全部。但是,不能否认,此时的马克思主义指导作用却仍主要停留在引经据典式的初级水平[①]。

20世纪80年代末到90年代,在我国教育领域,以马克思主义为指导,逐渐从普遍意义走向专业意义,即在普遍意义上出现弱化和淡化,但在专业意义上则得到强化,集中反映为开始对马克思主义教育思想的探讨。从这一意义上看,这段时间也是我国以马克思主义为指导进行教育学研究的深化期,其标志就是一批相关论著的出版[②]。90年代后期,有关研究呈现两个比较突出的特点:一是对马克思主义教育思想的研究深入到人学理论、知识论、方法论等层面,并开始关注西方马克思主义思潮的研究[③];二是对马克思主义教育思想的研究,较多地集中在中国领袖人物教育思想的研究上,并由毛泽东、邓小平拓展到刘少奇、周恩来及江泽民等[④],以求马克思主义教育思想的中国化。虽然是"深化期",但从整体上看,运用马克思主义理论进行教育学研究的成熟度依然不高,表现为:一是对马克思主义理论本身的范

---

① 叶澜.教育研究方法论初探.上海:上海教育出版社,1999:141-143

② 刁培萼.马克思主义教育哲学.上海:华东师范大学出版社,1987;王焕勋.马克思主义教育思想研究.重庆:重庆出版社,1988;陈桂生.人的全面发展理论与现时代.上海:上海教育出版社,1988;陈桂生.马克思主义教育论著研究.上海:华东师范大学出版社,1993;张健.马克思主义教育思想研究.北京:教育科学出版社,1989;厉以贤.马克思主义教育思想.北京:北京师范大学出版社,1992;桑新民.呼唤新世纪的教育哲学——人类自身再生产探秘.北京:教育科学出版社,1993;石佩臣.马克思主义教育思想引论.北京:中国展望出版社,1999;董标.马克思主义教育思想论纲.徐州:中国矿业大学出版社,1999

③ 赵卫.人的全面发展理论与教育.兰州:甘肃文化出版社,1995;马万胜,陈东升.马克思的人论及其教育学意义.教育研究与实验.1998,(3):12-15;扈中平.教育目的论.武汉:湖北教育出版社,1997;叶澜.教育研究方法论初探.上海:上海教育出版社,1999;陆有铨.躁动的百年.济南:山东教育出版社,1997;杨昌勇.'西方马克思主义'思潮与'新'教育社会学理论的关系分析.华东师范大学学报.教育科学版.1998,(1):21-26

④ 滕纯.中国教育魂——从毛泽东到邓小平.南昌:江西教育出版社,1998;赵德强.周恩来教育思想研究.福州:福建教育出版社,1996;袁贵仁.教育制度改革是治本之策.学习江泽民'关于教育问题的讲话'.求是,2000,(6):6,7

畴、内涵，甚至概念、原理、思想背景等缺乏认真钻研和深入思考；二是把对马克思主义的学术研究与政治信仰混为一谈；三是用"原理与例证"的关系模式看待马克思主义理论与教育学的关系；四是把马克思主义的理论作为评判教育理论是否正确的唯一标准等[①]。进入21世纪以后，我国以马克思主义为指导的教育学研究，基本上是沿着上述两个方向发展的，而且在研究中运用马克思主义理论的成熟度也在不断提高。但是，伴随着这种成熟度的提高，即人们越来越理性化、学术化思考如何以马克思主义为指导进行教育学研究的同时，在教育学的研究中对马克思主义的关注，不仅没有随之增强，反而有逐渐淡化的迹象。这可从我们国家这一时期的教育学教材和著作中，越来越少地涉及马克思主义理论，而越来越多地引入西方各种理论中略见一斑；也可从这一时期为数少得可怜的相关专著出版和学术论文发表的状况中有所体现。

  人的问题是教育学研究的核心问题之一。因此，我国教育学研究运用马克思主义理论的这一历史与现实状态，同样反映在教育学中马克思主义关于人的问题的认识的状态上，例如，有关研究在内容上，一方面仅局限于马克思关于人的本质是社会关系的总和、人的全面发展理论等狭小的范围内；另一方面对马克思主义相关理论缺乏足够广泛和深入的探讨。在方法上，也存在着直接套用、演绎推理和以原理作为评判标准的做法。在态度上，同样也是要么简单肯定，要么简单否定。

  以上概述表明，一方面，以马克思主义为指导已构成了我国教育学研究的一个重要传统，因此，立足马克思主义的立场、观点和方法认识教育中的人，也就成为我国教育学研究的一个重要的课题。另一方面，在以马克思主义为指导进行教育学研究，包括对教育中人的认识的过程中，实际上存在着如意识形态化、去学术性、教条

---

① 叶澜. 教育研究方法论初探. 上海：上海教育出版社，1999：143-145

主义、简单肯定或否定等诸多问题，这在一定程度上遮蔽了马克思主义理论对于教育学研究的价值。所以，我们必须去蔽显真，以一种理性、审慎的态度回归到马克思主义理论本身，并对其本真内涵予以深刻领会和把握，这是运用马克思主义理论进行教育学研究的必要前提，也是立足马克思主义的立场、观点和方法认识教育中的人的必要前提。

当前，我国以马克思主义为指导的教育研究，虽已逐步走出了完全意识形态化的樊篱，开始了真正的学术研究，但不可否认的是，这种研究的成熟度还有待提高，表现为"引经据典"式的研究、"原理与例证"式的研究及"单向的评判式"研究仍为数不少。例如，用马克思关于人的主观能动性的论说，直接说明主体性教育的合理性；从马克思人的全面发展理论简单地推导出我国的教育目的就是培养全面发展的人等。这样的研究也许能够为我们对于教育中人的思考提供一些理论依据、科学证明或哲学基础，但却不能代替我们对教育中人的认识，更不能作为教育中人的认识的结论。这不仅是因为马克思主义的理论或学说，对于我们今天的教育学研究来说，只能是一种世界观和方法论，而不能代替我们的研究本身；更重要的是我们以马克思主义为指导进行教育学研究，既不是要论证马克思及其经典作家所说的话是颠扑不破的真理，也不是要为我们自己的言论寻找"证据"，而是要解决我们所面临的实际问题。也就是说，教育学对人的认识，最终所要达到的是使我们的教育更加合理、有效，是使教育成为更加符合人性、并能够完善人性的活动，是使每一个人都能因教育而变得更加健康、快乐和智慧，而不是相反。故我们以马克思主义为指导对教育学中人的问题探究，应牢牢把握这一宗旨。基于此，重新审视我国教育学中以马克思主义为指导的有关人的问题的认识，就显得非常必要且重要。

第二节　教育学视阈中人的认识的理论根基

教育学对人的认识固然要有自己独特的视角、独立的学科立场，但这并不意味着可以独自建构起一种关于人的理论体系。它不仅需要多学科的理论滋养，更需要有一种专门的人学理论奠定基础，从而使教育学对人的认识更具科学性。在此，我们选择了马克思主义人学作为教育学视阈中人的认识的理论根基，一方面缘于我国教育学研究的学术传统，另一方面则基于对马克思主义人学当代价值的认同。

一、马克思主义人学及其当代价值

立足马克思主义人学认识教育学中人的问题，我们首先需要探明的是：马克思主义人学是什么？其思想内涵及当代价值何在？

（一）马克思主义人学是否存在

这是西方学界曾引起激烈争论的问题。存在主义哲学家萨特认为，马克思主义仍然是我们时代不可超越的哲学，但其中却有一块"人学的空场"。因此，他要用存在主义"补偿"马克思主义，把"人"恢复到马克思主义之中。与此相反，西方结构主义的马克思主义者阿尔都塞则认为，马克思在理论上的成熟度，从根本上批驳了任何关于人的哲学思考。马克思关于人的学说，实质上是一种意识形态（价值）意义上的人道主义，而不是一种理论认识。因此，任何在马克思主义基础上制定人学的企图，都是对资产阶级人道主义和个人主义的让步。很显然，二者虽立场、动机不同，但都否认马克思主义人学的存在。前者认为这是马克思主义的缺憾和弊端而需要加以补充和克服；后者则认为这正是马克思主义的纯洁性和科学性之所在而需要加以捍卫和维护①。

在东方社会主义国家,由于社会、阶级、历史等的特殊需要,对于马克思主义只是作为"一种社会历史发展一般规律的唯物史观"来接受的,甚至这种唯物史观也几乎被阶级斗争、国家革命和无产阶级专政所取代,至于马克思主义人的学说,很少被提及和关注。在中国,马克思主义人学理论研究在相当长的历史时期,几乎是个空白。那么,马克思主义人学是否真的存在?经过近些年国内外理论界的深入探讨和认真研究,基本上达成共识,即马克思主义人学不仅存在,而且是被历史和实践证明最为科学的理论。这体现为:首先,马克思把"人"看做是一切活动和关系的承担者和基础,看做是社会历史的前提及创造主体,这包含着把人作为一种相对独立的研究对象的根据。其次,从马克思关于人的种种观点中,可以揭示出其人学的基本内容及其内在逻辑联系,这就是人和自然的关系、人和劳动的关系、人和社会的关系、人和历史的关系、人和人的关系、个人和自身的关系等。马克思始终是在"关系"中研究人的,而且这种研究自成一体。再次,马克思始终强调用"人的观点和方法"来考察、分析和理解与人有关的问题。例如,自然界是人表现其内在本质力量所需要的对象;劳动是人的内在本质力量的自我确证;社会历史是人的本性的不断改变等。所有这些表明,"作为马克思主义的创始人,马克思虽没有明确提出要建立相对独立的完整的人学理论体系,但从他的全部著述及其深层次结构中,可以揭示出其人学思想的基本框架和结构,人学是马克思整个思想体系中的一个相对独立的组成部分,在其中具有前提、核心和总体的地位"②。由此,当代的人学研究无法绕过马克思主义。

(二)马克思主义人学所指

马克思主义人学,是由马克思、恩格斯所首创、由后来的马克思

---

① 岳勇.关于马克思主义人学的几点思考.前沿,1997,(2):29-32
② 孙鼎国.世界人学史(第四卷).石家庄:河北人民出版社,2003:212-218

主义者所继承和发展起来的有关人的学说或理论。

马克思主义发展到今天，已经成为一种十分宽泛的提法，不仅许多相关的解释和界说被称为"马克思主义的"，而且还出现了各种各样的"马克思主义"，例如，有传统马克思主义、西方马克思主义和东方马克思主义之分，以及在此之下更具体的划分，诸如存在主义的马克思主义、结构主义的马克思主义、弗洛伊德的马克思主义等，从而使"马克思主义"成为一个边界模糊、内涵不清的概念。鉴于这种情况，我们这里的"马克思主义人学"，主要是指马克思（包括恩格斯）的人学思想，一来是因为马克思的人学思想奠定了马克思主义人学的理论基础，开创了马克思主义人学研究和发展的正确道路，是马克思主义人学的经典体现；二来也使我们的研究有一个相对集中的论域和明确的指向。我们对教育学视阈中人的问题的探索，之所以要立足于马克思主义人学的基础之上，就在于马克思主义人学不仅被称之为迄今为止最为科学的关于人的理论或学说，而且对于我们今天认识教育中的人有着不可估量的当代价值。

(三) 马克思主义人学的传统超越与当代优越

马克思主义人学之所以能被称之为迄今为止最为科学的关于人的理论或学说，一方面在于它超越了历史上一切有关人的论说，使人类对自身的认识首次建立在既具事实可考，又可逻辑论证的基础之上；另一方面还在于它置身于当代异彩纷呈的人学思想之中，仍凸显出严谨、合理，以及开放、发展和超越的理论品质。正是基于这种认识，我们才将教育学关于人的问题的思考建立在马克思主义人学基础之上。

1. 马克思主义人学对传统人学的超越

马克思主义人学对传统人学的超越主要是指对西方传统人学的超越，这种超越首先体现为与西方理性人学的"决裂"。西方理性人学孕育于古希腊文明之中，从柏拉图用"理念"统帅一切和亚里士多德把人的本质归结为理智，到笛卡儿的"我思故我在"，再到康德的"人是一种特殊的理性存在者"，直至黑格尔"人本质上是精神"的论断，将西方理性人学推到了极致。毋庸置疑，理性人学开启了人类反躬自问之理论先河，充分彰显出人的自我意识和主体性，确立了人本的人学价值取向。正如恩格斯所言："他们不承认任何外界的权威，不管这种权威是什么样的。宗教、自然观、社会、国家制度，一切都受到了最无情的批判；一切都必须在理性的法庭面前为自己的存在作辩护或者放弃存在的权利。思维着的知性成为衡量一切的唯一尺度。"[①] 然而，如前所述，当人学研究离开了现实的人和人的现实生活，被人为地提升到形而上学的论域中时，人学便必然会转化为非人学。也可以说，恰恰是这种过分张扬的理性人学，阻碍了人类理性自觉的进一步发展，迟滞了人类反躬自问的进程。直到马克思"人是人的最高本质"的问世，才最终结束了这种关于人的问题的"理性"纠缠，挣脱了单纯思辨的羁绊，使得有关人的思考从天上回到了人间。正是基于此，我们说，马克思主义人学实现了人学思想史上的伟大变革。

其次，马克思主义人学对传统人学的超越体现为对传统西方人学思维方式的"转型"。马克思以前的西方人学思维方式，主要是一种寻求外在确证的本体论思维方式，即在"人之为人"的追问和反思中，总是试图以逻辑推导的方式求证人的存在及其各种特性，这是一种实体论的思维，是一种先验论的思维。笛卡儿以"我思故我在"成为这种思维方式的开创者，黑格尔则以"绝对精神"成为这一思维方式的集大成者。也可以说，这种思维方式所成就的人学，也是"非人学"，因为在这种思维方式中，"人"只是一个研究的对象或问题，而不是人学研究的真正出发点。由此对人的理论关照，也只是一种认知和形式上的强调，而非现实问题的解决。马克思曾经指出："一个人，如果想在天国的幻想的现实性中寻找一种超人的存在物，而他找到的却只是自己本身的反映，他就再也不想在他正在寻找和应当寻找自己的真正

---

① 中共中央马克思恩格斯列宁斯大林著作编译局. 马克思恩格斯选集（3）. 北京：人民出版社，1995：355

现实性的地方,只去寻找自身的假象,寻找非人了。"① 这表明,依赖外在求证的、本体论的思维方式建构的人学理论体系,只能将人消融其中,造成现实人的失落。事实上,对人的认识和探究,只能按人的方式去思维。马克思关于"现实的人及其活动"的人学致思旨趣,根本扭转了那种传统本体论的人学思维方式,由"尚理论"过渡到"尚实际",以"人的现实活动"求证"人的意识生成",从而在理论的深层意义,即思维方式上完成了人学的转向。总之,立足于"实践"而不是"实体"来确立人之为人的基本主张,这是马克思主义人学与以往人学在思维方式上的根本区别。

最后,马克思主义人学对传统人学的超越体现为对费尔巴哈旧唯物主义人本学的扬弃。蕴涵着理性至上的西方哲学和思辨式的本体论思维方式,形成了西方唯心主义的人学传统,这一传统在费尔巴哈的人本学唯物论问世之后受到瓦解。费尔巴哈关于"人是一种感性存在、感性实体"的人学理论,可谓是集西方传统人学之大成,并构成了马克思主义人学的重要思想来源。正是这种以感性为特征的"人本学",开启了人类认识自身的一个新的理论视角,使西方人学的致思理路步入了唯物主义轨道。遗憾的是,费尔巴哈开创了唯物主义人本学的先河,却未能将其贯彻到底。他虽然不满意抽象的思维而诉诸感性的直观,并竭力将感性世界确立为人本学的理论基石,但"他从来没有把感性世界理解为构成这一世界的个人的共同的、活生生的、感性的活动"②。而是仅仅囿于理性思辨的意义上解读感性世界。不仅如此,他还只是从抽象的意义上或者是生物学的意义上去考察人的存在。"费尔巴哈从来没有看到真实存在着的、活动的人,而是停留在抽象的'人'上,并且仅仅限于在感情范围内承认'现实的、单独的、肉体的人',

---

① 中共中央马克思恩格斯列宁斯大林著作编译局. 马克思恩格斯选集(1). 北京: 人民出版社, 1972: 1

② 中共中央马克思恩格斯列宁斯大林著作编译局. 马克思恩格斯选集(1). 北京: 人民出版社, 1972: 50

也就是说，除了爱情与友情，而且是理想化了的爱与友情以外，他不知道'人与人之间'还有什么其他的'人的关系'"①。马克思正是在批判地继承费尔巴哈人学思想的基础上，创建了以"现实的人及其活动"为理论底蕴的新唯物主义人本学，从而实现了对西方传统人学的超越。

2. 马克思主义人学在当代人学思潮中的优越

马克思主义人学不仅实现了对传统人学的超越，而且在丰富多彩的当代人学思潮中有着无法比拟的优越性。萨特曾将17～20世纪分为三个思想时代，即笛卡儿和洛克的时代、康德和黑格尔的时代、马克思的时代。萨特断言，当代西方所处的正是马克思的时代——马克思主义非但没有衰竭，而且还十分年轻，几乎是处于童年时代，它才刚刚开始发展。因此，它仍然是我们时代的哲学，它是不可超越的，因为产生它的情势还没有被超越。海德格尔也断定：马克思主义关于历史的观点比其余的历史学优越。

马克思主义人学是马克思主义哲学的核心，是伴随着马克思主义历史观的形成而发展起来的，因此，马克思主义人学同样是不可超越和最具优越性的，这种优越性主要体现在以下几个方面。

一是它开启了人学研究范式的现当代转换，即从传统超验的、实体性的本体论形态及知性的认识论形态转向实践的、感性的生存论形态，从而实现了人学思想史上的一次重大突破，并奠定了当代人学研究的重要方法论基础。

二是马克思主义人学所特有的实践理性、社会批判和历史唯物主义纬度，不仅被逐渐吸纳到当代许多人学流派的视野中，而且为当今的人学研究走出理论困境、实现理性形式的转化提供了可能性及方向。例如，面对当代西方人文主义的散漫、颓废与非理性状况，马克思主义人学提供了一种正视人的问题的复杂性、人生存的悖论状况的信念

---

① 中共中央马克思恩格斯列宁斯大林著作编译局. 马克思恩格斯选集（1）. 北京：人民出版社，1972：50

以及相应的分析和处理人的问题的历史理性方法。

三是马克思主义人学既包含着具有丰富张力与开放性的现代性内涵，又蕴涵着极其深厚的后现代性气质。作为马克思主义人学的原创——马克思人学，虽形成于19世纪中叶，其深远影响却在20世纪，尤其在当代西方乃至世界人学运动的批判性关联中。这种影响主要体现在马克思人学所包含的人道主义旨趣、异化理论、实践观、社会批判理论及唯物史观等方面。这些内容不仅构成了现代性人学研究的主要内容，而且也成为后现代性人学研究的刻意追求。例如，在马克思人学中，作为现代性根本标志的科学技术和工业革命，既是人性反思与批判活动的目标，同时又被看成是人的内在的本质规定性[①]。

综上所述，马克思主义人学，无论是其理论还是方法，既超越了历史上的各种人学思想，又优越于当代的各种人学观念，因此，我们选择马克思主义人学作为教育学视阈中人的问题探索的世界观和方法论基础。

(四) 马克思主义人学的世界观和方法论意蕴

马克思主义人学在人学史上的重要贡献，就在于它为我们提供了思考和探索现实的人的问题的世界观和方法论，这一世界观和方法论意蕴主要体现为以下三个方面。

1. 从"现实的人"出发认识人——唯物史观

我们说马克思主义人学在世界人学史上具有划时代的意义，就在于它是伴随着一种科学的世界观和方法论——唯物史观诞生的。唯物史观是整个人类思想史上的伟大变革，"这种历史观和唯心主义历史观不同，它不是在每个时代中寻找某种范畴，而是始终站在现实历史的基础上，不是从观念出发来解释实践，而是从物质实践出发来解释观念的形成"[②]。不仅如此，这种历史观也不同于旧唯物主义历史观，"一

[①] 邹诗鹏.马克思人学与西方当代人心的关联性.江苏社会科学，2001，(1)：39-45

[②] 中共中央马克思恩格斯列宁斯大林著作编译局.马克思恩格斯选集(1).北京：人民出版社，1995：92

般唯物主义认为，客观真实的存在（物质）不依赖于人类的意识、感觉、经验等。历史唯物主义认为，社会存在不依赖于人类的社会意识"①。这就是说，决定人类社会发展的是"物质实践"、"社会存在"，而不是所谓的"观念"或"意识"。"物质实践"、"社会存在"作为人类社会发展的决定性因素，意味着我们只能从"现实的人"出发认识人。马克思主义人学思想正是这一历史唯物主义世界观的集中体现。

人是现实社会存在的人，其本质是一切社会关系的总和。因此，对人的考察和揭示，只能立足于人赖以存在的现实生活，而不是抽象的人的概念。"社会结构和国家总是从一定的个人的生活过程中产生的。但是，这里所说的个人不是他们自己或别人想象中的那个人，而是现实中的个人，也就是说，这些个人是从事活动的、进行物质生产的，因而是在一定的物质的、不受他们任意支配的界限、前提和条件下活动着的。"② 这表明，现实的人，真实的"我"，是由人们进行生产的物质条件决定的，只有从人们的现实的物质生产方式、生活方式和各种社会关系出发研究人，才能见到真实的、活生生的人，才能走出人的抽象王国。

现实的人，不仅是一个"社会关系"的存在，也是一个"主体性"的存在。马克思认为，任何人类历史的第一个前提都是有生命的个人存在，正是从事生产活动的人，创造了人类的历史。人自身发展的过程也是人创造历史的过程，是人在历史中生成的过程。马克思以前的哲学家也有重视人的主体性的，然而，正如马克思所批评的：唯心主义发展了人的能动方面，强调了人的主体性，却否定主体以及客体的客观实在性，他们所说的主体性不是从事现实活动的人的主体性，而是某种"精神"的主体性。旧唯物主义虽坚持了主体的客观实在性和

---

① 中共中央马克思恩格斯列宁斯大林著作编译局. 列宁选集（2）. 北京：人民出版社，1972：332

② 中共中央马克思恩格斯列宁斯大林著作编译局. 马克思恩格斯选集（1）. 北京：人民出版社，1995：71，72

自然界对人的优先地位，但却看不到人作为活动主体的主体性。唯物史观强调人的主体性，强调人是历史的创造者，同时也强调人是在历史中生成的过程。"人们自己创造自己的历史，但是他们并不是随心所欲地创造，并不是在他们自己选定的条件下创造，而是在直接碰到的、既定的、从过去继承下来的条件下创造。"① 这表明，人创造历史，体现了人的主体性。但人对历史的创造又必须在一定条件下，具有历史制约性。因此，人创造历史的活动是能动性与受动性的统一，是合规律性与合目的性的统一。

从"现实的人"出发认识人，使人的自我认识由彼岸的"天国"回到了此岸的"尘世"，使人学研究深深植根在了人的现实生活世界。不仅如此，还使人学的功能由纯粹对人性、人本的理论揭示和说明，转向了对现实生活世界的改造及对人的幸福和解放的谋求。

2. 以"从事实际活动的人"理解人——实践立场

在马克思看来，"现实的人"的根本之处就是"从事实际活动的人"，即进行实践活动的人。一般说来，马克思主义也可称为实践的唯物主义。因为，与旧唯物主义不同，马克思把实践看做是一切事物和现实的根基，是人的"本原性"的生命存在和活动方式。从前的一切唯物主义——包括费尔巴哈的唯物主义——的主要缺点是：对事物、现实、感性，只是从客体的或者直观的形式去理解，而不是把它们当作人的感性活动、当作实践去理解，不是从主观方面去理解②。马克思认为："费尔巴哈比'纯粹的'唯物主义者有很大的优点：他承认人也是'感性对象'。但是，他把人只看做是'感性对象'，而不是'感性活动'。"③ 在此，可以说马克思在理解和诠释论域中发动了一场"哥白

---

① 中共中央马克思恩格斯列宁斯大林著作编译局. 马克思恩格斯选集（4）. 北京，人民出版社，1972：603

② 中共中央马克思恩格斯列宁斯大林著作编译局. 马克思恩格斯选集（1）. 北京：人民出版社，1995：54

③ 中共中央马克思恩格斯列宁斯大林著作编译局. 马克思恩格斯选集（1）. 北京：人民出版社，1995：77，78

尼式的革命"。如果说康德的"哥白尼式革命"主要是在认识论领域中发生的，其主旨是确立静观的认识主体的轴心作用。那么，马克思的"哥白尼式革命"则主要是在方法论领域中发生的，其主旨是要确立实践思维在人的全部理解和诠释活动中的轴心作用。马克思主义人学之所以能够超越传统形而上学的人学理论，就在于它是从人的感性活动，即实践的角度理解和把握人。

正是在人的实践活动中，人才能确证自己的本质，维持自己的生存，并获得自身的发展。因此，立足"实践"而不是"实体"考察人，是马克思主义人学与以往人学在思维方式上的根本区别。

因此，对"现实人"的理解，以人的方式认识人，就必须立足实践的立场，即在人的实践活动中，并通过人的实践活动来完成，这就是马克思主义人学对于我们今天重新审视教育学中人的问题的最根本的启示。

3. 在关系中考察人——关系思维

无论是唯物史观对"现实人"的关照，还是实践立场对人的活动的强调，都必须通过关系思维得以具体体现。也就是说，马克思以实践的历史唯物主义为世界观和方法论对人的研究，实际上是对人现存的各种关系进行分析和研究。因为在他看来，"凡是有某种关系存在的地方，这种关系都是为我而存在的；动物不对什么东西发生'关系'，而且根本没有'关系'；对于动物说来，它对他物的关系不是作为关系存在的"[①]。

很显然，马克思认为，正是现实存在的各种关系，构成了人得以生成的基础，以及人与动物的根本区别。也正是通过对人与自然、人与社会、人与自身等诸种关系的考察和分析，马克思得出了"人是人的最高本质"、"人的本质在其现实性上是一切社会关系的总和"以及"自由自觉的活动是人的类特性"等著名论断。可以说，在"关系"中

---

① 中共中央马克思恩格斯列宁斯大林著作编译局. 马克思恩格斯选集（1）. 北京：人民出版社，1995：35

考察人，是马克思主义人学的一个根本的方法论特征。

综上所述，从"现实的人"而不是"抽象的人"出发认识人，通过人的实践活动而不是理性思辨或"感性对象"理解人，并且在人的各种关系中考察人，这就是马克思主义人学所独有的世界观和方法论精髓，从而也是我们进行教育学中人的问题探究的重要世界观和方法论基础。

二、教育学视阈中人的知识建构需以马克思主义为理论根基

马克思主义在我国教育学研究中的逐渐边缘化，首先源于国际国内"马克思主义过时论"的政治思想背景。苏联等社会主义国家的解体，发达资本主义国家所面临的一系列新的问题，以及时代的变迁和发展等，曾使马克思主义一度跌入低谷。

但是，事实并非像有些人所预期的那样：马克思主义从此走向了消亡。而是在人们千方百计寻找新的思想武器解决当前人类所面临的生存与发展问题时，却又把目光纷纷投向了马克思主义。1992年，法国科研中心研究员米歇尔·瓦岱出版了《马克思：研究可能性的思想家》一书，强调应当结合马克思的生活和写作时的文化历史背景，重新解读马克思的原著。1993年，巴黎第十大学教授艾蒂安·巴里巴尔出版了《马克思的哲学》一书，指出：撰写这本小册子的宗旨是要让人们懂得为什么人们到21世纪还要读马克思的书，因为马克思不仅是一座历史的丰碑，而且是一位具有现实价值的作者，他对哲学提出的问题和为哲学提供的概念还将具有现实意义。同年，法国解构主义哲学的开创者、巴黎高等师范学校教授雅克·德里达出版了《马克思的幽灵》一书，驳斥了那种所谓"马克思主义已经消亡"的错误观点，肯定马克思的学说是人类知识宝库中的一份珍贵遗产。西方著名的文艺批评家、理论家詹姆逊则把当今时代的人们分为有意识与无意识的马克思主义者。他指出，马克思主义对于世界的影响，不仅表现为它在事实上改变了世界，而且表现为它在观念上改变了世界，它已成为意识形态的组成部分，构成了当今时代的思想背景。英国伦敦大学学

院哲学教授乔纳森·沃尔夫也曾在其所著《当今为什么还要研读马克思》一书的导言中指出：正是马克思，而且首要的是马克思，仍在为我们提供批判现存社会的最锐利的武器。

不仅如此，英国广播公司（BBC）在20世纪末"谁是现今全英国人心中最伟大的哲学家"调查中，马克思的名字荣登榜首，比得票第二位的英国哲学家大卫·休谟高出了15.33个百分点。连柏拉图、苏格拉底、亚里士多德这些西方文化的奠基人都远远落在其后。这无疑告诉世人，马克思主义作为人类的思想精华和精神财富，在现实社会仍具有难以估量的价值。正如福柯所认为的：在现时，研究历史要想超越由马克思所定义和描写的思想地平线是不可能的。詹姆逊也曾指出，"马克思哲学是我们当今用于恢复自身与存在之间关系的认知方式"，它提供了一种"不可超越的意义视界"[①]。的确如德里达所言：就马克思主义而言，现在已不是人们需要不需要它的问题，而是它已客观存在并必然对人们产生影响的问题，马克思的名字已深深地镌刻在人们的心中。同时，继承马克思主义这份遗产，并不意味着我们拥有了解决现实问题的"灵丹妙药"，也不意味着我们可以凭借这份遗产成为当代理论和思想的"暴发户"。而是要对遗产进行充分地消化、吸收和发展，在扬弃中继承，在继承中彰显其应有的价值。

由此可见，在西方思想家的认识中，马克思主义没有过时，而且具有强大的生命力，对当代各方面的理论和实践发展仍具有重要的指导意义。那么，对于以马克思主义作为主导意识形态的中国，更需要充分认识马克思主义的当代价值。正是在这一认识的基础上，笔者认为，我国当代的教育学研究仍需要马克思主义的指导。

马克思主义在教育学研究中的当代价值是丰富的，在此，我们把它聚焦到教育学中人的问题的认识上，即笔者坚信，马克思、恩格斯

---

① 张一兵，蒙木桂．神会马克思——马克思哲学原生态的当代阐释．北京：中国人民大学出版社，2004：2

等经典作家关于人的问题的一系列论述，对于我们认识当今教育学中人的问题仍具有深刻的思想启迪和理论指导作用。例如，他们对人的自然生命的尊崇、对人的社会本质的剖析、对现实个人的强调、对人的全面发展的论述以及对实践生成人的揭示等，这些被历史和实践证明具有划时代意义的关于人的理论，对于我们今天所倡导的"人的生命为教育学的原点"、"关注教育中的具体个人"、"让学生主动发展"等理念，都是重要的理论支撑，因而也都具有不可忽视的当代价值。

因此，无论是从马克思主义人学本身所具有当代价值，还是从当前我国教育学中人的问题认识所需理论资源的角度看，都必须对马克思主义关于人的理论及其在教育学研究中的意义进行重新认识。

三、马克思主义人学的合理运用

如前所述，在教育学中人的问题认识上，我国一直都有着以马克思主义为指导的传统，只是在理论把握和理论运用方面存在着一系列问题，致使马克思主义的当代价值没有充分体现出来。也就是说，马克思主义指导在教育学研究中的被边缘化，不仅是由外部政治思想的背景所致，而且还源于我们研究内部理论认识上的偏差、思维方式上的缺陷等问题。俄罗斯著名政治理论家和评论家、马克思主义理论研究知名学者斯拉文在批驳诽谤马克思的一些论敌时指出："这些人所理解的马克思主义是被歪曲了的马克思主义，实际上与真正的马克思主义毫无共同之处，这些人抛弃了马克思主义的人道主义实质，将唯物辩证法偷换成形而上学，把历史主义变成历史发展天定论，将自由变成'铁的'必然性，把社会主义变成极权主义，使科学变成宗教和对'人间天堂'的信仰。"① 这表明对马克思主义理论的不理解或误读，甚至歪曲，也会造成远离或者抛弃马克思主义。

---

① 鲍·斯拉文. 被无知侮辱的思想——马克思社会理想的当代解读. 孙凌齐译. 北京：中央编译出版社，2006：译者的话 10

在我们的教育学研究中，也存在类似的问题，也许并不是出于有意歪曲，而往往是由于习惯性的教条或简单化所致。例如，对马克思关于人的本质的分析，我们往往特别强调人的社会性，而相对忽略人的自然性，从而认为教育就是使人社会化。而在接受了西方人道、人本主义思想后，就简单地否定了人的社会本质，认为教育应该关注人的自然本性，使人个性化。当然，我们也从马克思那里学会"辩证"地看问题，即不能二元对立地认为教育使人社会化或使人个性化，而是要把教育看作既使人社会化又使人个性化相统一的过程。然而，这个"相统一"是怎样一个过程？人的自然性、社会性是在什么意义上说的？教育使人社会化或使人个性化又意味着什么？这些问题却又不甚明了，更缺乏深入的研究。因此，即便是无数次地提出"辩证统一"，却依然未能达到真正理解"辩证统一"的本质内涵，从而也就难以真正理解教育中的人和切实把握教育的真谛。而在马克思主义关于人的问题论述中，确实存在着大量曾经被我们忽略或未被我们领悟到的、却有助于我们理解这些问题的真知灼见。如果我们能够进行深刻地研读和正确地把握，就会感觉马克思主义离我们很近，我们的研究需要马克思主义。

因此，重读马克思主义人学，深入挖掘其宝贵的思想资源，从而建立起对教育学中人的问题的重新认识，是我们当前教育学研究的迫切需求。只是在运用马克思主义人学探索教育学中人的问题时，必须澄清以下几个方面的认识。

首先，马克思主义在教育学研究中的地位，不是"唯一"，而是"中心"。

马克思主义对于教育学研究的指导作用，主要体现为它是一种重要的理论基础和方法论，而在学术研究的意义上，它不应是唯一的理论基础和方法论。对此，叶澜教授在其《教育研究方法论初探》一书中，从哲学发展和教育研究自身的角度，做过较为系统、透彻的论述①。事实

---

① 叶澜．教育研究方法论初探．上海：上海教育出版社，1999：135-137

上,"唯一"并不能强化和突出马克思主义在教育学研究中的重要地位。相反,还会孤立甚至削弱马克思主义的理论价值。因为任何一种理论或学说,都是在发展和开放中彰显其应有的价值的,而"唯一"只能使其凝固和僵化,从而导致死亡。

在教育学关于人的问题认识中,马克思主义人学的地位虽然不应是"唯一",却可以是"中心"。这不仅体现为马克思主义人学是迄今为止人类思想史上具有最大包容度和真理性的有关人的理论和学说;而且它开启了人们对人的认识的一条崭新思路,即从"现实的人及其活动"出发认识人,从而使人类对自身的人从天国回到了现实,从抽象走向了具体,从虚幻步入了真实。不仅如此,马克思许多关于人的问题的论述都是具有"原创性"的和具有"元逻辑"、"元问题"的意义。所以说,当前我们对教育学中人的问题的探讨,虽然有着丰富的理论基础和多元的方法论指导,却应坚持以马克思主义人学指导为中心。

其次,马克思主义作为教育学研究的理论基础,应指向研究者自身理论素养的提升。

马克思主义的理论或学说,是人类知识宝库中最珍贵的文化遗产,是重塑时代精神之精华,但却不是包治百病的灵丹妙药,也不是应对各类当代性问题的标准答案。因此,我们不能期望用现成的马克思主义理论解答现实存在的问题,更不能以教条的方式来左右我们的研究。而是应该充分认识到,马克思主义的理论或学说,为我们认识和解决教育问题所提供的是思想资源、思维路径和方法论启示。我们从中所获得的最有价值、也是最实际的指导,应该是自身理论素养的提升,即把马克思主义的理论或思想化为自身的理论意识、思维品质及德性,使马克思主义指导真正成为研究者内在的理论素养,而不是一种外在的要求或形式。

在教育学关于人的问题再认识中同样应该如此。例如,我们不能从马克思对人的本质的分析直接得出当代教育的人性假设;也不能从马克思主义关于人的全面发展学说直接推导出当代人发展的教育理论；甚至不能简单地模仿马克思通过对"商品"的剖析揭示资本主义本质的做法，去解析教育的本质及其与人的关系。而是要在充分理解和把握马克思主义有关人的论述的基础上，形成自己对人的问题认识的观念意识、思维方式和理论视角等。惟其如此，才能充分体现出马克思主义的当代价值。

最后，以马克思主义为指导的教育学研究应避免"照着说"，而力求"接着讲"。

长期以来，我们的教育学研究在以马克思主义为指导时，可以说是既难以走进现实，又缺乏学理提升。究其根本就在于对马克思主义理论的机械、教条式的照搬和逻辑、实证式的推理。表现为我们在运用马克思主义理论进行教育学研究时，往往把马克思、恩格斯的论断作为研究问题的终点。说来说去，似乎就是为了证明马克思、恩格斯一百多年前所说的话是颠扑不破的真理，而不是把马克思、恩格斯等的论断作为问题研究的起点，在给予合理地解读后，回到当前所面临的问题进行有的放矢地探讨。这就是只有"照着说"，没有"接着讲"。而所谓"接着讲"就是既要依据前人的研究成果，更要立足现实的具体问题，探索解决现实问题的思维路径，形成解决现实问题的新理论。

我们在以马克思主义人学为理论根基进行教育学中人之问题的探索中，同样要求"接着讲"，避免"照着说"。例如，对于马克思主义人的全面发展理论，我们的研究不是要在论证其正确性的基础上，来确定当前的教育目的，而是要以这一理论为依据，反观现实存在的人的全面发展的真实含义，以及教育应在什么意义上以何种方式促进人的全面发展。也就是说，接着马克思主义人的全面发展理论讲下去，我们所要做的是如何创建一个促进人全面发展的新的教育理论。

第三节　教育学视阈中人的研究构思与方法

一、研究目的

基于马克思主义人学对教育学中人之问题的探寻，本书预期解决以下几个方面的问题。

(一) 明晰马克思关于人的问题的基本理论

虽然马克思没有专门论述人的问题的著作和文章，但对人的深切关注和对人类解放的不懈追求，始终是他所有研究的理论旨趣和最终目的，正是基于此，人们把马克思的哲学称为人学。不仅如此，在马克思的政治经济学、科学社会主义等理论中，均包含了大量关于人的问题的阐述。这一方面丰富了我们对人的问题的认识，而另一方面却也增加了我们理解、把握马克思关于人的学说或理论的难度。所以，笔者希望通过本论题的研究，首先达到对马克思人学思想有一个较为清晰、深刻的理解，进而为正确运用马克思人学理论理解和认识教育中的人奠定可靠的基础。

马克思关于人的问题的基本理论，主要涉及以下几个方面。

1. 马克思关于人的认识的核心观念

核心观念，也就是马克思对人之为人最根本的认识。马克思毕生关注人的问题并给予了广泛、深入的研究，他的有关人的认识散见于他的各种著述中，蕴涵在他的整个思想体系中。严格来讲，他并没有为后人留下一个形式上完全独立的关于人的学说的理论体系。但是，这并没有影响马克思的人学思想在整个人学史上所产生的具有划时代的意义，而这一意义首先就体现在马克思所提出的对人的根本认识上，例如，"全部人类历史的第一个前提无疑是有生命的个人存在"——人的自然性,"人的本质在其现实性上是社会关系的总和"——人的社会性,"人的类特性恰恰就是自由的有意识的活动"——人的类本质,"每个人全面而自由的发展是一切人发展的条件"——人的全面发展等。我们只有真正抓住并深刻领会这些认识,才能称得上是基于马克思主义的立场对当前教育中人的认识。

2. 马克思关于人的认识的方法论核心

方法论,简单地说,就是人们认识和解决问题方法的理论,在理论研究中主要体现为人的思维方式或范式。在一定程度上可以说,方法论的不同就决定了人们对待问题的立场、视角及采用方法的不同,由此也就会得出对问题的不同认识。"方法论研究是应人类认识发展需要新的认识方式而产生的。"[①] 所以,对马克思关于人的问题研究上的方法论认识,不仅有助于我们加深对马克思关于人的核心观念的理解,而且对于当前我们以马克思的人学思想为基础认识教育中的人具有重要的指导作用。许多有关马克思哲学的研究都指出,实践思维是马克思哲学研究的方法论核心,因而也是马克思关于人的问题研究的方法论核心。对此,我们应作何理解?又该怎样运用这一思维方式认识教育中的人?本研究力求能够对这些问题的解答进行尝试性地探索。

3. 马克思关于人的学说的当代价值

本研究之所以选择基于马克思人学理论审视当前我们教育学中人的问题,就意味着我们对马克思人学理论当代价值的认可。然而,这一价值是什么,体现在哪里?如果没有对这一问题的清晰认识,也就无从谈起以马克思关于人的学说为基础透视当代教育学中人的问题,并建构起教育学特有视角下的人学理论体系。因此,对马克思关于人的学说的基本认识,还应包括对其当代价值的认识。

(二) 确立马克思关于人的学说对教育学中人的问题研究的意义

前面我们提到,我国当代的教育学研究需要马克思主义,我们对

---

① 叶澜. 教育研究方法论初探. 上海:上海教育出版社,1999:13

教育中人的认识需要依据马克思关于人的学说。然而，这一需要是怎样一种需要？是需要从马克思那里寻找一种权威的观点，还是借鉴一种可行的方法？是需要得到一种学术论证，还是获取一种研究范式？介于当前我国教育学研究中运用马克思主义理论方面存在的问题，本书期望通过研究，确立马克思关于人的学说在教育学中人的问题研究中的意义——一种世界观和方法论的指导作用。这种指导作用不是抽象的、空泛的，而是有着具体内容的，即马克思从"现实的人"出发认识人的唯物史观。以"从事实际活动的人"理解人的实践立场和在关系中考察人的关系思维。也就是说，从"现实的人"而不是"抽象的人"出发认识人，通过人的实践活动而不是理性思辨或"感性对象"理解人，并且在人的各种关系中考察人，这就是马克思对人的认识所独有的世界观和方法论精髓。我们只有在这一意义上，才能获得马克思关于人的学说的"真经"，并应运用于我们当前的教育学关于人的问题的研究中。

(三) 形成教育学关于人的问题的新认识

基于马克思主义人学理论对教育学中人的问题探索的结果，就应该是形成一种教育学中人的问题的新认识。这种认识既不能等同于马克思原有的关于人的一系列基本观点，例如，马克思认为人是具有自然性、社会性和精神性的，我们也就以此来说明教育中的人是自然性、社会性和精神性的统一，从中我们根本无法获知对教育中的人而言，自然性、社会性、精神性究竟意味着什么。如此认识对现实中人的教育也不具有真正的指导意义。同时，这种认识又要区别于以往我们的教育学中那种简单套用马克思观点的认识，例如，用马克思关于人的主观能动性的论说，直接说明人是具有主体性的，以及主体性教育的合理性；从马克思人的全面发展理论简单地推导出人需要全面发展，我国的教育目的就是培养全面发展的人等。而事实上，在获得这些理论认识后，我们的教育仍不知该如何面对具有"主体性"的学生，或者该如何培养他们的主体性。也无法确定什么样的人才是全面发展的人，怎样才能使学生获得全面发展。

所以，深刻领会马克思关于人的学说，以此为依据重新审视教育中的人，从而形成教育学所特有的对人的问题的认识，进而形成教育学视阈中关于人的理论学说，这就是本研究所要达到的最终目的。

二、研究原则

基于马克思主义人学寻求教育学中人之问题的理解与认识，应坚持以下几个方面的原则：

首先，既要"走进"又要"走出"马克思主义。

历史上，任何一种对人类社会产生重大影响的理论都有两种存在样式："现实性"与"可能性"。"现实性"是指原版的理论存在样式，具有原创性、历史性的特征。"可能性"是指原版理论在其流传演变过程中所形成的动态的理论存在样式，具有开放性、主观性和超越性等特征[①]。就其理论的价值而言，"可能性"高于"现实性"，"现实性"是"可能性"的基础。这就意味着我们今天在基于马克思主义人学进行教育学中人的问题探索时，应首先建立在忠实于马克思等经典作家理论文本的原意，并合理解读原本理论的思想内涵的基础上，而不是主观臆想式地解释，甚至凭空构建一个马克思主义关于人的理论和学说。但是，"走进去"并不是我们所要追求的最终目标，而是为了能够更好地"走出来"，即立足当代现实的教育世界，将马克思主义人学置于开放和动态发展的境遇，充分彰显其"可能性"的理论价值。

其次，强化教育研究者的主体意识。

主体意识是以我为主的主观感受，是合理明智的理性判断，是作为主体的人接受与驾驭外界事物时的自为性、能动性和超越性的体现。马克思无论多么伟大，都无法代替我们思考；马克思主义的理论或学说不管多么具有真理性，我们也不能盲从。事实上，那些真正在任何

---

① 贺来. 关于马克思哲学"当代性"的理论思考. 天津社会科学, 2000, (6): 11-16

情况下都不动摇的马克思主义者,往往都是经过自己的大脑思考后才接纳马克思主义的人。因此,以马克思主义为指导研究现实问题,所要特别强调的就是研究者主体意识的确立和强化。

只有教育研究者具有牢固的主体意识,才能避免机械、教条式地运用马克思主义理论研究教育问题;才能防止简单地用马克思主义理论裁剪教育的事实;更重要的是,才能始终坚定我们的马克思主义信仰,从而以一种理性的态度接受马克思主义,发展马克思主义,进而在批判的基础上创新马克思主义。

最后,立足当代的教育现实。

任何一种理论,要想对现实产生应有的价值,就必须立足现实而不只是理论。西方社会在今天之所以如此信奉和推崇马克思主义,并不是迷信马克思主义的学说,更不是认为马克思主义是完备的理论体系和唯一的真理,而是意识到马克思主义仍然是认识和批判当代现实最有力的思想武器。毛泽东用"有的放矢"来形容马克思主义与中国革命的结合,极其形象、精辟地指出了马克思主义作为理论武器与解决现实问题的关系。当代中国的教育学研究,只有立足现实教育问题这个"的",才能真正体现马克思主义理论这个"矢"的当代价值和意义。

立足当代教育现实的以马克思主义为指导,就是不能以马克思、恩格斯等经典作家说了什么为标准,裁定教育事实,评判教育问题,而是要看这些说法是否正确地反映了当前教育发展的要求。作为原理的马克思主义在现实的教育情境中,哪些是需要很好继承的,哪些是需要加以发展的,哪些是已经完全不适用的。惟其如此,才能使"以马克思主义为指导"变为当前教育研究的一种真正的理论支撑,而不仅仅是一种口号或说法。具体到基于马克思主义人学探索教育学中人的问题这一研究,就是要立足当代我国教育中人的生存境遇和现实问题,深入领会马克思有关人的问题的论述,从而使人们对教育中的人有一个更加全面、合理和深刻的理解,在此基础上,使我们的各种教育活动能够卓有成效。

三、研究思路

根据上述研究目的和原则，对立足马克思主义人学基础上教育学中人之问题的探索，将遵循以下基本思路展开。

首先，在广泛研读马克思原著，以及国内外有关马克思人学理论研究成果的基础上，梳理出马克思关于人的问题的基本思想，并抽象归纳出一些核心概念，以此为主线和逻辑起点，展开对教育学视阈中人的问题的探索。

其次，依据马克思对人性、人本质的揭示，并深入教育的情境之中，一方面，深刻理解和领会马克思人学思想的基本内涵；另一方面，进一步探讨马克思关于人的基本认识，对于身处教育情境中的人意味着什么？因此，本研究将从这样几个方面展开论述：①"从生命本原上认识教育中的人"，即以马克思关于人的"自然性"为核心概念，探讨马克思对人的生命自然认识的寓意，以及对理解教育中人的启示。②"从现实性上认识教育中的人"，即以马克思关于人的"社会性"为核心概念，对马克思"人的本质在其现实上是一切社会关系的总和"予以深刻解读，从而对教育中人与社会的关系问题，以及教育中的"具体个人"进行深入地探究。③"从发展性认识教育中的人"，即以马克思人的"全面发展"为核心概念，深入探讨教育中人的发展问题。④"从'实践'的意义上认识教育中的人"，即以马克思的"实践观"为核心理念，重新审视实践在教育中人的生成过程中的意义。

最后，主要在总体上对教育学如何基于马克思主义人的学说研究人的问题进行反思，并在此基础上力求寻找一条正确认识教育中人的思维路径，形成有关教育学特有视角下的人的认识。

四、研究方法

本论题的研究拟采用以下几种方法。

（一）文献法

文献法就是通过阅读、分析、整理有关文献材料，全面、正确地研究某一问题的方法。本研究所采用的文献资料涉及以下几类：

第一类是马克思、恩格斯等马克思主义经典作家原著，这是理解马克思主义关于人的问题认识的文本。应该说，对马克思主义理论文本的解读，是回到学术层面对马克思主义关于人的问题研究的前提。

第二类是哲学界马克思关于人的理论的研究。众所周知，人的问题也是哲学研究的一个核心问题，而对马克思关于人的问题的研究，一直都是马克思主义哲学研究的重中之重，尤其是我们国家改革开放以后，更是形成了这方面研究的高潮，并涌现了大量的研究成果。笔者以为，这些成果将有助于我们对马克思关于人的问题阐述的理解。

第三类是教育学中有关人的问题研究以及马克思主义关于人的学说的研究，这是对长期以来，我国教育学界以马克思主义为指导进行教育研究，包括人的问题研究反思的基础。

第四类是有关人的问题的各方面的研究，这是帮助我们拓宽和加深理解教育中人的基础性资料。

第五类是关于研究方法论及其他相关方面的一些著作和文章。这方面资料的研读和学习虽然不一定直接反映在本书的具体论述中，但却是滋养个人思想和提升自己理论研究水平所必不可少的。

本研究试图通过前述几种文献的查阅、研读和梳理，着重解决三个方面的问题：一是马克思关于人的认识都有哪些基本阐述？这些阐述是在什么语境下提出的以及它们之间的关系是什么？在此基础上提炼出马克思对人的认识的核心观念。二是教育学中关于人的问题有哪些基本的认识？这些认识有多少是基于马克思的观点提出的？马克思关于人的学说在教育学中人的问题认识上有哪些反映？三是对人的认识有哪些不同的理论视角？对马克思主义在当代的价值又有哪些基本的看法？

（二）比较法

比较法是根据一定的标准对某类现象在不同情况下的不同表现进行比较的研究方法。本研究的比较主要是通过三个层次展开的。

第一个层次是历史与现实的比较，即对马克思关于人的学说，在我们的教育学中过去是如何认识的？如今有了什么新的认识？相比之下，这些新的认识与过去的认识哪些是相通的，又有哪些不同？现如今应该具有什么样的认识？

第二个层次是马克思关于人的学说与当代西方诸多有关人的学说的比较。人的问题一直以来都是西方哲学的主旋律。伴随着科技进步和文明程度的不断提高，西方人的自我之识的热情和理想水平也在不断提高，在当代形成了各种思潮、流派和理论，如人道主义、人本主义、存在哲学、生命哲学、进化论、文化论、交往论等。只有将马克思关于人的学说置于这种当代西方的人论之中，通过比较才能充分体现马克思关于人的认识的理论特质及其当代价值。

第三个层次是教育学中马克思关于人的认识与其他学科关于人的认识的比较。从一定意义上说，教育学是一种关于人的综合学说。因此，教育学中对人的认识，几乎包括了与人相关的所有学科对人的认识。马克思关于人的认识当然离不开其他学科对人的认识，但又绝对不等于其他学科对人的认识，而两者之间的区别究竟在哪里？对于我们认识教育中的人的意义是什么？这必须通过比较才能得到解答。例如，生物学、心理学是如何认识人的自然性的，马克思又是如何认识人的自然性的？两者对认识教育中的人的自然性意义分别体现在哪里？通过这样的比较，使我们加深对马克思关于人的认识及其在教育学中的意义的理解。

（三）中心概念结构法

"中心概念结构法"，是本研究在研究方法上的一个特色，即整个研究的构思和叙述是围绕一些核心概念展开的。

具体到本书，其研究思路和篇章布局即是围绕马克思关于人的认识的一些中心概念——自然性、社会性、发展性和实践性设计的。通过这些中心概念，使整个研究形成既从不同的侧面探讨教育中的人的各自相对独立的部分，同时又构成一个对教育中的人的完整认识。例如，我们从马克思所强调的人的自然生命、社会本性、全面发展、实践活动等几个方面分别探讨教育中人的基本性质，同时又从这几个方面的内在关联性中获得对教育中人的一个整体认识。

第二章 从生命本原上认识教育中的人

人作为一个生命体，首先是一个自然存在物。"人直接地是自然存在物，而且是作为有生命的自然存在物"[1]。虽然马克思一贯反对把人看做是纯粹的"自然人"，不赞成单纯地用生物学的规律和自然法则解释人。但马克思也从来不否认人的自然属性，并坚持认为"全部人类历史的第一个前提无疑是有生命的个人存在。因此，第一个需要确认的事实就是这些个人的肉体组织以及由此产生的个人对其他自然的关系"[2]。这就是

---

[1] 中共中央马克思恩格斯列宁斯大林著作编译局.马克思恩格斯全集(42).北京：人民出版社，1979：167

[2] 中共中央马克思恩格斯列宁斯大林著作编译局.马克思恩格斯选集(1).北京：人民出版社，1995：67

说，对人的认识，应首先回到人的自然性这一生命的本原中去。然而，人的生命自然与其他有生命的自然是否相同？我们应如何认识人的生命自然？这种认识对教育学中人的认识有何意义？这就是本章所要探讨的问题。

第一节 自然性——人之生命本原

从生物学的意义上说，人和动物、甚至植物都是有生命的自然存在物。但是，人的生命的自然性已远远超出了一切有生命的自然范畴，具有人之为人的独特和内涵。对人的生命自然性的认识，就是对人之生命本原的认识，而只有对人之生命本原有所认识，才能真正理解和认识教育中的人。

一、人的生命自然的独特性

自从1859年达尔文的《物种起源》及1871年《人类的由来》两部巨著问世以后，人们似乎突然醒悟到：人类和世界上所有的物种一样，都是动物界长期进化的产物。在人与动物之间只有差别，没有鸿沟。这就是说，人与动物同作为自然存在物，有着相同的生命性征，如饮食、男女、新陈代谢等。"有生命"的客观本质特征除了表现为如在时空中的自我运动、自我形成、自我分化和自我界定外，还体现为自存在（fursichsein）和内部存在（lunesein），这是生命的原始生理现象①。这种原始的生理现象作为生命的自然现象，意味着生命赖以存在的可能性和基本条件。人作为有生命的自然存在物，同样也离不开这

---

① 王维达.哲学人类学视野中的"人"——舍勒《人在宇宙中的地位》精粹.武汉：湖北人民出版社，1989：35

样的原始生理现象。从这个意义上看，人与动物是没有本质差别的。

然而，事实上，人的生命自然与动物的生命自然却有着根本的区别。"生命的产生，是自然进化的一次重大飞跃，而人的生命的产生，则是生命自身进化过程中一次具有更为关键意义的飞跃"①。这表明，同作为自然的生命存在，人与动物相比，是有着自身的独特性的。

人的生命与动物的生命究竟有何不同？起初，人们也许只能从生命的形态特征和生理结构上加以区别，例如，人的头骨平坦，下颚和牙床后缩，拇指分开，等等。随着科学的发展，人们还会发现，人的脊髓与动物相比发生了很大的变化，人的脑容量也比动物大得多等。其实，关于人的身体与一般动物的差别早已为科学家所确认，即人可以直立行走，人有一双灵巧的手，人能够说话，人有一个非常特别的大脑。这些特征也许可以完全作为人与动物相区别的标志，但现代科学研究表明，动物王国内部的差异，要比人与高等动物之间的差异更大。在人类漫长的生命进化过程中，属于生物性的体质方面的变化是微乎其微的，如现代遗传学、分子生物学等对现代人与现存类人猿的比较分析研究发现，彼此间的化学组成十分相似，从总体上看，人在体质上与类人猿的相似处远远多于相异处。甚至一些科学家发现，猩猩与人之间的生物化学上的差别，比同属生物如山羊与绵羊、马与斑马之间的差别还要小一些。然而，"解剖生理上的证据无论怎样从生物学上证明无尾猴和人类的紧密联系，也不能推翻这样的事实，即二者之间存在一个非常窄的界线，由于这个界线的存在，人类与无尾猴分道扬镳了"②。现代科学研究认为，人与动物的这种根本差别不是在生命的形式上，而是在生命的存在方式上。

生命从自然界进化而来，作为活的有机体，其重要特征在于具有"自在性"，即能够形成一个完整的、自组织的有机体，通过这一机体

---

① 高清海，胡海波，贺来等．"类生命"与"类哲学"——走向未来的当代哲学精神．长春：吉林人民出版社，1998：33
② 巴格莱．教育与新人．袁桂林译．北京：人民教育出版社，2005：32

主动地与外界进行物质和能量交换，从而实现生命肌体的自我生长和繁殖。对动物而言，其生命的存在只能以外界所提供的现成形式的物质和能量为前提，它只能作为环境的组成部分而存在，无法将生命的生存主动权掌握在自己手中。

但是，对人来说，情况就完全不一样了。人的生命不仅是"自在"的存在，而且还是"自为"的存在，即人不只是依赖外界环境而生存，也不只是作为外界环境的一个组成部分而存在，而是通过自身的创造性活动，使外界环境成为自我生命的组成部分，从而使环境为我而存在。正如马克思所言："动物和自己的生命活动是直接同一的。动物不把自己同自己的生命活动区别开来。它就是自己的生命活动。人则使自己的生命活动本身变成自己意志的和自己意识的对象。他有意识地进行生命活动。"① 这意味着，动物个体是属于它的生命的，它的存在完全由它的生命本能所支配。而人由于把"生命活动本身变成自己意志和意识的对象"，因此人的生命就不仅是一种单纯的自然生命存在，而且还是一种"超生命"存在——超越本能生命之上的生命存在。这种超越在生物学的意义上表现为，人能够利用工具延长和增加自身肢体和大脑的功能，以更好地适应和改造环境，求得生存和发展。而这种"超生命"存在，仍然是作为自然的生命存在，即它仍然是原始的、本原的，不是人为加工过的生命存在，只不过是人所独有的。

据此，在哲学界有学者把动物的生命称为自然的"种生命"，而把人的生命称为自为的"类生命"。"种生命"是人与动物共有的，是自然给予的、具有自在性质的、服从自然法则的、与肉身结为一体的生命，它作为种性同等地存在于一切个体身上；"类生命"则是人所特有的，它是由人所创生的、自为的、超越"种生命"的生命。二者之间

---

① 中共中央马克思恩格斯列宁斯大林著作编译局. 马克思恩格斯选集（1）. 北京：人民出版社，1995：46

的根本区别在于,"类生命"不是个体的抽象的统一体,而是以个体的个性差异为内涵,属于多样性和否定性的统一体[①]。也就是说,"类生命"是具有"自我"性质的生命,是突破生物本能的"超生命",是人的生命的最高本质。

上述表明,人与动物虽同属生命存在,且这种存在均是一种自然性存在,但人的生命存在方式从根本上区别于动物的生命存在方式,使得人的生命自然性中融入了自为的性质,成为一种超生命存在。因此,对人的生命自然的认识,既不能仅从生物学的意义上把人的生命等同于动物的生命,也不能只从人与动物外在的形态特征和内在的生理结构加以区分,而是要按照人的"类生命"本性来认识。否则,就将在人的生命本原上造成人的失落。

二、人的生命自然的复杂性

正是由于人的生命自然性中融入了自为性,人的生命是超生命的存在,也就决定了人的生命不是一种单一的线性的简单结构,而是有着多样性和多重矛盾关系构成的复杂结构,即人的生命存在是一种复杂性的生命存在,表现为以下几个方面。

(一) 人的生命内部构成的复杂性

新的生物学研究表明:生物不仅是在自然内部进化,仅限于从自然吸取能量和物质,为自身的食物和其他物质需要而依赖自然,而且"滋养生物的不仅是能量,还有负熵,也就是复杂的组织和信息"[②]。这意味着生命本身就是一个复杂的系统。而人的生命存在作为一个"超生命"存在,更是内含着多样性和矛盾性的复杂系统。

首先,人既源于自然、依赖自然,又是自然的改造者。人是由自

[①] 高清海,胡海波,贺来等. 人的"类生命"与"类哲学"——走向未来的当代哲学精神. 长春:吉林人民出版社,1998;37

[②] 埃德加·莫兰. 迷失的范式:人性研究. 陈一壮译. 北京:北京大学出版社,1999;13

然进化而来，且必须从自然中汲取物质、能量、信息等维持生命的存在，这是不争的事实。但是，人的生命存在方式与其他生命的存在方式所不同的是，人不仅依靠自然所提供的现成资源使生命得以存在，而且还能够通过自身的活动改变环境，为我所用。这就决定了人的生命中不仅具有与其他生命相同的自然基质，而且具有超出这种自然基质的自然性征，如人的臂和腿、头和手，甚至包括人的思维，都是人的生命自然性征的反映。

如此说来，人的生命构成就是自然性与超自然性的统一。正如哲学人类学家 Michael Landmann 所分析的：现代在进化论的第一次激励之后，成功地把人的两个方面联系起来，与此同时，也把人放到自然的统一体中去，而并没有因此放弃人的独特性或人的特殊地位。人依然与动物形成对照，之所以如此，不是靠一种较高奉献的长处（因为人延伸到另一个领域，一个超自然的领域），而是靠只有人才能实现的自然本身的构成计划的长处①。这就是说，人的"超自然性"，并不代表对自然性的取消或消灭，而是通过自身的活动不断改变、发展和完善自然性，从而形成属人的自然性。因此，这种"超自然性"既体现为人的生命的自然性，又表征为人的生命的自然力，"这些力量作为天赋和才能、作为欲望存在于人身上"②。这就是人的生命存在——包含着自然性与自然力的存在，因而也是具有受动性与能动性的存在。

其次，人既是感性的生命存在，又是理性的生命存在。感觉、情感、欲望以及各种生理反应等，是一切生命体所共有的生命性征——感性。而人，不仅具有感性，而且具有理性，是具有双重属性的生命存在。也就是说，作为人，不能否认自己是属于感觉世界的；然而，就人的纯粹能动性而言，他又必须承认自己是属于理性世界的。

人作为理性的生命存在，直接就表现为人是一种有意识的存在，

---

① 米夏埃尔·兰德曼. 哲学人类学. 阎嘉译. 贵阳：贵州人民出版社，2006：138
② 中共中央马克思恩格斯列宁斯大林著作编译局. 马克思恩格斯全集（42）. 北京：人民出版社，1979：167

即人的意识性是人之为人的一个重要的特征。正如马克思所说:"有意识的生命活动把人同动物的生命活动直接区别开来。正是由于这一点,人才是类存在物。"① 诚然,人的感官在许多方面是不如动物的,但是"人之所以能灵于物者,谓目能收万物之色,耳能听万物之声,鼻能收万物之气,口能收万物之味"② 就在于人不仅有感觉,还有思维,即有意识。人的感性是直接的,同时又是具有片面性的,正是通过理性,人才能对感官得到的信息加以判断和处理,从而克服感性的局限性。

尽管如此,人并不是一个纯粹的理性生命存在者,而是一个感性与理性并存的生命存在者。感性标志着人生活于自然因果链之中,被自然规律所决定,具有他律性;而理性则意味着人同时生活于属人的本体世界中,不为经验因素所困扰,具有自由性。所以说,人既是被决定的,又是自由的。

最后,人的生命既具有遗传性,又具有创造性。生命由自然进化而来,这就意味着一切生命都具有遗传特质,人作为生命存在当然也不例外。恩格斯在《自然辩证法》一书的导言中详细描述了人由自然进化而来的过程:"最初发展出来的食物树种无细胞的和有细胞的原生生物……在这些原生生物中,有一些渐次分化为最初的植物,另一些渐次分化为最初的动物。从最初的动物中,主要由于进一步的分化而发展出无数的纲、目、科、属、种的动物,最后发展出神经系统获得最充分发展的那种形态,即脊椎动物形态,而在这些脊椎动物中,最后又发展出这样一种脊椎动物,在它身上自然界获得了自我意识,这就是人。"③ 在此,恩格斯向我们道出了人与自然的"血缘"关系,从而证明了人作为生命存在所具有的遗传性。

---

① 中共中央马克思恩格斯列宁斯大林著作编译局. 马克思恩格斯选集(1). 北京:人民出版社,1995:46
② 袁贵仁. 对人的哲学理解. 郑州:河南人民出版社,1994:50
③ 中共中央马克思恩格斯列宁斯大林著作编译局. 马克思恩格斯选集(4). 北京:人民出版社,1995:273

传统的进化论强调，一切事物始终只是形式上的改变，事物的起源决定其本质。因此，从生物学的意义看，人与动物没有本质上的差别，进而遗传性也就决定人的生命本质。但是，现代进化论把重点放在了创造性上，放在了进化致使的新事物上。因此，人和动物所具有的共同点就不再重要，而是各自在进化过程中所产生的新质决定着其生命的本质。由此而论，人的生命不仅是遗传的结果，还是创造的结果，或者说从本质上是创造的结果。因为人不仅具有自然性，更具有超自然性；不仅受制于自然规律，更具有自由意志；不仅能够适应自然，更能够改造自然；不仅改造自然，而且在改造自然的过程中改变和创造着人自身。这一切表明，人的生命存在是一种能动的创造性存在。

动物的历史是被创造出来的，"相反的，人离开狭义的动物越远，就越是有意识地自己创造自己的历史"①。也就是说，人是自己创造自己的历史。德国生命哲学家齐美尔用两个特别的命题进一步说明了人生命的这种创造性："生命比生命更多"和"生命超出生命"，即生命是一个生生不息的创造过程，它不仅创造出更多的生命来时时更新自己，而且从自身创造出非生命的东西，这些东西又具有它们自己的规律和意义，反过来丰富和充实人的生命。

对于人这一生命存在来说，遗传性不仅奠定了其存在发展的基础，而且预示着每一生命个体在生命本原上的个体差异性，即作为"类生命"存在的人，在生命本体上就是具有差异性的。但是，差异性只表明每一生命个体是独特的，不意味着龙生龙，凤生凤，老鼠天生只能打洞。进一步说，是创造性而不是遗传性决定着人之为人的生命特质，从而也就决定了无论是人的遗传，还是个体生命所具有的先天差异性，都是能够获得改变的。因为"创造性"标志着人的生命存在不是一个静止的、既成性的存在，而是一个流变的、生成性的存在。而赋予人

---

① 中共中央马克思恩格斯列宁斯大林著作编译局. 马克思恩格斯选集（4）. 北京：人民出版社，1995：274

这一创造性生命特质的根源是人具有"自由自觉的活动"。

（二）人的生命外部关系的复杂性

人作为生命存在的复杂性，不仅体现为其内部构成的复杂性，而且还表现为外部关系的复杂性。如前所述，人与动物在生命的自然性上最根本的区别就在于，人不仅依赖外部环境而生存，而且能够把外部环境作为改造的对象为我所用。正是这一生命存在方式的根本改变，使得人的生命不仅是一个自在的、自主的、自组织的系统，而且是一个开放的、由各种关系交织而成的复杂系统。

关系性存在，也是人之为人的一种根本性存在。"凡是有某种关系存在的地方，这种关系都是为我而存在的；动物不对什么东西发生'关系'，而且根本没有'关系'；对于动物来说，它对他物的关系不是作为关系存在的。"[1] 也就是说，动物的生命机能是适应特殊环境的需要而生成的，如食肉动物、食草动物、热带动物、寒带动物等。动物的这种特定化，确定了它们在一定环境条件下的行为特性一般是不能改变的。这也就决定了动物的生命存在方式是单向地从外界环境获取现成资源求得生存，因此它不需要与环境或其他动物构成一种什么关系来维持自己的生存。而人则不同，由于人与其他动物相比，有着先天的身体"缺陷"，例如，没有皮毛抵御风寒，没有锐爪尖齿防御敌兽攻击，所谓力不如牛，疾不如马，且人独立来到世界需要借助他人的力量，需要依靠自身的活动与外界交换各种资源求得生存，从而也就形成了人作为关系性的生命存在。

人作为关系性的生命存在，意味着人的生命是在与外部世界双向的、互动的、相互作用之中生成着、存在着的。正是这样一种关系性存在，使人的生命不再像动物那样具有铁板一样的绝对界限，不再是与外部世界割裂开来的孤立实体，而是既以自身为中心，同时又向外

---

[1] 中共中央马克思恩格斯列宁斯大林著作编译局. 马克思恩格斯选集（1）. 北京：人民出版社，1995：81

部世界开放的、充满生命活力的生命体。也正是在这样的开放性关系中，人可以调动和利用个体之外的力量，增加自己生命的能量。从这个意义上看，也许人作为生命个体自身的能量是微小的、有限的，而关系性的生命存在性质，使其能够获取巨大的，甚至是无限的生命能量。所以说，我们从生命的本原上对人的认识，就必须把它看做是一种关系性的生命存在。

总而言之，人作为一个有生命的自然存在物，就是有着诸多因素、诸多矛盾及各种关系构成的复杂的统一体。正如法国哲学家莫兰所言："所有这些特点分散、组合、再组合，根据个人、社会、时代而不同，增加着人类的难以置信的多样性。这种多样性不能从一个简单的统一原则出发来理解。它的基础处于一种不确定的可塑性中，任由环境和文化根据特殊的情况来塑造。它只能是处于一个超级复杂的系统的统一性中。这个统一性，是许多再生性原则的总体（我们不能忘记第一个再生性原则是生物-遗传原则）；从这些再生性原则出发发生了智人的所有头绪纷繁的发展，这就是马克思的'作为类的存在物的人'的概念所意味的东西；在此，这个概念和我们关于人的本性的概念混合在一起。"[①] 这无疑告诉我们，对人的理解与认识，不能从某种单一因素或以简单的加法思维加以判断，而是要用这种复杂思维进行思考。因为人在生命的本原上就体现了复杂性。当然，复杂的积极理解就是丰富，也就是说，人在生命本原上也是丰富的。

三、人的生命自然的优越性

人的生命自然不仅是超越的、复杂的，而且是优越的。从肌体的构造和功能上看，也许人的生命并不比动物优越，甚至还有明显的缺陷。但是，我们应该看到，大自然赋予人的是无限的生机和潜能，从而使人不是在后天，而是在生命的本原上就优越于地球上一切有生命

[①] 埃德加·莫兰. 迷失的范式：人性研究. 陈一壮译. 北京：北京大学出版社，1999：130

的物体。具体说来这一优越性表现为以下几个方面。

(一) 人的未特定化

人的未特定化，这也是人作为一种生命存在所特有的性质。因为一般动物的器官都是为了适应某种特定的生活条件而生的，具有特定化的性质。而人的器官则没有为了某种需要被特定化，自然没有规定人应该在什么时间、什么场合该做什么，因此，人在本能上是匮乏的，即人不具备在特定条件下生活的特定能力。

人的这种未特定化在表面看来，似乎是人的一种"先天缺陷"，而且在生命的最初，这种未特定化的确也为人的生存造成了很大的困难。然而，从人类学的思想来看，人的这些"先天缺陷"并不是人之为人的弊端，恰恰相反，是其优越性所在。人的器官并非为某种生命机能所制成，就使他具有适合多种多样用途的潜能；同样由于人天生本能的匮乏，人反而不受本能所控制，并能够获得多种多样的能力来补偿本能的匮乏。"虽然非特定化（unspecialization）开始可能有消极影响，但在漫长的发展过程中，却意味着它是一个非常宝贵的优点。缺乏特定化被证明是十分积极的能力的消极关联物，因为人的器官并非专门为某几种生命机能而制成，它们有适合于多种多样用途的能力；由于人不为本能所控制，他本身就能思考和发明。所以，人具有别的能力来代替缺乏的能力。他所缺乏的特定化，更多地得到了多种多样的能力的补偿。他自己的首创精神，能使他适应变化着的外部条件，并通过创造发明和社会惯例，使他的生存更容易。因此，尽管动物似乎有适合于生存竞争的较优良的装备，但人却远胜过动物。"① 由此不难看出，人的先天的"未特定化"是人的一种优势，而非劣势。在哲学人类学那里，人的这种由于生理上的未特定化反而能超越其他动物的特征被称为"卸载原则"，预示着人的生命的先天缺乏，却能使人获得更多。

---

① 米夏埃尔·兰德曼. 哲学人类学. 阎嘉译. 贵阳：贵州人民出版社，2006：165

其实，对于人的生命的未特定化不是"缺陷"而是"优势"的认识并不是最重要的，比这更重要的是，我们是否能够从中领略到如何才是对生命的真正关注和尊重。即便是作为生命的"缺陷"、"不完美"，那也是人之为人的生命根基，蕴涵着生命之花绽放的能量。事实上，"正是由于要通过较高的能力弥补现存的缺陷这种必要性，人成为'不断求新的生物'，成为虽不完美，但因此而不断使自己完美起来的生物"①。所以，文化人类学也认为，人并不是为了弥补先天生物缺陷而创造文化的，而是人的生物本性与文化本性从一开始就是相互补充的，是一个统一体中的两个互补环节。

(二) 人的潜在发展可能性

人的先天未特定化之所以不是"缺陷"而是"优势"，就在于它孕育了人的潜在发展可能性，即潜能。也就是说，人虽然力不如牛，疾不如马，且以一种生理上的"未成熟"、"未完成"态来到世间，但这不仅没有使人作为"弱肉"被"强食"，而且还成为"万物之灵"，其中根本的原因是人具有这种潜在的发展可能性。马克思认为：人是具有自然力、生命力、能动的自然存在物。这些力量是作为天赋和才能、作为欲望存在于人身上的。这就是说，人作为一种生命存在，不仅永远向着外界开放，而且永远向着未来发展，而发展的生命基础就是人的生命中所蕴藏的潜能。

当代美国教育哲学家 Israel Scheffler 在其《人类的潜能——一项教育哲学的研究》一书中，将潜能理解为："第一，获得某些特征的可能性（capacity）。第二，获得这种或那种特征的倾向性（propensity）。第三，获得这种特征的能动性（capability）。作为可能性潜能是自主的，不受有关外部环境状况的影响；作为倾向性的潜能是作为可能性的潜能的进一步发展。第四，作为能动性的潜能则意味着技能、能力，是指根据意愿（will）获得某种特征的能力。如果说可能性是'使可

---

① 博尔诺夫 O F. 教育人类学. 李其龙译. 上海：华东师范大学出版社，1999：37

能'（enabling）的话，那么能动性就是'使能够'（empowering）。"①

潜能不同于本能，本能是与生俱来，不学而会、不教就能的。人作为自然存在物和其他一切动物一样具有这种先天的本能，如觅食、神经系统的反射活动等。但人除了本能之外，还有着其他动物所不具有的潜能。潜能不同于本能就在于：①本能是由特定化的器官所决定的；潜能则是由非特定化器官所决定的。②本能是一定要实现的，一定会展示出来的；潜能则不一定能够实现，它可能被展示，也可能被埋没。潜能只是一种可能性。③本能的实现是自然的；潜能则不能自如地实现，必须依靠人为地挖掘、主观地努力和奋斗。④本能的实现是个体性的；潜能则只能在社会环境中实现，即个人只有在社会中并借助社会的力量才能实现自己的潜能②。

在当代，无论是哲学对潜能的解读，还是脑科学、心理学、学习科学等对潜能的研究，其实都包含着一个共同的寓意：人的潜能是一种由可能向现实转化的趋势。也就是说，人的潜能是客观存在的，却又不是既成的，它是在可能性向现实性的转变过程中不断生成并发生改变的。而之所以如此，是因为人的潜能既是生物性的，又是社会文化性的；既依赖大脑特有的结构和机能，又带有个人成长过程中各种因素影响的烙印。正如当代一位心理学家所说的："人类生下来就是'早熟的'。他带着一堆潜能来到这个世界。这些潜能可能半途流产，也可能在一些有利的或不利的生存条件下成熟起来，而个人不得不在这些环境中发展。所以从本质上讲，他是能够受教育的。事实上，他总是不停地'进入生活'，不停地变成一个人。"③ 所以说，潜能作为人生存与发展的一种生命本原力量，实际上预示着一个人发展的能量和程度。

---

① 谢弗勒. 人类的潜能——一项教育哲学的研究. 石中英，邓敏娜译. 上海：华东师范大学出版社，2006：中文版前言2
② 武天林. 实践生成人学. 北京：中国社会科学出版社，2005：168
③ 联合国教科文组织国际教育发展委员会. 学会生存——教育世界的今天和明天. 北京：教育科学出版社，1996：197

总之，作为有生命的自然存在物，人与其他动物相比是超越的、复杂的，同时还是优越于一切生命体的，这是我们对于人的生命自然的一般认识。毫无疑问，这种认识将有助于我们从生命本原的意义上理解教育中的人，并根据这一理解施之以人的教育。例如，教育的人的生命质量的提升，对人的主观能动性的调动，对人作为主体的意识与能力的培养，以及对人的全面发展的促进，等等，都首先要建立在人所特有的生命自然的基础上。然而，这种对人的生命自然的一般认识，并未使我们达到对人之生命自然的实质性理解，即人的生命与动物相比为什么会有如此根本的差别，人的这些生命性征究竟是如何形成的？对此，有生物学、进化论、人类学等不同视角的揭示，而马克思立足历史唯物主义立场的揭示，显示出独特而深刻的理论与实践价值，是其他学科和理论所不可替代的。

第二节 马克思关于人的生命自然观

本章开篇我们就提到了马克思把"有生命的个人存在"看做是人类历史上第一个需要承认的前提，这就表明，马克思对人的生命自然的高度重视。不仅如此，他对人的生命自然的理解也是独特和深刻的，对于我们认识教育中人的生命自然具有重要的启迪作用。

一、对费尔巴哈人本学的超越

生于18世纪的德国哲学家费尔巴哈，曾把自己的哲学称为人本学，其基本思想就是要冲破传统的理性至上、抽象思辨的哲学思维，开创一种以人及其自然性为核心的唯物论人学致思理路。

由于费尔巴哈的人本观是马克思关于人的学说的一块重要理论基石，费尔巴哈的人本观是一种自然主义的人本观，因此，马克思关于人的生命自然思想,首先体现为对费尔巴哈人本观的扬弃。

费尔巴哈的人本观是与他的唯物主义自然观紧密联系在一起的。从这一观点出发,他认为人不是任何超自然的特殊造物,不可能由基督教的创世说或某种哲学的虚构产生,人只能产生于自然界,是自然界的一部分。因此人是物质的、客观实在的东西,包括人的大脑、精神在内的一切都是自然界的产物。

在费尔巴哈看来,人与动物的区别绝不仅仅在于人有理性,而更多地在于人的感性的丰富性和绝对性。人只是因为他"是世界上最感性、最敏感的生物,而有别于动物。感官是人和动物共通的,但只有在人身上,感官的感觉从相对的、从属于较低级的生活目的的本质成为绝对的本质、自我目的、自我享受"①。虽然他也曾经提到过,从自然界产生的人,只是纯粹的自然的本质,而不是人。但是,如何才能使人从纯粹的自然本质变成真正的人,他并没有予以说明。

费尔巴哈虽然十分强调人的自然本质,但并不否认应从整体的意义对人的本质的把握。他认为,人的本质是人有别于动物的各种属性的总合,具体包括三个层次:自然本质、社会本质和精神本质,而三者统一在人的自然性中。在此意义上,他提出了"人是自觉的自然本质"①。自觉的自然本质,是指人的自然本质不像动物那样只是受本能驱使,顺从自然界,而是可以在社会中,靠精神来统摄人的自然性。可见,费尔巴哈在强调人的自然本质时,并不否认人的社会性和精神性。只是由于他只是把人作为"感性对象"而不是"感性活动",所以无法真正理解现实存在的完整人的各种性质。

应该说,费尔巴哈关于人的本质观,把当时的"观念人"认识导向了生物人、自然人,从而使关于人的认识由唯心主义转向了唯物主义,尤其是他对完整人的阐述,使人们对人之本质的认识进入到一个

---

① 路德希尔·费尔巴哈. 费尔巴哈哲学著作选集(上卷). 荣震华译. 北京:商务印书馆,1984:212

深层次结构。但是，由于他不理解人由自然脱胎而来，依靠的是人自身的实践活动，因此不可能真正理解人与自然的关系，也就无法在一种现实的意义上理解人的自然属性，进而对人的认识仍只能是停留在"理论领域"。所以说，费尔巴哈只是传统哲学关于人的认识的终结者，却无法予以超越，更不可能成为新人学思想的开拓者。

马克思正是在批判地吸收费尔巴哈人本学的基础上，伴随其新唯物主义世界观的创立，开辟了一条崭新的人学致思理路——实践唯物主义的思维路径。其中，在关于人的自然属性的认识上，马克思不仅承认人类历史上第一个需要确认的是"个人的肉体组织以及由此产生的个人对其他自然的关系"，而且还深刻地指出使个人肉体组织得以生存，并沟通个人与自然关系的是人自身的实践活动，这是人与动物的本质区别。正是在人的自由自觉的活动中，人化自然，自然化人，"无论是在人那里还是在动物那里，类生活从肉体方面来说就在于人（和动物一样）靠无机界生活，而人和动物相比越有普遍性，人赖以生活的无机界的范围就越广阔……在实践上，人的普遍性正表现为这样的普遍性，把整个自然界首先作为人的直接的生活资料，其次作为人的生命活动的对象（材料）和工具——变成人的无机的身体"[①]。很显然，在马克思看来，人的生命自然就是人的生命活动，也就是说，马克思不是单纯在"感性对象"的意义上理解人，而是把人看做是"感性活动"。

由"感性对象"过渡到"感性活动"，意味着在人的认识上的一次重大思维转变，即人类历史上要么是从观念的、抽象的层面理解人，要么是从直观的、实体的层面理解人，而这两种对人截然不同的理解却有着极为一致的思维方式，那就是把人看做是静态的、物性的或可思或可感的对象。费尔巴哈的贡献在于由"可思"上升到"可感"，从

---

① 中共中央马克思恩格斯列宁斯大林著作编译局. 马克思恩格斯选集（1）. 北京：人民出版社，1995：45

而使对人的理解具有唯物主义的性质,并更具真实感。但是,由于费尔巴哈没有摆脱静态、物性、对象解剖式的思维方式,因此难能对人这一独特的、复杂的和具有超生命特质的生命个体做出合理的解释。正如马克思所指出的:"费尔巴哈不满意抽象的思维而喜欢直观,但是他并不把感性看做是实践的、人的感性活动。"因而只能把人的本质"理解为一种内在的、无声的、把许多个人自然地联系起来的普遍性"[1]。

马克思则在人的感性活动中,即人的生命活动中找到了理解人之为人生命本性的锁钥。在马克思看来,人是自己的"造物主","整个所谓世界历史不外是人通过人的劳动而诞生的过程,是自然界对人来说的生成过程,所以,关于他通过自身而诞生、关于他的产生过程,他有直观的、无可辩驳的证明"[2]。也就是说,人类产生和发展的历史表明,正是在人自身的活动中,造就了人之为人的本质特性。

基于这样的认识,马克思在指出费尔巴哈人本观的理论局限性的同时,还批判地吸收了唯心主义哲学关于人的本质以及黑格尔的辩证法思想。在马克思看来,以费尔巴哈为代表的感性主义由于仅仅把人视为感性存在,过分强调人与自然的同原性与一致性,从而导致对人的能动性认识不足。与感性主义相反,理性主义则是从人的内在世界规定人,把理性看做是人的本质,从而提升了人在外部世界和自我世界中的地位。但是,这种提升是以理性与人的肉体相分离为代价的,因而颠倒了精神与存在的关系,导致对人的抽象理解。"和唯物主义相反,能动的方面却被唯心主义抽象地发展了,当然,唯心主义是不知道真正现实的、感性的活动本身的。"[3] 正是在这种对传统哲学关于人的本质认识的清理和批判中,马克思确立了自己新的唯物主义人本观,

---

[1] 中共中央马克思恩格斯列宁斯大林著作编译局. 马克思恩格斯选集(1). 北京:人民出版社,1995:56
[2] 中共中央马克思恩格斯列宁斯大林著作编译局. 马克思恩格斯全集(42). 北京:人民出版社,1979:131
[3] 中共中央马克思恩格斯列宁斯大林著作编译局. 马克思恩格斯选集(1). 北京:人民出版社,1995:54

从而合理地揭示了人的生命自然的本质内涵。

二、人的类特性是自由自觉的活动

在马克思看来，人直接是自然存在物。人源于自然，依赖自然界而生存，是自然界的一部分，这是永远无法更改的事实。人的这种不可摆脱的自然属性，决定了"人和动植物一样，是受动的、受制约的和受限制的存在物"①。

然而，作为自然存在物，人与动物所根本不同的是，动物是纯粹自然物，而人是人化自然物、属人的自然存在物。纯粹自然物意味着动物只能依附于自然而生存，被动地接受自然的规定。而人化自然物则表明，人不仅依赖自然，而且还可以通过自身的活动改变自然，创造出一个为我所用的自然，并在改造自然的同时改造自身的生命自然。正如马克思所说："可以根据意识、宗教或随便的什么来区别人和动物。当人开始生产自己的生活资料的时候，这一步是由他们的肉体组织所决定的，人本身就开始把自己和动物区别开来。"② 诚然，动物也有自己的"生产"，但动物的生产只是在直接肉体需要的支配下的生产，且只能生产它自己或它的幼仔所直接需要的东西，其产品直接属于它的肉体；而人则在不受肉体需要的影响下也进行生产，人的生产不限于自我的肉身，是再生产整个自然界，并且人可以自由地面对自己的产品，而不是与产品融为一体。因此，人的生产在本质上是不同于动物的生产的。

人与动物这种根本不同的"生产"方式，也就造就了二者本质不同的生命存在方式：动物依赖自然而生存，人则依赖自身的活动而生存；动物属于它的环境的组成部分，人则将环境变成被改造的对象，

---

① 中共中央马克思恩格斯列宁斯大林著作编译局. 马克思恩格斯全集（42）. 北京：人民出版社，1979：167

② 中共中央马克思恩格斯列宁斯大林著作编译局. 马克思恩格斯选集（1）. 北京：人民出版社，1995：67

使其构成人的生命的组成部分（人的无机身体）。因此，生命的本性就发生了根本的变化，即"人把生命变成了'自我规定'的自由存在，使生命摆脱了自然的绝对控制和主宰"①。人之所以能够如此，是因为人从生命本性上不仅具有受动性，而且具有能动性，也就是马克思所概括的："一个种的全部特性、种的类特性就在于生命活动的性质，而人的类特性恰恰就是自由的有意识的活动。"②

这就是马克思从人的生命自然特性对人之本质的揭示，从中我们可以感悟到，马克思既不是从人的生物性、文化性、感性、理性等人的某一特性认识人，也不是把人作为一种生命实体——感性对象来认识，而是从人的生命活动方式——感性活动来理解人，从而引导我们对人之生命自然的认识，应特别关注人自身的生命活动。

根据以上对马克思关于人的生命自然思想的解读，我们对教育中人的自然性的认识似乎就不能只是停留在对人性的判断、对影响人的发展因素的认识以及对人的发展的自然规律的理解等内容上了，也不能把其他学科有关人的某方面的研究结论直接拿来作为教育学对人的认识，而是要在一种动态的、整体的、教育学意识支配下去认识教育中人的自然属性。

第三节 从生命本原再认教育中的人

把人作为"感性活动"而不是"感性对象"来认识，这是马克思关于人的自然性的揭示，对于我们从生命本原的意义上认识教育中的

---

① 高清海，胡海波，贺来等. 人的"类生命"与"类哲学"——走向未来的当代哲学精神. 长春：吉林人民出版社，1998：35
② 中共中央马克思恩格斯列宁斯大林著作编译局. 马克思恩格斯选集（1）. 北京：人民出版社，1995：46

人的重要启示。也就是说，教育中的人作为一种"有生命的自然存在物"，其本质内涵不在于其所具有的生命特性，而在于人所独有的生命活动。正是这一生命活动造就了人之为人所有的生命性征。所以，对教育中人的生命自然的认识，就应是对其特有的生命活动的认识。

一、教育学中已有的认识之思

应该说，在我们的教育学中是不乏对人的自然性之探究的，人们或从哲学的角度，或从生理学的角度，抑或从心理学的角度提出了对教育中作为一个自然人的认识，概括起来，这些认识集中在以下几个方面。

(一) 作为教育的人性假设的认识

关于"人性"，我国古代的《中庸》开篇即"天命之谓性"。荀子则指出："不可学不可事而在人者，谓之性。"《礼记·孔疏》中也有"自然谓之性"的说法。在西文中，"人性"对应的词是"human nature"，而"nature"是指人或物与生俱来的性质。上述表明，无论在我国还是在西方，人性都是指的人与生俱来的本性，所谓"生而自然"。据此，我们认为，在教育中对人性的探讨，也就是对人的自然特性的认识。

可以说，从人性假设的意义上对教育学中人的认识，是我们国家教育学的一个特色。在有关的探讨中，有人性善性恶之说，有人的自然性和社会性之争，有对人的感性、理性的不同理解。还有特别能体现所谓马克思主义立场的对人的阶级性的认识。对于在探讨中所形成的各种观点，不是本书关注的重点，在此就不具体展开了。

严格来讲，这种人性假设意义上的探讨，并不是纯粹的对教育中人的自然性的认识，它只是从不同的抽象的人性观推导出不同的教育观，例如，从人性善性恶得出教育的"内发论"和"外铄论"；从人的自然属性和社会属性推导出教育的个体价值和社会价值；从人的阶级性推导出教育的目的就是要培养共产主义的接班人,等等。

当然,这其中也有直接意义上的对人的自然属性的认识,例如,依据"自然人"的观念提出的"自然教育";对遗传素质在教育中的作用的强调;人的动物性的合理性以及人的非理性等。20世纪80年代,我国学者潘菽曾提出:心理学要加强对人的实质的自然方面的研究①。因为在他看来,心理学是研究人的一门主要科学,人的实质是由自然与社会两部分组成的,而人们往往只关注人的社会性,轻视甚至忽视人的自然性,这将有害于心理科学的发展。然而,20多年过去了,也许是当年潘先生的呼吁未得到学界的足够重视,也许是有关方面的研究还未修成正果,总之,在教育学引进的诸多心理学对人的研究中,似乎仍不多见这样一种对人的自然性的认识。

作为人性假设对人的自然性的认识,总的来说是一种哲学视角对人的自然属性的认识。人们期望通过这种认识达到并建立起一种教育的观念,以引导教育实践的目的。然而,由于这种认识往往是从抽象的人性观出发,而不是从现实的人出发对人的理解,所以在此基础上形成的教育观实际上是很难真正实现对教育实践的引领的。因此,有学者提出:"对人性善恶的评价可转化为对人的需要的研究。"②或者说:对教育中的人性问题的研究应进行两个转换:一是从人性善恶的价值判断领域转向对人性事实的判断领域;二是将人性的善恶问题转化为对人性的积极定向与消极定向问题③。这不仅意味着人们已经注意到应该从对抽象人的认识转向对现实人的认识,更加预示着人们开始把对人的认识由纯粹的哲学视角转向了教育学视角。

(二)作为教育中影响人的发展因素的认识

对教育中人的自然性的认识,还集中体现为对影响人的发展因素

---

① 潘菽. 论人的实质的自然方面——新三界说. 心理学报, 1985, (1):1-14
② 叶澜. 教育概论(修改版). 北京:人民教育出版社, 2006:184
③ 夏正江. 教育理论哲学基础的反思——关于"人"的问题. 上海:上海教育出版社, 2001:8, 9

的探讨。其中，有以"遗传素质"为名的探讨，有以"生物因素"为名的探讨，还有以"先天因素"为名的探讨。在这些探讨中，由最初的对人的自然因素与其他因素相比是否对人的发展起决定的作用，逐步转向在承认人的发展受诸多因素的影响前提下，人的自然因素在其中所产生的作用是什么。

在这样的研讨中，我们知道了遗传素质（或生物因素、先天因素）是人的发展的生理前提，因而也是对人实施教育的生物基础，即从特殊的意义上说，教育不能使生来失聪的孩子成为音乐家，不能使生来失明的孩子成为画家，不能使一个无脑儿成为数学家。从一般的意义上说，教育必须考虑人的大脑和神经系统的成熟程度，必须注意因先天因素所造成的个体差异，以及不同年龄阶段的学生的身心特点。另外，近年来根据进化论、生物学、脑科学等研究成果，对人的基因、大脑的结构与功能等探讨也逐渐引进了教育学的视野中。

应该说，这种从影响人的发展因素对人的自然性的认识，是一种生物学或生理学的认识视角，这是一种把人作为实体对象加以解剖的认识方式。也就是说，这种方式向我们揭示出的是作为静态存在的、属于人的自然性那一部分的人的形象。尽管人们在探讨这一问题时都不忘强调人的自然属性与社会属性的密切关系，以及在此基础上对人的整体性的认识。然而，这终究还是一种部分加部分等于整体的思维，即人的自然性加上社会性或其他更多属性，才等于一个完整的人。这并不是马克思关于人的问题认识的思维方式。马克思虽然也在不同的语境中强调人的自然属性和社会属性，但绝不等于马克思认为二者相加就是一个完整的人，而是认为每一个属性都将从不同的意义上透视出一个完整人的形象，例如，自然属性是从生命本原的意义对一个完整人的揭示，社会属性是从现实生存意义上对一个完整人的揭示。

如此而论，解剖式的认识方式无法给出一个完整人的形象，也就难免在教育中造成对人的认识上的或二元对立，或顾此失彼。

（三）作为教育应遵循的人的发展规律的认识

这实际上与前一种认识类型相关，即前者是围绕影响人的发展因素去探讨人的自然性问题，这里是围绕人的身心发展特点对人的自然性的探讨。熟知教育学理论的人都知道，教育学中关于人的身心发展规律的认识主要是来自心理学的研究，而心理学的研究又多是关于人的认知发展规律的研究，这样一来，教育学告诉人们，教育要遵循的人的身心发展规律，实际上遵循的是人的认知发展规律。不仅如此，前面也提到，在心理学的研究中，更多关注的是人的社会性，而不是自然性。自然性只是作为人的心理发生的基础来认识的，如对人的大脑的研究、对人的神经机制的研究等。

虽然，在这样的研究中我们知道了人的身心发展具有顺序性、阶段性、个别差异性等规律，教育要循序渐进、针对不同年龄阶段人的身心特点进行教育和因材施教等。但是，这也只是在传授知识方面给我们一点理论上的依据，况且由于对人的身心发展的顺序性、阶段性、个别差异性的真实内涵并不是十分明了，即便是在知识传授方面也很难真正做到循序渐进、因材施教。这还只是其次，更重要的是这是一种更加局部、静态和抽象化的对人的认识，尤其是没有任何教育"加工"的认识，只是把心理学研究的结果直接拿来作为教育学关于人的认识的组成部分。在这样的认识中，我们既无法得到一个关于教育中人的整体概念，也无法获知教育应如何按照人的自然本性或规律去进行。

当然，关于教育学中对人的自然性的认识，并不只是这几种，例如，在近些年教育学关于人的研究中，人们越来越多地关注到人的需要、潜能、语言等问题，其中均包含着从人的自然性理解人的趋向。尤其是在目前我们国家兴起的生命教育热潮中，越来越多的学者关注到从人作为生命本体的意义上对人及其与教育的关系的探讨。然而，综观这些关于人的生命自然的认识不难发现，基本上还是停留在把教育中的人看做是"感性对象"来认识，而不是从"感性活动"认识教育中人的生命自然,从而也就难以使教育对人之生命的呵护与提升、尊崇与关爱成为一种现实。马克思从"感性活动"对人的生命自然的揭示,为我们提供了重新审视教育中人的自然性的一个视角,同时也是我们在此基础上理解教育真谛的一份宝贵思想资源。

二、人的生命自然的教育意蕴

依据马克思关于人的"类特性"的揭示,对教育中人的生命自然的认识,就必须将其视为一种动态生成的生命存在。对于教育而言,只有真正理解了这种生命存在的特性,才是对人之生命的真正关爱和提升。

(一) 人的生命自然的生长性

人的生命自然首先表达为生长的需要和生长的过程。

生长,从生物学的意义上讲,是指生命体由不成熟的状态向成熟状态转化、演进的过程。"从抽象的意义上看,'纯粹'的成熟可以被理解为完全由于不受环境影响的内在力量所导致的人的发展。但从实际意义上看,不可能完全消除环境的影响。从胚胎产生的瞬间直到死亡,每个人都显然经历了连续不断的环境变化,这些环境与人的内在发展因素相互作用,进而形成一个人的可观察到的成长。"[①] 这表明,一个人由不成熟到成熟的生长过程,不是一个人的内在机体自然发育的过程,而是一个人的内在因素与外部环境相互作用的过程,是人的发展潜能不断展现出来的过程。

人的生命不能单纯依赖外界环境而生存,人生来各个方面的生理机能未特定化,而且人的生命中蕴含着无限发展的巨大潜能,从而使人的生命自然呈现出鲜明的生长态势,即人的生命是在不断地长大、成熟、发展中存在的。诚然,一切有生命的存在都有一个从不成熟到

---

① 中央教育科学研究所比较教育研究室.简明国际教育百科全书:人的发展.北京:教育科学出版社,1989:36

成熟的生长过程，但人的生长过程却在根本上异于其他生命存在的生长过程，表现为人是"自由自觉的"生命活动过程，是人能动地改造环境和自我，以求生存和发展的过程。因此，人不仅生长着，而且能意识和反思自身的生长，从而使人的生命成长超越了一般动物的自然生长性质，成为一种自主、自觉的生长过程。

由此而论，教育对人的生命成长的促进，不是要为人的生长外在地规定一个标准或设定一个目的，也不是像改造自然或训练动物那样通过掌控规律左右人的生长。事实上，作为生命个体的人，虽有着一般的生命性征，却无一般的生命成长规律可言。生理学、心理学等为我们揭示的人的身心发展特征，只是为教育提供了一种关于人的身体、心理结构与功能方面的知识基础，并不是教育所必须遵循的规律。教育要做的和能做的就是综合一切有关人的知识，提供促使个人生长所需的条件和力量。正是在此意义上，杜威说："教育就是不问年龄大小，提供保证生长或充分生活的条件的事业。"[1] 也许这并不是一个完美的教育的定义，但它至少从人的生命自然呈现的"生长"特征方面，道出了教育的使命与真谛。

不仅如此，生长，作为人的生命的成长过程，是一个集合性、整体性概念，它既包括生物机体的发育成熟，也包括心智机能的趋于完善，还包括人的生存能力的提升和生活方式的改进等。诚然，一般的动物生命也是在生长，但它主要限于机体的长大。而人的生命是一个极其复杂的复合体，又有着不同于一般动物的特殊生命存在方式，这就决定了人的生长是包含着与人的生命存在有关的各个方面的共同生长，而不是某一方面的单独生长。这就意味着在教育的过程中，仅仅把教育对象作为有待从某些方面加工的对象，是难以使其获得应有的生长的，而是只有对其生命活动进行引导和改造，才能促进他们健康成长。

---

[1] 中央教育科学研究所比较教育研究室. 简明国际教育百科全书：人的发展. 北京：教育科学出版社，1989：60

对人的生命成长的整体性的强调，还在于为了矫正在我们现实的社会和教育中，往往把人视为"单面人"、"工具人"，不懂得人的生命存在是一个自组织的整体，生命的成长也是一个综合生长的过程，从而使人在生命的本原上就遭到了异化。叶澜教授所倡导的"新基础教育"改革曾提出：新时期我国基础教育的价值观必须强调"未来性"、"生命性"和"社会性"。其中"生命性"价值，就是针对在我国的基础教育中普遍存在的重学科知识传授和技能训练，轻学生个体在生命多方面发展价值的弊病而提出的。显然，这种价值观的提出，就是从生命本原的整体性意义上对基础教育价值取向的定位，也是对教育中人的生命成长内涵的体现，更是对教育中人的生命自然的尊崇和呵护。

生长，这个原本作为生命存在的一个描述性概念，对我们认识教育中的人却有着极其重要的意义。也就是说，只有当我们把教育对象作为不断生长着的、复杂的生命个体，而不是等待加工、定型的产品，才能真正实现教育对生命的守护和提升。长期以来，我们的教育批判过"遗传决定论"、"环境决定论"、"教育万能论"等；我们也发起过教育本质究竟是"内发"还是"外铄"之争；我们还探讨过不同年龄的儿童应该施之于什么样的教育；另外，我们也一直在思考教育的目的应该是使人社会化还是使人个性化等。现如今，我们又在大张旗鼓地大谈特谈教育要以人为本，要目中有人，要关爱生命，等等。所有这些不能说不是对教育中人的问题的追究；也不能说对于教育的改进和趋于完善没有产生任何积极的作用。但是，如果深入分析我们的这些理论探讨和思考就会发现，在这种教育对人或生命的呼声中，人们所呼唤的对象大多要么是头脑中的"抽象人"，要么是静态的"感性对象"，很少真正从生命成长的意义理解教育中的人。在基础教育中，这种对教育中人的理解突出地体现为以成人的眼光、成人的标准、成人的思维看待成长中的生命个体，从而使我们的"生命关怀"流于形式，甚至成为制约儿童发展的精神枷锁。

马克思把"一个种的类特性"归结为"生命活动的性质"，而"人的类特性恰恰就是自由的有意识的活动",这为我们开启了认识教育中人的生命自然的一个重要的视角。因此,把教育中的人看做是正在成长中的生命个体,从生命本原的意义上理解他们的真实存在,这才是真正对教育中人的生命关怀,而要做到这一点就要求教育者能够感悟童心,和教育对象一起成长!

(二)人的生命自然的能动性

人们一般认为,从人的生命自然来看,人先天未完成、未特定化,从而使人具有巨大可塑性,这就为教育提供了可能性。所以,"人是可教的动物","教育使人为人"。然而,当我们积蓄各种力量、想尽各种方法使教育"成人"时,我们是否意识到还有一种更重要的力量未被我们利用,那就是教育对象自身的内驱力。这一内驱力源于人的生命自然的能动性。

如前所述,马克思认为,人的类特性是自由自觉的活动,这就意味着人是能动性生命存在,这是一般动物所没有、只为人所独有的。从生命的本原上看,这是人的生命存在所必备的能力。马克思对费尔巴哈关于人的认识最不满意的就是他没有看到人的生命本质中所内含的这种能动性。

人的能动性主要体现为作为主体的人的自觉性、选择性和创造性[1]。自觉性,就是马克思说的人的生命活动是"有意识的"生命活动,正是这种"有意识",使人从动物界分化出来,并能将自然、他人乃至自身对象化,从而在各种关系中成为主体。选择性,即马克思认为,"动物只是按照它所属的那个种的尺度和需要来建造,而人懂得按照任何一个种的尺度来进行生产,并且懂得处处都把内在的尺度运用于对象;因此,人也按照美的规律来构造"[2]。人的选择性表明,人的

---

[1] 袁贵仁.马克思的人学思想.北京:北京师范大学出版社,1996:103-106
[2] 中共中央马克思恩格斯列宁斯大林著作编译局.马克思恩格斯选集(1).北京:人民出版社,1995:47

活动是依据客体的规律和主体的需要、目的进行的。创造性是人的能动性的最高体现。前面提到过，创造性是人超越生命的本性。人在创造性的活动中，不仅改变着外部环境，而且改造着人自身，从而体现出自我的本质力量。如此而论，能动性不仅是人之为人的主要特性，而且是人进一步发展的巨大内驱力。

其实，在我们的教育中，也不是完全没有意识到人的能动性在教育中的作用，例如，我们关于人的主观能动性在人的发展中的作用的探讨；也有运用启发式教学调动学生学习积极性的尝试；现如今，我们更有培养学生主体性的呼唤，等等。然而，在笔者看来，对学生进行生命体验的关注和引导，将更能从生命本原的意义上引发能动性这一人的发展的内在力，实现教育对人的生命的真正关爱和人的成长的切实促进。

人的生命是一种能动性的存在，而能动性的生命存在是与人的生命体验相等同的。因此，从生命体验的角度理解教育中人的生命存在，更能凸显出人的能动性的生命特质。

体验是个人的一种内心感受，也是个人对自我和周围世界的认识和领悟。体验所追求的是一种作为生命主体的真实感受。把生命等同于体验，在此所强调的是生命存在的真实性与现实性。这种真实性与现实性既不同于自然科学所研究的生物实体，也不同于传统形而上学意义上的精神实体，它是个人对自我存在的一种感受，是自我对周围任何事物的态度与立场的一种内心意识。进一步说，生命的真实性与现实性不在于它是一种外在给予和既定的事实对象，而在于它是一种人的存在的直接和内在的呈现过程，即生命是作为反思主体的人内在地体验到的生命，它的形态处在永无止境地追求有待实现和获取价值之中。从这个意义上说，人的生命作为一种自然存在，并不是可以从生物学、人类学、哲学等其他任何学科的角度进行描述的概念，而是从人的体验的角度对生命进行叙述的过程。这在一定意义上说明，人的生命本质和意义就是生命本身，我们无法完全从外部去感知和认识，必须设身处地地去体会和领悟，即理解生命。理解不是主体对客体的认识，而是立足于人的内在体验直接领悟的内在实在。理解与人的存在相统一，与理解对象相融合，因此，它才能在本体论而不是认识论的层面把握对象的实质，即在生命本原的意义上领悟生命，而不是在人们的思想观念上给出一个对生命的解释。

对体验的强调，也就是对人的生命主体性的关照。因为体验是作为主体的人的体验，是内含着人的自我意识、自主精神和能动性的体验。从体验的角度透视教育中人的生命存在，就意味着把教育中人的生命活动的主动权还给人本身，使其在自身的体验中将外在的教育影响内化为生长的资源。在这一过程中，由于学生是在进行自觉的、自我选择的、创造性的活动，而不是被外在强加、逼迫地接受他人给予的东西，因此，教育的过程也就是学生在亲历生命体验的过程，是他感到生命活力在释放的过程。试想，在这样的过程中，学生的主观能动性能不被充分地调动起来吗？他们的主体性、主体地位能不得到足够的彰显和弘扬吗？

所以说，教育要实现对人的生命成长的促进，就必须充分调动人的主观能动性，而调动主观能动性的一个重要方面就在于关注和引导他的生命体验，使其内在的生命活力得以释放。

（三）人的生命自然的受动性

马克思在强调人的生命本质具有能动性的同时，也强调人还是一个受动性的生命存在，即人一方面是"能动的自然存在物"，另一方面，"人作为自然的、肉体的、感性的、对象性的存在物，和动植物一样，是受动的、受制约的和受限制的存在物，也就是说，他的欲望的对象是作为不依赖于他的对象而存在于他之外的，但这些对象是他的需要的对象，是表现和确证他的本质力量所不可缺少的、重要的对象"[1]。也就是说，

---

[1] 中共中央马克思恩格斯列宁斯大林著作编译局. 马克思恩格斯全集（42）. 北京：人民出版社，1979：167，168

人的生命活动虽然是"自由的有意识的",但却不是为所欲为、无所约束的,而是必须在一定条件下才能进行的活动,因此人的生命自然也就必然存在着受动性的一面。

人的生命本性中之所以具有受动的一面,是因为人是对象性存在。对象性存在就是"人只有凭借现实的、感性的对象才能表现自己的生命"。例如,"太阳是植物的对象,是植物所不可缺少的、确证它的生命的对象,正像植物是太阳的对象,是太阳唤醒生命的力量的表现,是太阳的对象性的本质力量的表现一样"①。这表明,人作为一个有生命的自然存在物,只有借助自身以外的对象才能生存与发展,也只有在对象那里才能获得自身生命力量的确证。只不过人的生命力量与一切有生命的自然存在物所不同的是:其他生命存在的本质力量体现为对自身以外的对象的适应,而人的本质力量则体现为通过自身能动的活动对对象的改造使其适合自身。所以,人同时还具有能动性,并且只有这种能动性才是人的类本质。

由此看来,人的受动性并不意味着人就是被动的,只是表明人是感性的、现实性的生命存在,人类历史上第一个要承认的就是这样一种生命存在,因此教育所要首先面对的也是这样一种生命存在。把教育对象作为一种纯粹自然物来改造或当作动物来驯化固然大错特错,而将其视为一种脱离对象,或者说不具任何约束力而自主存在与发展的生命存在,也只能是幻想出来的生命存在。正如马克思所言:"非对象性的存在物,是一种非现实的、非感性的、只是在思想上的即只是虚构出来的存在物,是抽象的东西。"② 所以说,教育对人的生命的真正关爱和守护,不仅仅表现为对人的主体性的弘扬和对人的能动性的尊崇,还体现为对人的受动性的关注,即知晓人的生存发展需要,洞

---

① 中共中央马克思恩格斯列宁斯大林著作编译局. 马克思恩格斯全集(42). 北京:人民出版社,1979:168

② 中共中央马克思恩格斯列宁斯大林著作编译局. 马克思恩格斯全集(42). 北京:人民出版社,1979:169

察人的生存发展状况，创造个人展示自我生命力量的条件。在这个意义上，教育，就不完全是为了弥补人之生命的"先天缺陷"所必需，而是因人之生命的现实存在所必然，即由于人的受动性必须借助教育满足人的生存需要，并确证自我的本质力量。

不仅如此，在某种程度上也可以说，正是人的受动性激励和催生着人的能动性，使其成为一个不断超越自然生命存在。"人作为对象性的、感性的存在物，是一个受动的存在物；因为他感到自己是受动的，所以是一个激情的存在物。激情、热情是人强烈追求自己的对象的本质力量"[①]。所以，教育对生命个体主体性、能动性的维护与张扬，一方面要使其感受到自身的力量、自我的价值；另一方面还要使其充分意识到对象条件的强大约束力，从而使人之生命所蕴含的创造性、超越性获得激发。

总之，马克思关于人的生命自然的揭示，使我们从生命活动的层面进一步认识到教育中人的生命自然的性质，即教育中人的生命自然不是一个简单的由各种生理、心理素质构成的感性对象，而是具有能动性与受动性统一的生命成长过程。正是人的这种生命活动特殊性质，造就了人的生命自然的超越性、复杂性及优越性。因此，教育若想获得对人的生命自然的深层次认识，就必须深刻把握人的生命活动性质。

第四节 教育与人的需要

人的生命自然在现实中是通过人的需要体现出来的，因此，对人的需要的理解和认识，将更有助于我们对教育中人的生命自然的认识。

[①] 中共中央马克思恩格斯列宁斯大林著作编译局. 马克思恩格斯全集（42）. 北京：人民出版社，1979：169

一、人的需要是人的生命自然的表达

需要，在生物学、心理学、社会学、哲学等学科中有着不同的表述，就其一般意义而论，需要是包括人在内的一切生物有机体所共有的一种特性。这是生物有机体为了维持正常运转——生存与发展，必须与外部世界进行物质、能量、信息交换而产生的一种摄取状态。这种状态，一方面表明生物有机体对周围环境、外部世界的依赖和需求；另一方面则表示了有机体具有获取和享用对象的机能……这是生物有机体为了自我保存和自我更新而进行的各种积极活动的客观依据和内在动因。这表明，需要最基本的含义是指一切生物的生存和生长的需要，也就是生命的自然表达。

需要虽说是一切生物有机体所共有的，但人作为生物有机体的最高形态，其需要在本质上有别于其他生物有机体。人的需要体现着人的本性，"他们的需要即他们的本性，以及他们求得满足的方式，把他们联系起来"①。而人性之所以不同于动物性，其中一个根本的原因就在于人的需要是一种超本能需要，即人永远都不会停留在既有的生存状况，永远都不会满足已获得的需要。人的需要在驱动人的活动中不断获得新生、增加和拓展，从而也永远不停地推进人的活动，从本质上丰富和提升着人。这说明，人是以自身的需要以及对需要满足的方式存在和发展的。人的需要丰富和发展到什么程度，他的本性或本质力量也就丰富和达到什么程度。

人的需要与动物的需要所不同的一个重要特征是，人的需要是有着双重缺乏的需要。一般来讲，需要反映有机体的一种匮乏状态，从而体现出对外界的依赖关系。对于一般动物而言，这种匮乏是单向的，即只是机体内部某种东西的缺乏。然而对于人来说，需要不仅表现为

---

① 中共中央马克思恩格斯列宁斯大林著作编译局.马克思恩格斯全集（3）.北京：人民出版社，1979：514

自身内部某种东西的缺乏，还表现为需要所指向的对象在现实世界中的缺乏，即没有现成的对象物与之相对应，甚至人最基本的衣食住行等生存需要都是如此。这就意味着人的需要的满足无法像动物那样现成地从自然界直接获取，而是必须通过自身改造环境的自觉能动的实践活动来实现。换句话说，动物只能被动地接受自然界所给定的东西，或者只是以一种本能的方式获取自己所需要的东西。而人在实现自己需要的过程中，具有积极主动向外部世界索取的能力，能够以创造性的实践活动满足自己的各种需要。因此，人的需要的双重缺乏的特性，并非代表着人性的缺陷和弱点，相反却成就了人的"自由自觉活动"的类本质。

如果说，人的实践活动决定着人的生命自然生成，那么人的需要就是人的生命自然的现实表达，不仅如此，它还是人赖以生存和发展的源泉和动因。正如黑格尔所说："我们对历史的最初一瞥，便使我们深信人类的行动都发生于他们的需要、他们的热情、他们的个性和才能；当然，这类需要、热情和兴趣，便是一切行动的源泉。"[1] 马克思也曾经指出："人的本质是人的真正的社会联系，所以人在积极实现自己本质的过程中创造、生产人的社会联系、社会本质，而社会本质不是一种同单个人相对立的抽象的一般力量，而是每一个人的本质，是他自己的活动，他自己的生活，他自己的享受，他自己的财富。因此，上面提到的真正的社会联系并不是由反思产生的，它是由于有了个人的需要和利己主义才出现的。"[2] 也就是说，人的一切行为从根本上说都是其自身需要的表达。从一定意义上说，如果没有人的需要，就没有人活动的源泉和动力，也就没有人自身和人的世界。

所以，教育对人的生命的理解和认识不能离开人的需要。只有真正了解教育中人的需要，才是对教育中人的生命存在的真正理解。

---

[1] 黑格尔. 美学. 朱光潜译. 北京：商务印书馆，1979：337
[2] 中共中央马克思恩格斯列宁斯大林著作编译局. 马克思恩格斯全集（42）. 北京：人民出版社，1979：24

二、教育中人的需要的特殊性

人的需要就是人的本性，而人的本性的丰富性也就决定了人的需要的丰富性。从不同的角度可将人的需要分为不同的类型，例如，马克思认为人的本性是自然属性、社会属性和精神属性的统一，因此，人们一般认为人的需要也就包括自然需要、社会需要和精神需要。早已为人们所熟知的马斯洛的"需要层次论"，则是从人类行为动机的角度把人的需要分为生理需要、安全需要、归属和爱的需要、尊重需要及自我实现的需要五个层次。这两种需要类型的归类，主要是着眼于人类这一视角。

人的需要不仅复杂多样，而且不断变化。正如马克思所说："已经得到满足的第一个需要本身、满足需要的获得和已经获得的为满足需要而用的工具又引起新的需要。"① 这表明，人的需要在驱动人的活动中不断获得新生和拓展，永远不会停留在一个固定的水平上，从而成为诱导人们活动的持续力量。

毋庸置疑，教育中的人也必然是具有上述多种和多变需要的人。但是，如果就从事教育活动这一特殊视角看，教育中人的需要又有其突出的体现，具体如下所述。

（一）教育中人的需要更侧重精神性需要

精神需要是人的主观意识的反映，具体表现为人的认知、情感、道德、审美等方面的要求。人的生命成长在归根结底的意义上是一种精神生命的发展。"人的身体是稳定的，以下理由可以说明：一个不制造工具的动物，在改变机能时必须去适应，换言之其机体必须改变，以执行新的功能。而人改变机能时，无需适应，因为工具在身体之外，他只需制造新的工具。因此人类的未来绝不是身体解剖或外部形态的

---

① 中共中央马克思恩格斯列宁斯大林著作编译局. 马克思恩格斯选集（1）. 北京：人民出版社，1995：79

变化，而是其思想、意识形态、技术等的发展。这产生了一个重要的，可以说相当严重的后果：人类成为其自身命运的主人。亚人类的进化现象可能是由自然选择和环境的作用导致的；而对人类而言，这种进化现象的发展则受到自身行为的影响。目前人类必须引导生命的进程，而正是这一点赋予问题以严肃性。因为，人类对生命负有责任。"① 这意味着，人的发展在其终极性上是人的精神需求，而非物质满足。就像我们不能说人活着就是为了吃饭，而应该说人吃饭是为了更好地活着一样，人的一切物质追求都是为了最终达到人的精神需求的满足。

对于身处教育这一特殊情境中的人而言，在追求自身的发展过程中，其精神性需要显得尤为突出。这是因为，首先，教育是一种精神性活动，不生产物质资料，因此人不可能从教育活动中获得物质需求的满足。其次，虽说人接受教育也是为了更好地活着，而这个"更好地活着"是指向未来的，即它是通过人在教育过程中知识的获得、能力的提升、思想情感的涵养等实现的。这表明，人在教育过程中是以获取精神需要的满足为直接目的的。最后，教育的使命和价值就在于提升人的生命质量，创新和丰富人的精神生活。所有这一切决定了教育中人的需要是一种旨在获得发展的精神性需要。

因此，教育对人的生命存在的关注，就应体现为对人的精神需要的更多关注。尤其是在现代社会，伴随着人类物质文明的不断发达，人的精神却呈现出一种日渐萎缩的趋势，成为一种现代性的危机。"现代性的危机在于现代人再也不知道他想要什么——他再也不相信自己能够知道什么是好的，什么是坏的；什么是对的，什么是错的"②。很显然，这种现代性危机也就是人的精神危机，也就是说，"当我们全部的知识财富在不断增长的同时，我们却面临精神上变得更加

---

① 埃米尔·诺埃尔. 今日达尔文主义. 朱晓法译. 北京：北京大学出版社，2000：71，72

② 贺照田. 现代性的曲折与展开. 长春：吉林人民出版社，2002：86

贫乏的危险"①。因此，教育对人的精神需要的深切关注和正确引导在今天也就显得更加至关重要。

精神需要在具体个人身上是通过三个基本层面体现出来的：一是心理和情感层面，这是个人精神发展的基础。二是道德和意识层面，这是在个人的交往活动中发展起来的精神能力。三是审美意识和信念水平，这是个人精神发展的核心，表明一个人精神发展所达到的高度②。这就意味着教育对人的精神需要的满足，主要是从这些方面给予应有的引导和提升。

对人的精神需要的满足，虽然不唯教育所是，但绝对不可没有教育。"如果人性是不变的，那么，就根本不要教育，一切教育的努力都注定要失败。因为教育的意义的本身就在于改变人性以形成那些异于质朴的人性的思维、情感、欲望和信仰的新方式。如果人性是不可变的，我们可能有训练，但不可能有教育。因为训练与教育不同，训练仅是某些技能的获得。本性上的才能可训练到一个更高效率的程度，而并无新的态度和倾向的发展，但后者正是教育的目标。"③ 如此说来，教育最终是指向人的精神需要的，表现为教育对人进行知识的传递、能力的培养、思想的教化等，都体现为是对人的精神的涵养，即使人超越自然性和社会性，成为一个有意义的、具有价值承载的生命存在。

(二) 教育中人的需要具体体现为求知需要

从一定意义上说，教育中人的精神性需要具体是通过其求知需要实现的。

求知，本是人与生俱来的内在需求或潜能。从一定意义上说，人这一先天生理机能匮乏的生命体，正是凭借求知这一本能需求，才得

---

① 鲁道夫·奥伊肯．新人生哲学要义．张源，贾安伦译．北京：中国城市出版社，1995：23

② 王坤庆．精神与教育——一种教育哲学视角的当代教育反思与建构．上海：上海教育出版社，2002：17-19

③ 约翰·杜威．人的问题．傅统先，邱椿译．上海：上海人民出版社，1965：155

以成为万物之灵。人天生的好奇心、探索欲，对新事物的极大兴趣，以及在创造中获得的巨大满足和愉悦感，无不表明求知在于人的内在需求性。求知虽然是人的本能需要，但在人的不同的生存境遇中，对人的意义却是有所不同的。如果说在日常生活世界中，人最基本、最核心的需要是生理和心理需要的满足，而求知只是一种间接的生存需要。那么，在教育的世界中，求知便成为人的一种最直接、最根本的需要。当然，我们不能说人接受教育就是为了求知，但人们无论想通过教育达到什么目的，都必须以知识的获得为中介，这是无可争议的。所以说，求知集中体现着身处教育情境中人的根本需要。

当然，这里的"知"并非单指学科知识、书本知识，而是指与人生有关的一切知识，包括像联合国教育、科学及文化联合组织（以下简称联合国教科文组织）所提出的学会认知、学会做事、学会关心乃至学会生存等所有知识。

自人类教育产生以来，传递知识和获取知识似乎就是教育题中的应有之义，因此，教育学也几乎就是围绕着解决如何教知识和怎样学知识而构建的。但是毋庸讳言，长期以来教育学对于"如何教"、"怎样学"的问题并没有给出一个令人满意的解答。这其中，尽管人们注意到知识的性质与人掌握知识的关系，也关注到人的身心发展特征与掌握知识的关系，却很少对人的内在需求在人获取知识中的意义进行探讨。然而，"教育虽然是一个'教'、一个'学'的社会过程，但教育的最大秘密，仍然深藏于人性之中，以及培养具有什么样的人性的人之中"①。也就是说，虽然任何教育从其实质性的意义上来说都是一个具有社会性的过程，但是却必须根植于人的本性，即从人的本性出发，并为了人性的完善。否则，就难以达到教育应有的目的。

早在西方中世纪，以倡导"全人"培养为宗旨的自由教育杰出代

---

① 渠敬东. 现代社会中的人性及教育——以涂尔干社会理论为视角. 上海：上海三联书店，2006：7

表——百科全书学派就曾经提出：在教育中，知识的形式规定性应让位于人对知识的自然欲望、需求和激情，即毫无保留、毫无节制、毫无约束地全面把握人类的知识，来满足人本性上的自然的根本需求。在百科全书学派看来，首先，人的自然是一切"好"（而非古代意义上的"善"）的基础，这一基础打破了所有有关自然与人世、神与人之间的限制，将自然总体等同于人的自然（人性）本身。因此，人的自然是扩大了的自然，不再仅仅归于某个个体的身心。其次，正因为人的自然是自然的一切，所以人"对无限性的需求"是正当的，需要有一块无所限制的空间，人们在那里可以自由而全面地发展自己的本性。人们完全可以通过学识而最充分地实现自己的自然本性。再次，人的自然要求人作为一个"完人"或"全人"。完人，就是一个全面和整全的人，他有强健的身体、灵巧的双手、艺术的造诣，不仅要穷尽各种理论知识，还要穷尽各种实践知识（手艺）。最后，自由教育只有全面把握人类的知识，才能满足人的自然的根本需要。换言之，自由教育的根本前提是由人的自然的无限性所要求的知识和教育的无限性[①]。

很显然，一个人无论如何是无法穷尽人类知识的，尤其是在当今知识化社会、信息时代。但人完全可以通过不断增长的求知需要和尽可能对这种需要的满足，获得自身最大限度的全面、自由与和谐发展。在这个意义上，教育对人的发展的促进，就不是一个简单的通过知识的传授实现的过程，而是通过对人的求知需要的发现、呵护、激发和满足实现的过程。正如尼采所言：知识为我们开辟了一条美妙的穷途末路。对于个体来讲，知识的探求永无止境，意味着人的精神发展蕴涵无限空间。

总之，人的本性的丰富性决定了人的需要的丰富性，我们不排除教育中人的需要的丰富性，但也必须认识到在教育的特殊境遇中，人

---

① 渠敬东.现代社会中的人性及教育——以涂尔干社会理论为视角.上海：上海三联书店，2006：40，41

的需要的特殊性体现，否则，教育对人的需要的满足就只能是一句空话。同时，对教育中人的需要特殊性的认识，还可以使我们对教育中人的需要加以引导，使其获得更好的发展。如前所述，人的生命自然中，不仅有"自然"的本能，还有"超自然"的潜能。所以，作为人的本性的需要，也是有着巨大可塑性的，而教育对人的需要的关注和满足，也就应包括对人的需要的引导。

三、正确认识教育中人的需要的合理性

教育对人的需要的引导，不仅是对需要内容的引导，而且还包括对人的需要合理性的引导。因为虽然人的需要就是人的本性，但这并不意味着人的需要都是合理的。毫无疑问，合理的需要能够促进和完善人的发展；反之，不合理的需要虽然也可作为人的活动的动因或动机，却非但不能促进人的合理、正向发展，反而会导致人的片面甚至是畸形发展。因此，对教育中人的需要的关注和满足，必须深入探讨人的需要的合理性问题。

著名科学哲学家劳丹曾经指出："20世纪哲学最棘手的问题之一是合理性问题。"[①] 也就是说，究竟什么是合理的，什么是不合理的，这并不是一个显而易见的问题。从目前人们对合理性问题的研究来看，一般认为合理性的含义有两种：一种是科学意义上的合理性；另一种是价值意义上的合理性。科学意义上的合理性含有合事实、合理性、合规律与合逻辑的意思，可称为形式合理性、工具合理性或逻辑形式主义。它指的是一种纯形式的、客观的、不包含价值判断的合理性，主要表现为手段和程序的可计算性、形式的合逻辑性。价值意义上的合理性含有合目的、合理想、合原则及"应该是"的意思，是一种立足于某一信念、理想的合理性，称为价值合理性、实质合理性或信仰合理性[②]。

---

① 劳丹. 进步及其问题. 刘新民译. 北京：华夏出版社，1990：116
② 黄永军. 论人的需要的合理满足. 河南大学学报（社科版），2005，（2）：175-178

人的需要合理性问题的实质是对人的需要本身的价值及其满足方式的限度与合理性进行批判、反思和评价，并在此基础上给出需要实现的约束与规范机制，使需要及其满足有利于人类的生存与发展，进而为人的实践的合理性提供前提与保证。对于教育中的人而言，人的需要的合理性既包含科学意义上的合理性，又包含价值意义上的合理性，具体体现为：

首先，人的需要的合理性是合规律性与合目的性的统一。人的需要在内容上是客观的，表现为人的需要所产生的客观根据是人自身的肉体组织、他生存所依赖的外部自然条件和社会存在状况；满足人的需要的对象主要是客观世界；使人的需要满足得以实现的手段——人的实践活动也是具有客观性的。故人的需要是否合理，首先取决于是否符合客观规律，包括自然规律、社会规律及人自身的发展规律。也就是说，虽然人的需要属于主体内在尺度的基本要素与内容，是主体能动活动的深刻根据和动因，但需要的产生和实现却都离不开并受制于客体的外在尺度。只有当人的需要是基于自我和外部世界客观存在的反映，并符合客观存在的运动变化规律时，才不至于成为一种虚幻的主观欲望，甚至是狂妄的占有，从而才能真正推动人的发展。例如，人类对大自然的肆意掠夺，所带来的不仅仅是自我生态环境的破坏，最根本的是人自身发展的受阻。

不仅如此，人与动物的一个最根本的区别就在于人是有意识的，因此，人的需要也就是有意识的自由自觉的范畴，正如马克思、恩格斯所指出的："需要反映在头脑中，是进入意识的。"[①] 人作为有意识的生命存在，总是根据自己的意志和意识进行自己的活动的。因此，人的活动就由"自在"的生命活动变成"自为"的，也就是实现人的目的性要求的社会性活动。而人的需要一方面是这一活动的产物，另一

---

① 中共中央马克思恩格斯列宁斯大林著作编译局.马克思恩格斯选集（4）.北京：人民出版社，1995：381

方面又是这一活动的动因和动力。马克思曾明确指出:"任何个人如果不是同时为了自己的某种需要和为了需要的器官而做事,他就什么也不能做。"① 也就是说,人的需要既是人的活动动机和目的的原始根据,也是人们度量一定活动及其结果是否有价值、是否值得的最终尺度。只有在人的有意识的活动中,才能产生真正的属人的需要——合目的性的需要;也只有真正属人的需要,才能真正推动人的发展。而之所以如此就在于,人不仅能意识到自己的需要,而且在意识到自己的各种需要的同时,也能意识到各种需要在何种意义、何种程度上是可能的还是不可能的,是现实的还是幻想的,是合理的还是不合理的,进而决定是否把需要转化为自己行为的目的,并通过活动实现。例如,人的生理需要,虽说是人的最基本的自然需要,但只有当它进入人的意识,构成人的目的时,才对人的发展产生积极的推动作用。

如此说来,人的需要的合理性就应该是合规律性与合目的性的统一,即只有基于外部客观条件和人的有意识的活动产生的需要,才是合理的需要,才能真正推动人的发展。

其次,人的需要的合理性是建立在人性基础上的合规范性。人的需要即人的本性,而人的本性在其现实性上表现为社会性。因此,人的需要在本质上是一种社会性需要。人的需要的社会性决定了其合理性必须是合规范性的。合规范就是合乎一定的社会准则和制度,而一定的社会准则和制度就是秩序化、规范化了的社会关系。事实上,人的需要及满足需要的实践活动从一开始就具有社会性,受人与自然的关系和人与人的社会关系的双重制约,并且随着社会关系的逐步完善而不断发展。换言之,任何社会准则和制度都是为人的需要及其实现提供规范和约束机制的,人的需要只有在一定的社会关系和人们的共同活动中才能得到满足。这就意味着,人的需要及其满足不仅要受自

---

① 中共中央马克思恩格斯列宁斯大林著作编译局. 马克思恩格斯全集(3). 北京:人民出版社,1960:286

然物质条件或环境的限制，而且还受到人生活于其中的社会条件或社会关系的制约。这也是人的需要与动物的需要的根本不同。

社会性虽然是人的本质属性，但并不是人性的全部。人作为一个生命个体，首先是一个自然性的存在，所以，人的需要首先应是维持个人的肉体组织和自然关系的自然需要。同时，由于人还是一个超自然的生命存在，具有不同于其他生命体的精神属性，从而也就有着自身独特的精神追求。因此，精神需要也是人的需要不可或缺的重要内容。马克思曾经指出：真正的人的需要主要是指那些符合人性、有利于增强人的本质力量和巩固人在世界中的主体地位的需要。这意味着人的需要的合规范性不能与合人性相对立；相反，而是要以合乎人性为前提预设价值取向。好的社会制度和规范，应该能够最大限度满足人的各种自然需要、社会需要和精神需要，即符合人性的制度和规范，而不是对其的单纯限制或制约。显然，人的合理性需要只能是建立在合人性基础上的合规范性的需要。

最后，人的需要的合理性必须合乎人类理性。理性，是人之为人的特性，是人的本质力量的核心，人的一切活动都要受理性的规约和指导。这就决定了人的需要无论是自然需要，还是精神需要、社会需要必须接受人类理性的引导、调控和规范。也就是说，人的需要只有在人的理性支配下，才能纳入合理的限度内，成为推动个人发展和社会进步的强大动力。否则，就很容易沦为一种狂妄的欲求和纯粹的占有，不仅无法确保自身的合理发展，还会危及他人和社会。

然而，不能否认的是，人不仅是理性的存在，还是非理性的存在。如前所述，人首先是作为一个自然的生命体存在的，故非理性也是人的本性所在。因此，我们不能说只有合乎人类理性的需要才是合理的，而出自人的非理性的需要就是不合理的。其实，人的需要无论是作为人的一种生命机能的匮乏，还是作为人对外界的一种依赖关系，抑或作为人的一种主观欲求，其本原都是非理性的。只是在人的满足需要的活动过程中，接受了理性的调整和引导，才成为促进人的发展的真正动力。例如，爱的需要，从本原上看属于人的非理性需要，只有当它在理性的支配下，才能成为化育人的心灵、提升人的境界、使人的身心得以健康发展的巨大动力。所以说，人的需要的合理性归根结底应是合乎人的理性的需要。

在引导人的需要的合理性问题上，教育有着特殊的职责和使命。因为需要作为人的自然本性，并非都对人的生存与发展产生积极的作用，只有那些合理的需要才能推动人的健康成长。这对于正处于生命成长中的青少年一代来说尤为重要。

教育对人的需要的关注和引导，意味着对教育而言，所面对的不是有着特殊生理构造的纯粹自然生命个体，也不是有着独特内在心理活动的自我封闭生命个体，更不是抽象意义上的精神或理性生命个体，而是现实存在着的、活动着的、有着自我需要和独具个性的生命个体，这就是马克思关于人的生命自然的揭示给予我们理解教育中人的生命存在的启示。这一启示最重要的意义就在于，我们对教育中人的自然性的认识，不应停留在对"感性对象"的理解，而是要上升为对"感性活动"的把握。

四、生命：教育学关于人之认识的原点

原点，有"源头"、"根本"点之意。生命作为教育学认识人的原点，也就是要从人之为人的本原和本质上理解、把握人。在教育中，我们有太多的"性善"人、"性恶"人，"感性"人、"理性"人、"工具"人，"知识容器"人、"技能受训"人等，却恰恰遗忘了作为"生命存在"这一人之根本。马克思关于"全部人类历史的第一个前提无疑是有生命的个人存在"启示着我们，从教育学的视角认识人，理应回到"生命存在"这一人的原点上去。因为教育是直面人的生命、并伴随人的生命而发展的过程，是以人的生命成长为价值取向的活动，是"使人为人"的事业。

古往今来，对于生命的理解，有自然科学的解剖式分析。例如，

生物学认为，人的生命是有自组织且具有自我保存、自我调节和新陈代谢等功能的系统；也有哲学意义上的思辨式感悟，如人的生命在于人的文化生命、精神生命、价值生命、智慧生命和超越生命等。在此，我们所理解的生命是蕴涵着"实践"特性的生命，即作为具有"自由自觉活动"类特性的生命存在，是人之为人生命本质特性。它意味着人作为一种生命存在，其本质不是静态存在的肉体组织，而是动态生成的生命活动。当然，这种生命活动要以肉体组织为承载形式，但把人的生命与动物的生命区分开来的不是形式而是本质。不可否认，动物也有自己的生命活动，但动物的生命活动是在直接的肉体需要支配下进行的，而人的生命活动则并非完全从属于肉体需要。因此，动物依赖自然而存在，人则依赖自身的活动而存在；动物从属于它的环境，人则将环境变成被改造的对象，使其构成人的生命的组成部分。所以说，对人的生命的认识，就应超越"感性对象"，进入"感性活动"，从生命活动的内容、形式和特征等方面理解和把握人的存在。这对于以提升人的生命质量，促进人的生命成长为己任的教育，尤为如此。

教育学立足"生命"原点对人的认识应特别关注以下几个方面。

(一) 人的生命自然的动态生成性

由于人在生物学意义上的"先天不足"，其必然依赖"后天进化"不断获得新生。因此，人的生命存在的本质就在于人的生命成长过程。生命成长，对人而言不仅表现为肉体组织的发育成熟，更重要的是人的"类"特性的生成，"而人的类特性恰恰就是自由的有意识的活动"。这就是说，人之为人，是通过这样的活动生成的，也是以这样的活动为其存在形式的。故我们对人的认识，就只能是将其看作动态生成的过程，而不是既成的、静态的对象物。也就是马克思所说的，不是把人看作"感性对象"，而是看作"感性活动"。

从生命成长的意义理解人，对教育而言就意味着，一方面我们应充分意识到人始终处在不断的生长之中，这是人的生命趋向自我完善的表征，也是人之生命存在的内在诉求。因此，作为直面人的生命、通过人的生命并旨在提高人的生命质量的教育，就不是为人的生长确立一个目标，而是要作为一种生长因子构成人的生长方式。正如杜威所言："既然实际上除了更多的生长外，没有别的东西是和生长有关的，所以除了更多的教育外，没有别的东西是教育所从属的。"① 另一方面，人的不成熟、生长的规律及个别差异性，又构成教育的可能性、必要性和重要契机，教育应以"和儿童一起成长"的姿态而非"补缺"、"塑造"的动机，关注和引导人的生命成长。

(二) 人的生命所内含的主动发展特性

生长，作为生命的动态形式，对人而言，具有"主动发展"的特性。这种特性不仅表现在生物学意义上的生命个体的自我更新、主动生长；还表现为社会学意义上的交往需求、发展意愿。"生物和无生物之间最明显的区别在于前者以更新维持自己"。"生活就是通过对环境的行动的自我更新过程"②。之所以如此，是因为"主动性是人的生命的本质构成。作为有机体的人与环境的物质交换是主动的，其体内各种器官功能的协同也是机体自主进行的，这种生物意义上的主动性，已内化到机体的基质、组织和结构功能上。机体若无这种主动的新陈代谢机能，生命一天也不能存活。作为具有精神生命特质的人与周围世界的日常信息交流，也是主动的人通过感觉器官接触外界信息，并按自身的需要作出整合和反应（或积极、或消极）的过程。"③ 这表明，主动发展是人之生命的本质特征，是其生命存在的本原意义。

因此，在教育的过程中，人（尤其是学生）的主体地位和主体性并不是谁能够赋予或授权的，而是生命个体与生俱来的。教育不仅要倡导、维护人的主动性，更要利用和发挥人的主动性以达到预期的教育效果，尤其是不能无视甚至践踏和剥夺人的主动发展权利。

---

① 约翰·杜威. 民主主义与教育. 王承绪译. 北京：人民教育出版社，2001：59
② 约翰·杜威. 民主主义与教育. 王承绪译. 北京：人民教育出版社，2001：6
③ 叶澜. "新基础教育"论——关于当代中国学校变革的探究与认识. 北京：教育科学出版社，2006：221

当然，人的发展，尤其是精神发展需要教育的激发和协助，但这并不意味着教育可以代替人的发展。面对具有主动生长和发展本性的生命个体，教育要做和能做的就是：把生命发展的主动权还给教师和学生，最大限度地满足他们的发展需要，让教育过程的每一个环节和每一项活动，都成为参与者的一次生命历程，而不是强加于他们的任务或目标。惟其如此，才是教育对人的生命的真正尊重，才是教育对人之本性的真正遵从，从而也才能真正达到教育促进人的生命成长的最终目的。

(三) 人的生命是独具个性的

生命对每一生命个体来说都是唯一的、独特的、不能取代的。这对于人来说尤为如此。因为人的生命不像动物那样是单一的种生命，而是有着种生命与类生命复活的双重生命体。前面谈到，类生命是人所特有的，且是以个体的个性差异为内涵的。也就是说，由于类生命是人在自我的生命活动中创生的，而每个人生命活动的性质、内容、方式是不可能完全相同的，所以每一生命个体也就必然是独具个性的。不仅如此，类生命还是一种自为的生命，它意味着认识一种有意识的生命存在，每一生命个体都是自己生命的主宰和控制者。没有人能代替他人去活，任何人也无权操纵别人的命运。

因此，教育对生命的尊重与呵护，首先应体现为对每一生命个体的关注，对每一具体个人独特性的理解，承认差异的合理性，把差异性作为教育的宝贵资源。同时，从人的生命自主、自为的性质看，教育对人的影响只能通过人自身的活动得以实现。所以，教育是为人的生命活动和生命成长创造条件，而不是直接控制和干预个人的发展。

总之，教育学对人的认识只能是将生命作为认识的原点，从而在人之本原的意义上理解教育中的人，以使教育真正成为最具人文关怀的事业。

第三章　从现实性上认识教育中的人

人是自然存在，更是社会存在，且在本质上是社会存在。人的本质不是单个人所具有的抽象物，在其现实性上，它是一切社会关系的总和。这是马克思在《关于费尔巴哈提纲》一书中的论断，早已为我们耳熟能详。然而，对于人的本质的揭示，"社会关系的总和"究竟意味着什么？它与"人是有生命的自然存在物"是什么关系？对我们认识教育中的人具有什么意义？这就是本章所要探讨的内容。

第一节　社会性——人之现实本质

人首先是有生命的自然存在,这不等于说人就是一个自然的存在。实际上,恰恰由于人的生命自然在本质上有别于一般动物,人的生命自然才从动物中提升出来,成为一种人化自然,而决定人之为人本质的是人的社会性。社会性,不仅仅使人的生命性征与动物区别开来,更重要的是它在现实性上决定了人之为人的本质特征,使人成为"最名副其实的社会动物"[①]。

一、历史上关于人的社会性的认识

对于人的社会性的认识,在人类思想史上早已出现,例如,亚里士多德认为"人是天生的政治动物",在他看来,国家出自人的自然本性,而人的自然本性是他的政治属性,即合群性、集体性(人集合成有组织的团体)和社会关系(尘缘关系、地区关系)等。因此,人的社会性在亚里士多德这里是有利于人的。

18世纪法国启蒙运动的旗手伏尔泰认为,人类理性或理智能力是人类社会进步的最重要的动力和标志,而人类理智的发展又与人的社会群居性密切相关。一个脱离社会而离群索居的人,很快就会丧失语言和思维的能力,变成一个没有教养的野蛮人。也就是说,在伏尔泰看来,人的社会性也就是人的群居的本能。

德国启蒙思想家赫德尔从语言的角度论述了人的社会性,他认为,"人本质上是群体的、社会的生物,所以,语言的发现对于人来说是自

---

① 中共中央马克思恩格斯列宁斯大林著作编译局.马克思恩格斯全集(12).北京:人民出版社,1979:734

然而然、必不可免的"①。人绝不是卢梭式的孤独的"林中人",因为他时刻需要别人;人也不可能是霍布斯式的狼,因为人至少需要配偶、家庭和社会合作。因此,"没有任何一个人是为自身而存在的,他是整个人类的一分子。人类发展的链带延续不断,个人只不过是其中的一个节点"②。

古典经济学的奠基人亚当·斯密提出:"人只能存在于社会之中,天性使人适应他赖以生长的环境。人类社会的所有成员,都处于一种需要互相帮助的状况之中,同时也面临互相伤害。"社会是人的栖居之所,是人的家园,它应该有利于自然人性的生长。为此,必须诉求正义,呼唤公正③。

18世纪的另一位启蒙思想家爱尔维修则从肉体感受性出发,以法律为纽带引出人的社会性。在他看来,人的社会性即以法律为纽带的人们之间的联系,其结合乃是肉体的感受性的直接结果。马克思和恩格斯在《神圣家族》一书中评述到:"爱尔维修也随机把他的唯物主义运用到社会生活方面(爱尔维修'论人')。感性的印象和自私的欲望、享乐和正确理解的个人利益,是整个道德的基础。人类的天然平等、理性的进步和工业的进步的一致、人的天性的善良和教育的万能,这就是他的体系中的几个主要因素。"④

此外,黑格尔从绝对观念的运动发展引出人的社会性,认为人的社会性是绝对观念发展到一定阶段而产生的人与人之间的联系。而费尔巴哈在强调人的自然性的同时,也认为人具有社会性,只不过在他看来,人的社会性是指人与人出于自然需要而组成的团体性。

总之,马克思以前的许多思想家对人的社会性都有所认识,这些

---

① 赫德尔 J G. 论语言的起源. 姚小平译. 北京:商务印书馆,1998:85
② 赫德尔 J G. 论语言的起源. 姚小平译. 北京:商务印书馆,1998:87
③ 赵敦华. 西方人学观念史. 北京:北京出版社,2005:201
④ 中共中央马克思恩格斯列宁斯大林著作编译局. 马克思恩格斯全集(2). 北京:人民出版社,1965:165,166

认识大都集中在人的群体性、合作性和人对社会的依赖，以及社会对人的益处。对于人的认识有着积极的意义。不过，由于这些认识基本上是依据人的天性本能或伦理道德等提出的，没有深入到人类社会的具体结构和个人与社会的现实关系中，因此，不能很好地解释人的社会性与动物的群居性有什么根本的区别，不能从积极和消极正反两个方面看待人的社会性，更看不到人在社会中所具有的能动作用及所应承担的职责，从而也看不到人的活动在形成人的社会性中的决定性作用。

二、当代关于人的社会性认识的发展

随着人类文明的不断进化和人的自我认识水平的不断提高，人对自我的理解越来越全面、深刻，尤其是关于"社会性"这一被视为人与动物的标志性特性更加受到人们的关注，有关的认识也更加深入，如下所述。

(一) 从文化的意义上认识人的社会性

文化存在的基础是社会，因此，从文化的意义上对人的理解，也就是对人的社会性的理解。在此意义上的理解有以下几方面。

1. 文化人类学的研究

文化人类学主要是从文化的视角对人的特质及其各种属性进行研究的学科。其主要特征体现为：一是中心论题是围绕"文化"与"人"的关系展开的，是一种人与文化关系的理论。二是它不是从概念出发，而是从具体的、经验的文化现象和文化活动中来考察和研究人的社会和文化行为。因此，田野调查法是文化人类学的基本方法。

文化人类学的一个基本信念是：人在与他人的交往中，在复杂的社会和文化活动中展开自己的存在方式并塑造自己特有的能力、属性。所以，文化人类学的意义或价值，就是探寻人类共同交往和社会生活的基本方式。正如英国学者 Michael Carrithers 所说："我们是社交的动物，这一点不是我们属性的偶然、以外的因素所导致的结果，而是决定我们之所以为人类的根本所在。没有社会，我们就无法生活，就无法继续作为人类存在下去……'相对其他社会动物而言，人类不光生活在社会中，他们还为了生活而创造社会。'因此，以人类学家的眼光看问题，把人类仅仅当成个人来研究是不全面的。不了解我们和他人的关系，我们就无法了解我们自己。"①

另外，德国宗教哲学家马丁·布伯关于"我与你"、"人与人"的论说，也可以说是在此意义上对人的社会性的认识。很显然，这种从人的社会交往、人与人的关系层面对人的社会性的认识，已超越了本能、动物性的群居等认识，使人们对人的认识进入到真正的人与人之间的关系之中。

2. 人是符号的动物

"人是符号的动物"，这是德国著名哲学家 Ernst Cassirer 提出的命题。他在其《人论》一书中开宗明义地指出：认识自我乃是哲学探究的最高目标，而且它已被证明是阿基米得点，是一切思潮的牢固而不可动摇的中心。以往的哲学家把人看做是政治动物、理性动物、制造工具的动物等，这是从人活动的结构和特性出发对人的研究，把人性看成是静态的本质。他主张应从人活动的功能出发认识人的本质，把人性看成是一个文化创造的过程。"如果有什么关于人的本性或'本质'的定义，那么这种定义只能被理解为一种功能性的定义，而不是一种实体性的定义。我们不能以任何构成人的形而上学本质的内在原则来给人下定义；也不能用可以靠经验的观察来确定天生能力或本能来给人下定义。人的突出特征，人与众不同的标志，既不是他的形而上学本性也不是他的物理本性，而是人的劳作（work）。正是这种劳作，正是这种人类活动的体系，规定和划定了'人性'的圆周。语言、神话、宗教、艺术、科学、历史，都是这个圆的组成部分和各个扇面。因此，一种'人的哲学'一定是这样一种哲学：它能使我们洞察这些

---

① 赵敦华. 西方人学观念史. 北京：北京出版社，2005：332

人类活动各自的基本结构，同时又能使我们把这些活动理解为一个有机整体。"① 而将圆的各组成部分构成一个有机整体的纽带不是实体纽带，而是功能纽带。在 Cassirer 看来，这一功能纽带就是符号系统。也就是说，从有机体生命的生物学规律来看，人的功能圈与其他动物相比，除了具有一切物种所具备的感受器系统和效应器系统以外，还包括一种符号系统，正是这一符号系统改变了整个人类的生活，使人从单纯的物理世界进入到一个更为宽广的新世界，即文化世界。"因此，我们应当把人定义为符号的动物（animal symbolicum）来取代把人定义为理性的动物。只有这样。我们才能指明人的独特之处，也才能理解对人开放的新路——通向文化之路。"②

　　为了说明符号系统是人区别于动物的本质所在，Cassirer 还特意将符号与信号，以及情感语言与逻辑语言进行了分析。他指出："符号，就这个词的本来意义而言，是不可能被还原为单纯的信号的。信号和符号属于两个不同的论域：信号是物理的存在世界之一部分；符号则是人类的意义世界之一部分。信号是'操作者'（operators）；而符号则是'指称者'（designators）。信号即使在被这样理解和运用时，也仍然有着某种物理的或实体性的存在；而符号则仅有功能性的价值。"③ 另外，语言作为符号的一种最古老、最典型的形式，是有着不同层次和不同成分的，如有情感语言和命题语言之分。情感语言是人与动物共有的，而命题语言，即一种有着一定的句法结构和逻辑结构的句子的一部分，并具有客观的指称或意义的表达语言，是人所独有的。Cassirer 认为，"命题语言与情感语言之间的区别，就是人类世界与动物世界的真正分界线"④。

　　总之，人类的进化使人已不可能直接面对实在了，他必须凭借作

---

① 卡西尔．人论．甘阳译．上海：上海译文出版社，2003：107
② 卡西尔．人论．甘阳译．上海：上海译文出版社，2003：42
③ 卡西尔．人论．甘阳译．上海：上海译文出版社，2003：50，51
④ 卡西尔．人论．甘阳译．上海：上海译文出版社，2003：57

为中介的媒介物——符号才能在人的水平上认识世界及自我。同时，人的生活也不是完全根据他的直接需要和意愿而生活，而是借助符号——语言、神化、宗教、艺术、科学和历史等，超越现实、追求可能的创造性生活。这即是说，人通过符号功能，在可能世界的结构中对现实世界进行改造，这一过程既是创造文化的过程，又是生成自我的过程。

很显然，Cassirer 从"符号"的意义对人性的揭示，既超越了把人作为"感性对象"的认识，又超越了把人作为纯粹自然生命的理解，从而赋予了人之为人的文化特质。尤其是他从动态的功能层面，而不是静态的结构、特性层面对人本的理解，使人之自我之识向真理更加靠近一步。然而，与黑格尔所看到的"劳动"在人的生成中的伟大作用一样，Cassirer 的"劳作"也是观念意识中的人的活动，即不是现实存在着的人的具体"劳动"或"劳作"。所以，他们最终也无法对现实存在的人之本质予以说明。

(二) 从"存在"的意义上认识人的社会性

存在主义是兴起于 20 世纪西方的一大哲学思潮，主要是从人的生存以及自我存在的意义或价值层面对人的探讨。其中，作为存在主义哲学的开创者、德国哲学家海德格尔的"此在人"的理念，对于我们认识人的社会性问题具有独特的意义。

在海德格尔看来，"此在"（dasein）这一名称特指人这一存在者，但"此在"的本质不是"存在"，而是"去存在"[①]，即"此在"不是任何一种现成的存在规定性，而是将要能够存在的可能性。"此在"有两个特征：第一，"此在"的本质在于他的存在；第二，"此在"总是我的存在。第一个特征说明了人与其他存在物的根本不同，即人不像其他存在物那样具有恒定的、不变的本质，他的本质是由他的存在过程决定的。也就是说，人在一生中的所作所为决定他是一个什么样的人。

---

① 海德格尔. 存在与时间. 陈嘉映，王庆节译. 北京：读书·生活·新知三联书店，1987：52

第二个特征说明，人不像其他存在物那样是一个类属，每一个人都是一个存在者，即每一个"此在"都是一个单独的自我。

"此在"有两种状态：本真的状态和非本真的状态。本真的状态是自我的真实存在，非本真的状态是被公众的生活所掩盖的个人存在。按照现象学的解释，非本真的状态也是一种自我显示，因此，对自我的认识，需要通过非本真的状态达到本真的状态。在此，海德格尔还特别强调"他人"是自我的另一半，即"与他人共在"，这并不是否认他人存在的意思，而是要说明如何在与他人的交往中保持个人的自我独立性与独特性。"共在"是一种把自我和他人同时显现出来的存在方式，"共在"的关系决定了自我和他人的关系不可能是非此即彼，却可以是此长彼消。

"此在"的根本结构是时间性，这意味着虽然"此在"也在空间中存在，但空间只是"此在"的外在状态，从中是无法看出某个"此在"的特性和意义的；相反，时间才是"此在"的本真状态，它表明"此在"的意义取决于未来而不是现在和过去。同时，"此在"还是世界中的存在，且世界与"此在"相互开放。

在海德格尔"此在人"的理念中，我们看到的是一个独立自我、独特自我的人的形象。与众不同的是，海德格尔并没有把这样一个自我孤立起来，而是放在"共在"、"非本真状态"中去认识，且面向世界和未来开放，追求一种回到人的本真存在状态对人的理解，从而使自我脱离了纯粹的个人主义走向了社会。

此外，堪称存在主义大师的萨特，其后期的思想侧重点也由对个人自由的推崇，转向了先决条件对人的活动限制的看重。在他看来，社会和自然环境、人的生理和心理因素的影响，不再是人可以自由选择的和可以决定是否接受的东西。人的最终自由要在集体中实现。他在自传中曾经说过："我放弃了战前的个人主义和纯粹个人的概念，转向社会里的个人和社会主义。"①

---

① Sartre J. The Critique of Dialectical Reason. London: New Left Books, 1976: 325

还有，被称为西方人学第五代的马斯洛的"需要"理论，在一定意义上也是从存在主义的立场对作为社会的人的探索。他认为，对人而言基本上不存在纯粹动物性的本能，"即使在人身上，只残存着非常微弱的本能，根本就没有什么可以被称为动物意义上的纯粹本能"①。这些残存的本能力量极其微弱，文化和教育可以轻易地改变、削弱以至于消灭它们。

上述表明，存在主义对人之为人的本性，包括人的社会性的揭示，是力图在人的现实存在的意义上的揭示。毫无疑问，这种对人的现实存在的关注，超越了历史上停留在单纯感性或理性对人的认识，使人的自我之识与人本身相契合。在一定程度上说，它弥补了上述从文化的视角对人之本性理解的缺陷，关注了现实存在的具体个人。遗憾的是，存在主义只看到了人的现实存在，而没有看到人的现实活动，因此，它仍然无法对实际生存着的人做出合理的解释。

（三）结构主义对"自然人"的消解

西方社会继存在主义之后兴起的结构主义，按照结构先于、大于要素综合的原则，认为个人只是社会文化结构的要素，且只有在社会结构中个人才有意义和价值。阿尔杜塞认为，人从来就生活在一定的社会结构中，个人独具的自然人和自然状态是一种神话。19世纪的进化论和20世纪的人类学的研究结果表明，人的祖先从来就是群居的动物，原始社会是结构复杂、礼仪丰富的群体。在他看来，近代认识论的"自我意识"不是天赋的、先验的、普遍的，而是一个特殊的分类原则。这一原则把个人作为社会的本位，社会于是成为个人的集合，社会属性归结为个人属性，个人属性在进一步被还原为自然属性。这样一来，个人的权利和自由占据天赋的、绝对的位置，成为社会和合法政府的依据；社会的不平等和不正义被归于自然差别，自由经济成为社会经济的本质。这实际上是一种以个人为本位和中心的人道主义，

---

① 马斯洛.动机与人格.许金声，程朝翔译.北京：华夏出版社，1987：1

它既不符合人自身的存在和发展规律，也不符合社会的存在和发展规律，所以应予以消解。

不言而喻，这种对人的社会性的强调，是以消解独立个性的人的存在为代价的，虽然这种对人的认识突出了人之为人的社会特质，体现了人的本质特征，却因将社会与个人对立起来，从而也最终难以在现实性的意义上给出人之为人的正确解答。

从以上阐述中我们可以看出，对人的社会性认识要远比对人的自然性认识复杂得多，人们或感性、或理性，或抽象、或具体，或立足个人、或立足社会，等等，总之，从方方面面试图阐明人的社会性问题、个人与社会的关系问题，但似乎怎么也说不清楚。究其根本原因，在笔者看来，还是没有深入到人的现实生存方式中把握个人与社会的关系。而究竟如何才是深入到人的现实存在方式？也许马克思关于人的社会性揭示能够给予我们一定的启示。

第二节 社会关系的总和——马克思关于现实人的本质观

马克思对人的社会性考察，不是从抽象的人、感性的实体、孤独的个人等出发，而是从"现实的人及其活动"出发，"德国哲学从天国降到人间；和它相反，这里我们是从人间升到天国。这就是说，我们不是从人们所说的、所设想的、所想象的东西出发，也不是从口头说的、思考出来的、设想出来的、想象出来的人出发，去理解有血有肉的人。我们的出发点是从事实际活动的人，而且从他们的现实生活过程中还可以描绘出这一生活过程在意识形态上的反射和反响的发展"[①]。

[①] 中共中央马克思恩格斯列宁斯大林著作编译局. 马克思恩格斯选集（1）. 北京：人民出版社，1995：73

正是这样一种认识的思维方式，使马克思对人的社会性的揭示，既超越历史上所有的关于人的社会性的认识，又对当代有关人的问题思考具重要的启发意义。

一、马克思关于人的"社会性"的基本思想

如前所述，对于人的社会性的揭示，并非马克思所首创和唯马克思所是。然而，正是基于从"现实的人及其活动"出发考察人的认识理路和思维方式，使得马克思对人的社会性的揭示更具真理性，其基本思想体现为以下几个方面。

（一）人的自然性统一于人的社会性

人脱胎于自然，却成形于社会。也就是说，人虽然是由自然进化而来，但人之为人，其本质特征在于社会性。"只有在社会中，人的自然的存在对他来说才是他的人的存在。"① 离开了社会，仅有人的自然存在，是无法成为人的存在的。这表现为以下几个方面。

首先，人的进化过程同时也是一种社会化过程。毋庸置疑，在所有物种的进化中，人类是走得最快、走得最好的一种。这不仅得益于人类有着良好的遗传基因，更加受惠于人的"不确定"特性，"自然只完成了人的一半，另一半留给人自己去完成"②。人需要自己塑造自己，自我完善自身，而这种塑造、完善的基础就是人区别于动物所特有的"未完成"、"未特化"。恩格斯说："在我看来，社会本能是从猿进化到人的最重要的杠杆之一。最初的人想必是群居的，而且就我们所能追溯到的来看，我们发现，情况就是这样。"③ 恩格斯通过对人的起源的考察认为，人脑的形成、直立行走、手变得自由等这些人类的特征，

---

① 中共中央马克思恩格斯列宁斯大林著作编译局. 马克思恩格斯全集（42）. 北京：人民出版社，1979：122
② 兰德曼 M. 哲学人类学. 阎嘉译. 贵阳：贵州人民出版社，2006：7
③ 中共中央马克思恩格斯列宁斯大林著作编译局. 马克思恩格斯全集（34）. 北京：人民出版社，1979：164

无一不是人的社会性劳动的结果。所以说，人并不是单纯的自然进化的产物，而是伴随着自身"自由自觉的活动"，在创造属人的世界中创造了自己，而这一属人的世界就是人的社会。

其次，人的自然属性从属于人的社会属性。人的自然属性之所以区别于动物的自然属性，是因为人的自然属性是经过社会改造了的自然属性，是被打上了深深的社会烙印的自然属性。马克思认为，人有自然需要，但人的自然需要不是纯粹的自然需要，是具有社会表现形式的需要，是人类历史一定文化形式的反映。马克思以"吃"为例指出：饥饿总是饥饿，但是用刀叉吃肉来解除的饥饿不同于用手、指甲和牙齿来解除的饥饿。造成这一"不同"的就是人所处的不同的社会环境。另外，文化人类学的研究也表明，人既是文化的创造者，又是文化的产物。人通过创造一般的文化模式，从而在历史的各个发展时期决定自己存在的模式，因此，人不可避免地是文化生物，而文化是以社会为存在基础的。因此，人的一切自然生理机能都具有社会的表现形式。

最后，人对自然的关系表现为人与人的社会关系。人作为一种自然存在物，与自然建构起的是一种双重关系：一方面，人通过自身的活动把自然界提供的物质资料改造成为"人的无机身体"，即把它作为人的生活资料、对象和工具；另一方面，在改造外在自然界的过程中，人同时也改造了自身。而无论是对自然界的改造还是对自身的改造，都是在人的社会性活动中完成的，也就是以人的相互结合、相互联系的方式完成的。"人们在生产中不仅仅同自然界发生关系。他们如果不以一定的方式结合起来共同活动和互相交换其活动，便不能进行生产。为了进行生产，人们便发生一定的联系和关系；只有在这些社会联系和社会关系的范围内，才会有他们对自然界的关系，才会有生产。"[①]

---

① 中共中央马克思恩格斯列宁斯大林著作编译局. 马克思恩格斯全集（6）. 北京：人民出版社，1965：486

这表明，在人的实践活动中，人对自然的关系已转化为人与人的社会关系，正是在此意义下，马克思说："社会是人同自然界完成了的本质的统一，是自然界的真正复活，是人的实现了的自然主义和自然界的实现了的人道主义。"①

如此说来，人天生就是一种社会动物。

(二) 人的现实本质在于社会关系

马克思关于"人是最名副其实的社会动物"的论断，主要是基于人的现实性存在对人的考察提出的。在马克思看来，"自由自觉的活动"作为人的类本质，是从人与动物的本质区别来说的，它表明人之为人的"类"的根本性规定，但却不足以说明现实生活中人之为人的根本规定，即不同时期、不同地域、不同文化背景下人与人的本质区别。因此，对人的认识，既要从人与动物相区别的一般本质来认识，又要从人与人相区别的特殊本质来认识，否则就无法理解现实中人的本质特性。费尔巴哈由于把人的本质统一在人的生物性中，所以只能揭示出人的一般本质。马克思则在承认人的一般本质的前提下，进一步揭示了人之为人的特殊本质在于它是"一切社会关系的总和"。对此，我们应从以下几个方面理解：

首先，人是生活在一定的社会关系之中的。由于人类历史的第一个前提是满足生活的物质资料的生产活动，而这一活动又必须是在人的交往活动中进行的，因此人从一开始就是一定社会关系中的人，是一定社会关系的承担者。"社会关系的含义在这里是指许多个人的共同活动"②，人们在社会关系中所处的不同地位，使他们产生了不同的利益、思想和情感，形成了他们独有的社会特质。

其次，人虽然生活在一定的社会关系中，但社会关系是人创造的。

---

① 中共中央马克思恩格斯列宁斯大林著作编译局. 马克思恩格斯全集 (42). 北京：人民出版社，1979：122

② 中共中央马克思恩格斯列宁斯大林著作编译局. 马克思恩格斯选集 (1). 北京：人民出版社，1995：80

"正像社会本身生产作为人的人一样，人也生产社会"①。因此，社会关系不是固定的、抽象的，而是随着人的活动逐渐发展起来的。从而人的本质也是变化的、具体的。同时，社会关系作为人的本质，还意味着人的本质不是先天固有的，而是后天获得的。

最后，人虽无法脱离社会而存在，但人并不是社会的消极产物，作为社会关系的承担者和创造者，人不会完全被关系所束缚，而是具有超越现实社会关系的能动性，即人通过"自由自觉的活动"创造出属人的世界和属人的关系。

对于人的本质的社会性揭示，早在马克思的博士论文中就有所体现，当时马克思引用伊壁鸠鲁的原子论，就是为了说明获得人类的特性，只有在社会共同生活条件下才有可能。在其后的《黑格尔法哲学批判》一书中，马克思又进一步指出："人不是抽象的蛰居于世界之外的存在物。人就是人的世界，就是国家、社会。"② 而在《关于费尔巴哈的提纲》一书中，马克思则明确地提出了人的本质在其现实性上是一切社会关系总和的论断。这表明，马克思关于人的社会性本质的认识，经历了把人的社会性看做是人的群体性、联合性等性质，到将其视为人的一种生存状态，再到从多个层面认识人的社会性这样一个逐步完善的过程。

不仅如此，马克思对人的社会性的揭示，还是建立在充分肯定和尊重人的个性存在的基础之上的。

(三) 人的社会性与人的个性

"现实的人"即"有生命的个人"，这样的人一方面是处在与自然、与他人的复杂的社会联系中的人，另一方面又是有着独立人格、独具个性的人。在马克思看来，对人的社会性的强调并不意味着对人的个

---

① 中共中央马克思恩格斯列宁斯大林著作编译局. 马克思恩格斯全集（42）. 北京：人民出版社，1979：121
② 中共中央马克思恩格斯列宁斯大林著作编译局. 马克思恩格斯选集（1）. 北京：人民出版社，1995：1

性的抹杀。恰恰相反，人的社会性与个性是互释的，即个性是社会地生成的，也是社会地存在的，没有人的社会性，便不会有人的个性；同时，社会性是无数个性殊异的人的一种存在，正是个性才使社会性具有现实性，因而社会性总是寓托在人的个性之中。正如马克思所说："人的个人生活和类生活并不是各不相同的，尽管个人生活的存在方式必然是类生活的较为特殊的或者较为普遍的方式，而类生活必然是较为特殊的或者较为普遍的个人生活。"[1]

因此，"现实的、有生命的人"也就是有个性的社会的人。社会性是人之本质所在，个性则是社会性的个别形态或具体表现形式。很显然，社会性并不否定个性的存在，个性也无法脱离社会性而存在，两者是有机地统一在个人身上。如此说来，社会与个人也不应该是对立的，只是在以"异化"为主要特征的社会，由于把社会关系作为某种外在于个人的异己的东西，个人与社会分离开来，甚至对立起来。所以说，在马克思看来，只有到理想的共产主义社会，才能有真正的人的个性自由、全面的发展。

所以说，从现实性出发对人的本质的考察，使我们在对人与自然关系认识的基础上，进一步认识到了人与社会的关系，即人是社会的人，社会是人的社会。离开社会去看人，就只能是对人的抽象认识。历史上许多思想家关于人的本质的认识，都是由于把人从社会中抽取出来，从而无法揭示现实中人之为人的本质规定性。所以，马克思特别强调："应当避免重新把'社会'当作抽象的东西同个人对立起来。个人是社会存在物。因此，他的生命表现，即使不采取共同的、同其他人一起完成的生命表现这种直接形式，也是社会生活的表现和确证。"[2]

---

[1] 中共中央马克思恩格斯列宁斯大林著作编译局. 马克思恩格斯全集（42）. 北京：人民出版社，1979：123
[2] 中共中央马克思恩格斯列宁斯大林著作编译局. 马克思恩格斯全集（42）. 北京：人民出版社，1979：122，123

总之，在马克思那里，人的社会性是有着丰富内涵和多重性质的，如它可以作为个人生存必须和他人合作的联合性和集体性；作为个人发展必须和他人交往的社交性和相互需要性；作为个人承担一定社会职能和体现一定社会关系的规定性和受制约性；作为个人获得生存与发展所必需的社会化性[①]，等等。而从总体上看，马克思是在承认人的自然性的前提下，立足人的现实生存状况，从人赖以生存的物质资料的生产人手，揭示出人的社会性。这一社会性在人之为人的本性方面体现为人的自然性的社会化；在人与社会的关系方面体现为社会对人的制约作用和人对社会的能动性创造；在人的价值方面体现为人是社会发展的主体；在个人与社会的关系方面体现为对个性化社会和社会化个性的双重强调。"因此，人是一个特殊的个体，并且正是他的特殊性使他成为一个个体，成为一个现实的、单个的社会存在物，同样地，他也是总体、观念的总体、被思考和被感知的社会的主体的自为存在，正如他在现实中既作为社会存在的直观和现实享受而存在，又作为人的生命表现的总体而存在一样。"[②]

很显然，马克思对人的社会性本质的揭示，并不排除人作为独立个体的存在，也不排除人作为生命自然的存在，而是在具体性、现实性的意义上对人之为人的本质的揭示。在马克思的理论视野中，"人是人的最高本质"，而这一本质集中体现为：人是生活于具体社会阶段、并进行着现实活动的社会的人。换言之，社会造就了人，人也造就了社会；且人在造就社会的同时也造就了人自身、造就了人的本质。如此看来，马克思关于人的社会性的思想，正是他所创立的唯物史观和唯物辩证法的具体运用，即马克思把对人的本质的思考不仅由"天国"拉回到了人的现实生活世界，而且将人的社会性与人的自然性、个性，以及人与社会的关系有机地统一起来了。正是在此意义上我们说，马

[①] 韩庆祥．马克思主义人学思想发微．北京：中国社会科学出版社，1992：65-75
[②] 中共中央马克思恩格斯列宁斯大林著作编译局．马克思恩格斯全集（42）．北京：人民出版社，1979：123

克思关于人的社会性的基本思想，既超越了历史上一切有关人的社会性的认识，又优越于当代诸多有关人的社会性的理解。

对于身处教育活动之中的人来说，教育世界就是他们的"现实社会"。根据马克思对人的社会性本质的揭示，教育学对教育中人的认识，就应该是对具体的、现实的教育情境中的人的认识，是对教育中人的各种关系的认识，是对教育中人的生存状态和活动方式的认识。而不仅仅是对作为与动物不同的生命存在的认识，更不是把人作为抽象的"感性对象"去认识。

二、人的"类"本质与"现实"本质

在马克思关于人的问题论述中，我们看到首先他把"自由自觉的活动"视为人的类本质，然后又指出人在现实性上是"一切社会关系的总和"。在此，"类本质"与"现实本质"意味着什么？两者之间是怎样一种关系？如果没有对这一问题的深入思考，也就难以真正把握马克思关于人的社会性思想。

首先，人的"类"本质是指人区别于动物的根本规定性，是人这个类所具有的共性，代表着人的一般本质。而人的"现实"本质则是指人与人相区别的根本规定性，是一个人不同于另一个人的个别差异性，代表着人的特殊本质。根据马克思的思想，对任何事物本质的认识，都不能只停留在一般本质，而是要由一般本质深入到特殊本质，否则，就无法真正把握事物的实质。对人的认识也是如此，如果我们只知道人与动物的本质区别是什么，而不懂得人与人之间差别的根据是什么，就很难真正理解现实中的人究竟何所是、何所为。正如马克思在《资本论》一书中所指出的："首先要研究人的一般本性，然后要研究在每个时代历史中发生了变化的人的本性。"[①] 历史上，包括当代

[①] 中共中央马克思恩格斯列宁斯大林著作编译局. 马克思恩格斯全集（23）. 北京：人民出版社，1979：669

许多有关人的本质的揭示，之所以让我们感到抽象，在很大程度上是因为只是停留在人的一般本质的认识，而没有深入到人的特殊本质。而马克思关于人的现实本质的揭示，恰恰弥补了这一点。

其次，从表面上看，人的类本质和现实本质是一般与特殊的关系，那么，按照辩证法的逻辑关系，一般寓于特殊之中，也就是说，在人的现实本质中包含着人的类本质。的确，马克思对人的社会性的揭示是基于人的实践活动——生产劳动的，也就是人的"自由自觉的活动"。然而，如果仅限于此，恐怕也难真正把握现实人之本质。因为与大千世界的万事万物相比，人毕竟是一种非常特殊的存在，人之为人规定性既丰富繁多，又流动多变。"从社会学的意义上说，人是通过集体、国家、文化而成为社会成员的，但如果仅仅着眼于人是如何被社会化的，个人的个体性和感性生命就可能被抹杀；从本质论的角度看，抽象的人的共性是最真实的实体，个人不过是它的表现样式或感性材料，因而个人是微不足道的、可有可无的；从现象学的角度看，感性直观的个人就是一切，在他之中或在他背后并没有什么本质，因而个人是至关重要的、不可替代的；如果从自我意识的角度理解人，人就成为主观的'我'，利己主义也因而顺理成章；如果从对象意识出发反映人，人就成为客观的'他'，利他主义也因而成为最高的道德。至于把人或者看作意志的主宰者或者把人视为欲望的奴隶，或者把人区分为有个性的必然的个人和无个性的偶然的个人，等等，更是说明了人的问题的复杂性。"①

因此，对人而言，其类本质与现实本质不是一般与特殊的关系，而是在人的现实活动中如何呈现的问题。在马克思看来，决定人自身的是人的自由自觉的活动，而自由自觉的活动是在人现实的社会关系中展开的，因此，人在自由自觉的活动中所形成的、不同于动物的本

---

① 张曙光. 人的世界与世界的人——马克思的思想历程追踪. 郑州：河南人民出版社，1994：249，250

质属性就是人的社会性。不仅如此，由于每个人所处的社会关系不同，也就决定了其活动方式的不同，从而使每个人在本质上又区别于他人。很显然，马克思从实践活动出发对人的本质的揭示，使人这个歧义颇多的存在，被具体地理解为在社会关系和历史过程中从事实践活动并发展的个体。这样，抽象的"类"，唯一的"我"就被扬弃了，而这正是许多关于人的认识难以走出的误区。

最后，人是类本质与现实本质的有机统一。一方面，人的类本质由于是对人之共性、普遍性的强调，因此是相对稳定的、不变的，即无论在什么情况下，人都是他自身活动的产物，体现着人之为人相对恒定的一面。而人的现实本质所强调的是人之为人的个别性、特殊性，所以是随着时代、社会的变化而变化，即不仅每个人区别于他人，而且自身也是在不断变化发展的，体现着人之为人发展变化的一面。另一方面，人的类本质与现实本质作为一个整体意味着，人既是具有能动性与创造性的主体存在，具有改变世界和自我的能力，又是具有客观制约性的存在，是一种受动性的存在。所以，人是能动与受动的统一，这不仅反映在人的生命性征中，而且体现在人的现实本质中。而历史上许多有关人的认识，往往在这个方面陷入顾此失彼的局面不能自拔。

如此说来，教育学对人的认识，实际上既包括对人之为人的一般本性认识，又包括对具体存在的人的现实本质的认识。对人的一般本性的认识，只是为教育提供了一个大前提，并不等于就是对教育中人的认识。只有对具体生存于教育中的人的各种关系的认识，才是真正对教育中人的认识。在此需要说明的是，马克思对人的社会性本质的揭示，也不能代替我们对教育中人的理解，但马克思从"现实的人及其活动"出发对人的现实本质揭示的思维方式，却是我们正确认识教育学中人之问题的重要方法论基础。

三、现实的人及其活动——人之认识的思维路径

通过以上分析我们可知，马克思关于人的认识对历史上有关人

的问题的理解是一种巨大的超越，而这一超越的根基在于马克思所创立的唯物史观。从现实的人及其活动考察人，这就是马克思关于人的认识唯物史观的具体表达，也是马克思关于人的认识的基本思维路径。

人来自于物，却已超越一切物之上；人是生命存在，却又超越了生命的局限。人是自然和社会的统一，以往许多思想家往往看不到人的这种"超越性"和"统一性"，要么把人"物化"，要么把人"神化"，从而难以对现实中的人给出一个合理的解释。

在导论中我们谈到，马克思关于人的认识之所以在世界人学史上具有划时代的意义，就在于它是伴随着一种科学的世界观和方法论——唯物史观诞生的。而唯物史观的核心就是从人赖以生存的现实及其物质活动出发认识人，即"物质实践"、"社会存在"才是人类发展的决定性因素，而不是所谓的"观念"或"意识"。因此，对人的真正理解和把握，必须植根于人的现实存在及其活动之中。

西方一些学者，也曾试图走出人的抽象王国，追寻马克思的"从现实的人出发"的思想，但终因没有正确理解马克思的思想而未能跳出抽象人性的巢穴。尼采认为"人是有希望的动物"，卡西尔认为"人是生产象征符号的动物"，弗洛伊德认为"人是追求本能满足的动物"，弗洛姆认为"人是能够说出我的动物"，等等。这些看法都有一定的道理，但又都没有跨越用物的观点看人的局限，因此就免不了从先天给定的本质出发说明人、要求人，进而也就难以跳出"抽象人"的框架。马克思跳出了物种的限制，找到了认识人异于物的正确道路，创立了认识人的思维逻辑，即现实的人，真实的"我"，是由人们进行生产的物质条件决定的，只有从人们的现实的物质生产方式、生活方式和各种社会关系出发研究人，才能见到真实的、活生生的人，才能走出人的抽象王国。

在马克思看来，"现实的人"的根本之处就是"从事实际活动的人"，即进行实践活动的人。在马克思看来，"社会生活在本质上是实践的。凡是把理论引向神秘主义的神秘东西，都能在人的实践中以及对这个实践的理解中得到合理的解决"①。正是在人的实践活动中，人才能确证自己的本质，维持自己的生存，并获得自身的发展。所以说，立足"实践"而不是"实体"考察人，这就是马克思关于人的认识与历史上有关人的认识在思维方式上的根本区别。同时也应成为我们今天认识教育中人的基本思维路径。

总之，立足马克思的唯物史观对人的社会性的认识，就是以"现实的人及其活动"为圆点，即以人的物质活动为出发点，在既合乎社会的发展规律又合乎人的目的需要的原则下，在既体现人的客观制约性又充分发挥人的主观能动性的过程中，寻求人的社会性与个性的统一。在马克思看来，这种对人的社会性的认识以解决人和社会的关系（包括科学关系和价值关系）为基本问题，以构建自由人的联合体（共产主义社会）为落脚点。因为这一联合体体现着个人与社会的理想统一，它是以联合为基础，以个人为最终目的，个人作为个人参加这一联合体，并通过联合体获得自由。所以说，马克思关于人的社会性的认识，是在对个人、个性及主体性的充分肯定和尊重的前提下，对人的现实生存及其本质的揭示。

马克思关于人的社会性的思想，为我们正确理解教育中的人奠定了世界观和方法论基础，尤其是对于我们重新审视教育中有关人与社会的关系问题，开启了重要的认识域。然而，需要特别指出的是，对于马克思有关人的社会性的论述，并不能直接拿来作为我们今天对教育中人的社会性的理解，因为：首先，马克思对人的社会关系的分析，是在经济学语境中的分析，即人与人之间的关系在马克思那里主要体现为生产关系。其次，马克思对作为社会主体人的强调，主要是对作为生产力决定性要素，即劳动力的强调。最后，马克思是在解放全人

---

① 中共中央马克思恩格斯列宁斯大林著作编译局．马克思恩格斯选集（1）．北京：人民出版社，1995：56

类的理论旨趣和远大抱负驱使下，寻求对人的社会本质的揭露，而不是基于教育学立场对人的认识。鉴于此，我们今天在以马克思人学理论指导教育学中有关人的问题的认识时，就必须具有当代的视角、教育学的立场。

第三节 教育学中人的"社会性"问题反思

教育是培养人的，而人"天生是社会动物"，因此可以说关于人的社会性问题构成了教育学最核心的基本理论问题，如教育的本质内涵是使人社会化还是使人个性化；教育的目的是培养社会成员还是培养独立的个人；教育的价值取向应以社会为本还是以个人为本；教育是以社会为出发点还是以人为出发点，等等。当然，如今人们已经意识到不能这样二元对立地看待这些问题，而是要使二者有机地统一起来。但是，怎样才算是统一？又如何实现统一？统一的基础是什么？这些是我们今天基于马克思关于人的社会性思想认识教育中的人所要深入思考的问题。

一、教育中人的社会化与个性化

依据马克思的观点，人的本质在其现实性上是社会关系的总和，而人首先又是作为一个"有生命的自然物"存在的。这就意味着人在其生长过程中有一个由自然人向社会人的发展问题，即所谓的社会化问题。但是，社会化是否就意味着个人服从社会，忽略人的个性特征，完全按照社会的需要和规范要求个体？究竟怎样才能使人的社会化与个性化达到真正的有机统一？长期以来，这不仅是哲学、伦理学、社会学等学科百思不得其解的问题，更是以促进人的发展为己任的教育学所倍感困惑和难以释怀的问题。

(一) 教育学的有关探讨

应该说，教育使人社会化还是使人个性化，这不只是教育学中有关人的社会性认识问题，而且还是对教育的本质内涵如何理解的问题，因此也是教育学的一个根本问题。

教育究竟应该使人社会化还是使人个性化，这似乎一直都是教育中的一个两难选择，而在理论上追求使人社会化和个性化的统一，也似乎一直都是教育学界挥之不去的情结。然而，何谓人的社会化或个性化？人为什么要社会化或个性化？人的社会化或个性化的内容、过程及结果是怎样的？如果没有对这些问题的理解，也就很难达到人的社会化与个性化的统一。

在我国，教育使人社会化的集中探讨是在 20 世纪 80 年代初关于教育本质的大讨论中。当时，在人们围绕着教育是生产力还是上层建筑的论争中，有人提出了"教育使人社会化说"。论者认为，"生产力说"和"上层建筑说"都只是从教育与其他事物的外部联系说明教育的本质，而不是立足教育内部的矛盾性，尤其是没有从教育与社会以及与人的发展相联系的统一中研究教育的本质。而"促使个体社会化"是对教育本质的科学认识，因为它不仅可以揭示教育内部的联系——社会要求与个体心理发展水平的辩证统一，而且可以揭示教育与社会以及与个人的发展的辩证关系。

其后，随着教育本质探讨的继续深入，不断有学者提出教育就是使人社会化的观点，例如，教育者以人类社会积累的知识经验授予受教育者，使之转化为受教育者本人的精神财富这样一种社会化的过程。教育是人对人的素质发展的一种价值限定，其本质实际上是使人社会化的过程。这一过程的规定性就是教育者将一定的外在的教育内容向受教育者主体转化，实现人类文化的传递，促使和限定个体身心发展，促使个体社会化，等等。

对于教育本质的"社会化说"，有论者提出了不同的见解，认为"社会化说"存在着忽视人的个性的内在缺陷，从而提出教育的本质应是引导、促进儿童的个性化。这种观点认为儿童的个性化与社会化是并行不悖的，因为引导、促进儿童个性化还意味着使儿童的个性化建立在社会化的基础上，通过社会化促进个性化，使个性化既朝着有利于形成个体特色的方向发展，又朝着有利于社会发展方向和目标发展。

"个性化说"虽然试图将人的社会化纳入其中，但总的来说仍是作为"社会化说"的对立面出现的，因此，就又有论者提出了"个体社会化完善说"，这种观点认为，对教育本质的探讨，必须从教育与社会发展的关系、教育与人的发展的关系以及这两种关系的关系去分析研究。由此得出结论：教育是促使个体社会化完善化的过程，这是教育区别于其他事物现象的质的规定性。与此相近的说法还有，教育是促进人实现社会化和人自身不断提高的过程和基本手段。很显然，这是努力从个人与社会的关系中探索教育本质的尝试。

随着人们认识的不断深入，把教育看作使个体社会化与个性化的双向过程的观念似乎也越来越得到了教育学界的认同，例如，在全国十二所高校合编的《教育学基础》一书中，就把教育定义为："是在一定社会背景下发生的促使个体的社会化和社会的个性化的实践活动。"[①]

其实，对教育中人的社会化与个性化的探究，早在20世纪二三十年代中国的教育学中就有所体现。近现代著名教育学家钱亦石就明确提出："教育上的一切设施应该注重培养社会化（socialized）的个人。什么是社会化的个人呢……最重要的一点，是要呼吸于共同生活的氛围中，'成为自己社会关系的主人，成为自然界的主人，成为自己的主人——自由了'。"[②] 在此，钱亦石着重强调了社会对个人的强大支配作用，同时也道出了个人并不是被动地受制于社会，即社会与个人的密切关系，仿佛如"水"与"鱼"一样。这表明，钱先生认为人与社会是不可分割的，人的社会化应该是作为主体人的社会化，而不是失去

---

① 全国十二所重点师范大学.教育学基础.北京：教育科学出版社，2004：4
② 钱亦石.现代教育原理.福州：福建教育出版社，2006：34，35

自我的社会化。

在其稍后的另一位教育学家孟宪承也曾提出:"教育是个人生长或发展的过程,这个过程是在社会的环境中进行的。个人行为的变化就是为了适应社会的环境,而满足他的需要。所以教育学者于个人的发展一个概念之外,常同时提出对于社会适应的第二个概念。"① 而且,他还在"教育的目的"的阐释中进一步强调:"凡离开社会的组织和活动而提出的个人发展一类的目的,就全是一种过程的抽象,而非行为变化所期达到的具体结果。"② 从而进一步说明教育对人的发展的影响,不能脱离社会环境和社会活动。

另外,还有一位教育学家舒新城也谈到:"教育是改进人生的活动,其目的在为社会创造自立的个人,为个人创造互相的社会。其方法是利用环境(自然环境和社会环境)的刺激,使受教育者自动地解决问题,创造生活。"③ 也就是说,教育应致力于人的个性与群性的协调发展,使人获得美好幸福的生活。

上述表明,对于人的社会化与个性化问题的关注,在我国的教育学研究中由来已久。只是在新中国成立后的一个相当长的历史时期内,由于种种原因,人们较多关注的是教育的社会性问题,甚至是教育的阶级性问题,从而渐渐地在教育中丢失了人。直到"文化大革命"结束后,教育学研究才又重新找回了人,进而关于人的社会化与个性化问题也就被推到了教育问题的前沿。目前,对于教育究竟应使人社会化还是使人个性化在教育学界已没有太大争议,因为人们的认识基本上都达到了应使二者统一起来的水平。

从我国教育学中关于人的社会化与个性化的探讨中可以看出,对人的社会化与个性化的认识,多是围绕教育本质的规定和教育目的的定位展开的。因此,有关的探讨也主要是集中在教育究竟应该使人社

---

① 孟宪承. 教育概论. 福州:福建教育出版社,2006:24
② 孟宪承. 教育概论. 福州:福建教育出版社,2006:27
③ 舒新城. 教育通论. 福州:福建教育出版社,2006:4

会化还是使人个性化，或为什么要使二者统一这样的问题上，而对教育中人的社会化、个性化究竟意味着什么？它们的实质是什么？如何才是社会化与个性化的统一等问题却关注不够，而后者才应该是真正对教育中人的社会化与个性化问题的探讨。

也许正是基于这样的认识，有人不是从教育本质或教育目的角度提出了人的社会化与个性化问题，而是把人的社会化与个性化视为教育的前提，例如，刘峰所著《人与教育》一书，在其开篇第一章就把"人的个性化与社会化"和人的本质、大脑开发、人与自然的关系一起作为教育的前提加以论述。他认为："人与动物的重要区别之一在于每一个人都有自己独特的内心世界和个性特征……可是，人如果只局限于自身，不与周围的自然和社会发生密切的联系，那么他就很难生活下去……人是一切社会关系的总和，人的个性的形成总离不开他置身其中的社会的制约，这就是所谓人的社会化问题。"① 在此基础上，作者认为，人的社会化就是指人们如何获取文化并在这一过程中如何改造自己，因此，人的个性化是其社会化的产物，二者是矛盾统一的关系。

在笔者看来，这是关于教育学中人的社会性问题的一个重大思维方式的转变，即不是从教育应该使人怎么样的立场探究人的社会化和个性化问题，而是从人本身是怎么样的立场探寻教育应如何的问题。很显然，前者很可能只是把有关人的理论拿来作为求证教育定义或目的的根据，后者才有可能进入对教育中人的具体探究。

此外，从我国教育学中有关人的社会化与个性化问题的探讨中还可以看出，人们对这一问题的认识经历了从对人的社会化的片面强调，逐渐过渡到对人的个性化的推崇，再发展为注重人的社会化与个性化的统一。而无论是对人的社会化、个性化，抑或二者统一的论述，基本上都是以马克思的诸如"人的本质是一切社会关系的总和"、"自由自觉的活动是人的类本质"、"人既是社会发展的产物又是社会发展的

---

① 刘峰．人与教育．长沙：湖南教育出版社，1988：41，42

主体"等论说为理论依据,体现出我国教育学研究以马克思主义为指导的理论特色。但是,不能否认的是,这种"指导"仍是引经据典式的,没有体现马克思关于人的认识的精髓——从现实的人及其活动出发认识人。如前所述,要么是从对教育本质或教育目的的认识出发理解教育中人的社会化或个性化问题;要么即便是从人出发,也缺乏把人置于现实的教育情境中理解其社会化或个性化问题。所以,如何依据马克思对人的社会性的揭示,进一步认识教育中人的社会化与个性化问题,在我们今天的教育学研究中就显得非常必要。

(二)基于马克思的人的社会性理解

从社会学的角度对人的社会化的研究,目前在西方已逐步形成三种理论视角:一是文化的视角,即把个人社会化看成是人类文化遗产的传递和延续过程,其实质就是人类文化遗产的转移。这是社会学的文化学视角。例如,美国社会学家奥格本就认为,个人社会化就是个人接受人类文化遗产,传递社会文化,延续社会生活的过程。二是个性发展的视角,即把个人社会化看成是人的个性和人格形成与发展的过程。这是社会心理学的视角。例如,美国社会学家库利在《人性与社会秩序》一书中,就把"自我"引进个人社会化的研究,认为"自我"不仅是一个个人实体,而且还是社会化的产物。三是社会结构视角,即把个人社会化看成是个人获得社会角色,维持社会结构的完整,完成世代交替的过程。这是社会学的结构功能主义视角。美国社会学家萨金特曾首次将"角色"引入个人社会化的研究,认为社会化的本质就是个人承担社会角色。

在我国,关于个人社会化的内涵也有不同的界说,例如,人的社会化是一个人学习知识、技能和规范,取得社会生活的资格,发展自己的社会性的过程;社会化就是社会将一个自然人转化成为一个能够适应一定的社会环境,参与社会生活,履行一定社会角色的社会人的过程;社会化就是指作为个体的生物人成长为社会人,并逐步适应社会生活的过程,经由这一过程,社会文化得以积累和延续,社会结构得以维持和发展，人的个性得以形成和完善以及个人社会化是使文化代代相传的过程，等等①。

不难看出，对于人的社会化的研究，无论国内还是国外更多的是立足社会的立场来说明人的社会化问题，而很少考虑个人的立场。诚然，社会心理学的研究把"自我"引进了个体社会化的概念，从而在一定程度上弥补了这方面的缺陷。但由于这里的"自我"只是一个抽象的概念，并不是现实生活着的"自我"，所以，由此揭示的个体社会化，仍无法从人之本性的角度体现社会化的实质。而马克思关于人的社会性的阐释，恰恰是在这方面显示出其巨大的理论说服力，即马克思立足"现实的人及其活动"对人的社会本质的揭示，使个人社会化与个性化统一问题落在了现实生存中的个人身上，表现为以下几个方面。

首先，个人的社会化与个性化统一在人之本性中。

根据马克思对人的社会本质的揭示理解个人社会化问题，就不能仅限于个人继承人类文化、适应社会规范以及完善自我等这些表层的认识，而是要深入到人之为人的本性理解个人的社会性与个性问题。

在马克思看来，个人作为一种能动性的社会存在，具有自我对象化和对象自我化的双重性，表现为人通过自觉的对象性活动，一方面把外部世界转变为能够满足自己需要的为我之物；另一方面使自身的各种潜能获得开发和提升，即在改造客观世界的同时改造主观自我。一方面个人必须借助于对象才能直观自身，实现并确证自身的本质；另一方面人的本质又必须由对象所设定。也就是说，个人是由社会生活所形成的；同时，又在自身的对象性活动中创造着社会生活。作为社会生活所形成的人，是一种自然的、历史的、文化的存在；而作为社会生活的创造者，人具有人的本质的全部丰富性特征。因此，只有在与自然、社会的对象性活动中，人才成为人；也只有在与社会的互

---

① 陈成文. 个人社会化：一个概念的再探讨. 求是学刊，1997，(2)：26-28

动中，人才成为一个现实存在的个人。

据此，理解教育中人的社会化与个性化问题，就不只是一个如何接受人类文化、如何遵循社会规范、如何扮演社会角色以及如何形成自我这样一般性的问题，而是在教育的过程中，一个人如何成长、如何学习、如何与他人相处以及如何认识自己的问题。对于教育中的人来说，教育的世界就是他们的"社会关系"，他们是怎么样的，既与他们在其中的活动内容一致，又与他们怎样活动一致。

哲学家、教育学家杜威曾提出了"学校即社会"的主张，在他看来，"社会环境由社会任何一个成员在活动过程中和他结合在一起的所有伙伴的全部活动组成。个人参与某种共同活动到什么程度，社会环境就有多少真正的教育效果"[1]。很显然，这与马克思关于人的社会性获得看法基本上是一致的，即"个人怎样表现自己的生活，他们自己就是怎样。因此，他们是什么样的，这同他们的生产是一致的——既与他们生产什么一致，又与他们怎样生产一致。因而，个人是什么样的，这取决于他们进行生产的物质条件"[2]。在此，无论马克思还是杜威都特别强调个人的活动在个人生成中的决定性作用，所以，社会化也好，个性化也罢，都取决于个人的活动性质和方式。只不过马克思是在经济学范畴说明这个道理的，而杜威则是在教育学范畴阐述这个问题的。

也就是说，人的社会化或个性化，不是外在于人提出一些什么要求，而是通过人的现实性活动形成他们符合一定社会规范和自我生命需要的人性特质。"事实上，每个人都是在社会环境中成长，而且总是必须在社会环境中成长。他们许多的反应变得明智了，或者有意义了，这仅仅是因为他是在众所承认的意义和价值观念的环境中生活，在这样的环境中行动的。通过社会交往，通过参加体现信念的各种活动，

---

[1] 约翰·杜威. 民主主义与教育. 王承绪译. 北京：人民教育出版社，2001：28
[2] 中共中央马克思恩格斯列宁斯大林著作编译局. 马克思恩格斯选集（1）. 北京：人民出版社，1995：68

他逐渐地形成自己的心理"①。

在这个意义上对教育中人的社会化与个性化的认识，就特别强调对教育中人的活动的关注，即教育应使每一个人积极参与到与他人共同的活动中，在相互的合作、交流、沟通等各种交往中，形成不同于他人的个性特征，这就是个人的社会化和个性化。

其次，教育中人的社会化与个性化统一在人的发展过程中。在马克思的全面发展理论中，个人的全面发展指个人能力的统一发展、个人社会关系的全面生成和个性的自由发展。这种全面发展是以两种基本形式呈现的：一是个人的社会化；二是个人的个性化。个人的社会化所揭示的是个人与社会的关系，是个人以社会为前提和条件成为现实中的个人、并进而成为社会发展主体的过程。个人的个性化所揭示的是个人与个人的关系，是个人区别于他人、形成个人独特性、并进而成为自我发展主体的过程。个人的社会化是个性化的前提和基础，个人的个性化则是社会化最终要达到的结果。

由于人首先是作为一个自然的生物体存在的，而其本质却是"社会关系的总和"，这就决定了人的成长、发展过程实际上也就是一个社会化的过程。社会化，意味着个体的人必须具有适应社会生存和发展的各种能力及素质，并能以主体的姿态在社会的生产和交往中展示自身的力量、体现自我的价值，也就是马克思所说的达到"自由自觉的活动"和对社会关系的全面占有。然而，人的社会化虽指用社会来构成人的过程，却并不意味着以社会取代人的过程。也就是说，虽然社会构成了自我，但自我依然是一个独立的范畴，有其自身的规定性。人的社会化最终不是要使个体的人成为社会的附庸，而是要使其成为社会的主人，成为具有独立个性的人。因为只有独具个性的人，才具有更强的自我意识和自主能力，才能够更好地理解自己与他人、社会的关系，并进而成为自我和社会发展的主体。所以人的发展同时还是

---

① 约翰·杜威.民主主义与教育.王承绪译.北京：人民教育出版社，2001：313

一个个性化的过程。或者也可以说，人的社会化与个性化是同一过程的两个方面，即社会化总是具体个人的社会化，因而是具有个体独特性的社会化；而个性化总是在人的社会化过程中完成的，因而必然是具有社会属性的个性化。因此，所谓人的全面发展也就体现为个人的社会化与个性化的统一或一致。

法国著名社会学家 Emile Durkheim（1858—1917）认为，在现代社会中，社会决定论与个人主义从来就不是对立的两极，而是整个社会过程中相辅相成的两个方面；而由社会决定论向个人主义转换的根本环节就是教育。笔者以为这其中包含有以下三层意思：一是个人的社会化与个性化是既相互区别又相互联系的统一体；二是个人的社会化最终要达到的是个人的个性化，换言之，具有社会属性的个性化是人的发展终极目标；三是这一终极目标需要通过教育来实现。也许正是在此意义上，夸美纽斯提出：只有受过恰当教育之后，人才能成为一个人；裴斯泰洛齐提出：教育意味着完整人的发展；康德指出：人只有通过教育才能成为人；杜威认为：教育即生活，生活就是不断地生长或发展。Durkheim 则进一步指出：所谓教育，即是为孩子们提供"对待生活的各种可能的终极态度"。这里的关键在于，教育并不是原原本本地为孩子们复制社会生活，不是把原本的社会生活作为模版加印在每个孩子身上，而是为他们提供面对生活世界的"各种可能的终极态度"。这意味着通过教育使人为人，不只是一个社会化的过程，还是一个个性化的过程。

个人社会化着重强调的是个人发展对社会条件的依赖、对社会规范的认同以及获得社会成员资格的意义。个人个性化则着重强调个人潜能的充分实现和个人独特性、自主性、能动性和创造性的充分发挥。在教育中，前者表现为个人对社会所需的各种知识、能力、观念、意识等的需求；后者表现为个人对自我意识、情感意志、自尊自爱、自我实现等不断增长的追求。而我们的教育往往比较关注个人的社会性需求，相对忽略了个人的个性化需求。殊不知，只有个人的个性化达到了一定的高度,才能真正实现个人的社会化。试想,一个缺乏自我意识、不懂自尊自爱、缺少独立自主精神的人,如何能够正确理解个人与社会的关系,并积极主动地获取社会所需的知识和能力?

当然,个人的个性化不是极端的个人主义,而是要在现实社会的条件下,最大限度地挖掘自身的各种潜能,充分展示自我的主体能力,全面地在社会中表现自己、实现自己。正如马克思所指出过的,个人的发展只有在与他人的关系中才能够实现,这就意味着个性化不是个人与社会的对立、甚至对抗,恰恰相反,是在个人的社会化过程中实现的。

由此理解教育中人的社会化与个性化,就应该是教育要最大限度地满足人的发展需求以及引导人的合理需要。

二、社会本位与个人本位

关于教育中的"社会本位"与"个人本位"问题,实际上也就是关于教育、人、社会三者的关系问题,这是有关教育在宏观层次上的一个核心问题,它涉及教育目的、教育功能、教育价值等教育的一些最基本的理论问题。在我国的教育学中集中体现为在制定教育目的时的价值定位和教育功能的选择问题。20世纪80年代,我国教育理论界为此展开过一场大讨论[①],对"社会本位"与"个人本位"各自的含义、意义、局限甚至来龙去脉等进行了广泛而深入的探讨。这场讨论对于我国教育理论的长足发展起到了积极的推进作用。然而,对于教育究竟应当以社会为本位还是以个人为本位的争论,却是不了了之。事实上,这样的争论也是注定不会有结果的,因为这一争论的前提在事实上已割裂了社会同人的有机联系,使二者从根本上对立起来了。

在其后的理论探讨中,我国教育学界出现了突出"人"的价值取

---

① 瞿葆奎.教育基本理论之研究.福州:福建教育出版社,1998.参阅其中第五节"教育功能"、第六节"教育价值"、第七节"教育育人的发展"和第九节"教育目的"等内容

向,例如,20世纪90年代初,围绕着"教育的出发点是人还是社会"的问题展开了新一轮的争论,相当一部分学者都主张"人是教育的出发点",认为在人、教育、社会的三维关系中,人处于最基本的地位,人的发展是社会发展的最终决定力量,而且人也是教育与社会发生联系的中介。因此,人是人、教育、社会三维关系的中心,也是世界的最高价值,教育理应以人为出发点。

对此,有论者提出了针锋相对的观点,认为抽象地谈论"教育从人出发",不是历史唯物主义的观点。历史唯物主义的最初始的出发点不是人,而是物质生产实践活动。马克思主义实践哲学形态的出现,并非不重视人的研究,而是坚持必须从物质生产的劳动实践出发,才能理解人的自然属性与社会属性的统一,否则仅仅"从人出发",即使强调是"从现实的、社会的"人出发,总不免这样或那样地回到一种抽象的"想象出来的人"的观点上去。

坚持"人是教育的出发点"的论者,对这一观点也给予了反驳,认为坚持以人为教育的出发点,在本质上是坚持一种人本主义的教育价值观念,它的主要目的并不在于对教育的产生和发展作出唯心或唯物的解释,而在于坚持人是教育的最高价值。人本主义的基本原则和唯心主义并无必然联系,也和唯物主义没有必然冲突。抽象人性论虽然常常是人本主义教育的思想基础,但社会主义的人本主义教育却是基于唯物主义的。同时,坚持以人为教育的出发点也不意味着教育必然脱离社会。因为人总是社会的人,无论是他的生存和发展需要的满足,还是他的总体价值的实现,都必须在现实的社会生活中才有可能。因此,以培养社会的人为出发点的教育不可能脱离社会而存在。

其中,也有论者提出应从社会与教育两个层面来决定人还是社会作为教育的出发点,以及应从理论和实践两个方面理解"人是教育的出发点"的意义[①]。

---

① 叶澜.二十世纪中国社会科学——教育学卷.上海:上海人民出版社,2005:293,294

从这场论争中我们可以看出，无论人们坚持还是反对"人是教育的出发点"，教育应"以人为本"的观念基本上得到了大家的共识，只是在如何理解人、人与社会的关系问题上还缺乏更深入的探究。

"社会本位"与"个人本位"表面看来是教育与人和社会的关系问题，而在深层次上则是教育如何认识人与社会的关系问题，或者说就是教育对人的社会性本质的认识。而这实际上和教育使人社会化和个性化是同一个问题，因此，领会马克思关于人的社会性本质思想，也是解决教育的"社会本位"与"个体本位"冲突的根本所在。

马克思关于人的社会本质的揭示，不仅对于我们重新认识教育学中人的社会性问题有着直接的启示作用，更重要的是他为我们提供了一条正确理解教育中人的思维路径，即从现实的人及其活动出发认识人。遵循这一思维路径，我们就应把对教育中人的认识聚焦到"具体个人"的认识上。

第四节　关注教育中的"具体个人"

在"现实性"的意义上认识教育中的人，首先就应该把教育中的人看做是具体个人，这意味着我们不是抽象地谈论人的一般本性，而是对教育中的具体个人有所理解。

也许，我们一般会认为强调了个人，就会忽略了社会，其实不然，而且恰恰相反。只有个人，才是真正的社会存在者；只有在具体的个人身上，才能达到真正的人与社会的统一。正如马克思所指出的："各个人的世界历史性的存在，也就是世界历史直接联系的各个人的存在。"[①]

---

① 中共中央马克思恩格斯列宁斯大林著作编译局．马克思恩格斯选集（1）．北京：人民出版社，1995：87

"社会结构和国家总是从一定的个人的生活过程中产生的。但是,这里所说的个人不是他们自己或别人想象中的那种个人,而是现实中的个人。"[1] "个人怎样表现自己的生活,他们自己就是怎样"[2]……这表明,只有我们把目光转到具体个人,而不是从一般的人性分析理解教育中的人,才能够真正实现人的社会化与个性化的统一。

在马克思关于人的社会性思想中我们得知,正是由于立足"具体个人"而不是"类"的立场,马克思才做出了"人的本质在其现实性上是一切社会关系的总和"的科学论断,从而使关于人的本质的认识既区别于黑格尔抽象的、思辨的唯心主义,又区别于费尔巴哈直观的、静态的旧唯物主义。也正是由于从现实存在的具体个人出发,马克思才揭示出了"人创造社会,社会制约人"这种人与社会的内在本质关系,使人们对人与社会关系的认识在具体个人身上达到了统一。同样还由于着眼于具体个人的考察,马克思才得出了"环境的改变和人的活动或自我改变的一致,只能被看做是并合理地理解为革命的实践"[3]的合理结论,为人的社会性与个性的统一寻找到现实的基础。因此,基于马克思人的社会性思想对教育中人的认识,就必须突出"具体个人"意识。

20世纪60年代,成人教育学家朗格朗曾经提出了教育中的"具体个人"概念,即"教育的真正对象是全面的人,是处在各种环境中的人,是担负着各种责任的人,简言之,是具体的人"[4]。在此,"具体的人"是针对"抽象的人"提出的,而"抽象的人"是工业时代和近代自然科学思维方式泛化到人的研究领域的产物。也就是说,这种"抽象的人"对人的理解,是把人作为外在的客体且可以肢解为彼此孤立

---

[1] 中共中央马克思恩格斯列宁斯大林著作编译局.马克思恩格斯选集(1).北京:人民出版社,1995:71
[2] 中共中央马克思恩格斯列宁斯大林著作编译局.马克思恩格斯选集(1).北京:人民出版社,1995:67,68
[3] 中共中央马克思恩格斯列宁斯大林著作编译局.马克思恩格斯选集(1).北京:人民出版社,1995:55
[4] 郎格朗.终身教育引论.周南照,陈树清译.北京:中国翻译出版公司,1985:87

的各个部分进行研究的对象。所以,朗格朗提出要以现实存在着的、整体的具体个人取代这种抽象的人。由此不难看出,朗格朗关于"具体个人"理念,是与马克思关于"现实的人"的思想基本一致的,即都是针对"抽象人"而言的。

  如今,在我们的教育学研究中,似乎早已不排除对人的关注和尊重。然而,在人们的意识中,教育所面对的人是否摆脱了"抽象人"的定式,恐怕还难成定论。叶澜教授曾经指出:"就中国目前教育学理论的现状来看,在有关'人'的认识上,主要缺失的是'具体个人'的意识,需要实现的理论转换是从'抽象的人'向'具体个人'的转换。"在叶教授看来,对教育中"具体个人"的关注,"并不是要求教育学去描述个体的特性、发展、成长及其教育,而是要改变教育学中'抽象的人'的观念,用'具体个人'作为教育学中人学的支点,去重新认识教育和构建新时代的教育学。"她认为"'具体个人'作为教育学的一个基础性观念,至少意味着我们对'人'的认识要发生一系列的变化:要承认人的生命是在具体个人中存活、生长、发展的;每一个具体个人都是不可分割的有机整体;个体生命是以整体的方式存活在环境中,并在与环境一日不可中断的相互作用和相互构成中生存与发展;具体个人的生命价值只有在各种生命经历中,通过主观努力、奋斗、反思、学习和不断超越自我,才能创建和实现,离开了对具体个人生命经历的关注和提升,就很难认识个人的成长与发展;具体个人是既有唯一性、独特性,又在其中体现着人之普遍性、共通性的个人,是个性与群性具体统一的个人……"① 在此认识基础上,本书认为依据马克思关于人的社会本质的揭示,对教育中"具体个人"的认识应着重强调以下几个方面。

一、具体个人的唯一性

  如前所述,在马克思那里,"自由自觉的活动"作为人的类本质,

---

① 叶澜. 教育创新呼唤"具体个人"意识. 中国社会科学, 2003, (1): 83-98

标志着人与动物的根本区别；而"社会关系的总和"作为人的现实本质，则标志着人与人的根本区别。因此，在马克思关于人的社会性思想中，就包含着对人之个性的认可，即人不仅是一定社会关系的依附者，而且还是人类社会和他人不可替代的独特自我。人的个性一方面体现为个人独立的自主性、能动性和创造性；另一方面体现为是他自己的类特性、社会特性的个别存在形式。马克思曾在1844年经济学哲学手稿中指出：人正是由于他的特殊性或个别性使他成为一个个体和现实的、单个的社会存在物。在《德意志意识形态》一书中又指出：人不仅作为社会的成员、阶级的成员参加集体，而且在共产主义社会，人还作为个人，即有自己个性的个人参加真实的联合体。如果说，人作为人类是抽象的，作为社会存在物是现实的，那么作为个性自我则是具体的。

人的社会化作为一种动态的过程，人在其中不仅必然是社会性存在，同时还必须是个性自我存在，只不过个性自我不能脱离社会关系而存在。"处于独立生存中的个体的人是历史性的存在。他是由他在时空中的位置、在文化系统、共同体的相互作用中的位置所决定的"[①]。也就是说，个人是唯一的、单独的、不可替代的，但却不是孤立存在的。费尔巴哈的唯物主义人本学之所以未能对人之为人作出一个合理的解释，就在于他把人的本质归结为"单个人所固有的抽象物"，"撇开历史的进程……假定有一种抽象的——孤立的——人的个体"[②]。

在目前我们的教育学中，应该说已不乏在观念意识上对人的个性的关注和对自我的尊重。然而，对于究竟什么是人之个性，也许我们还缺乏足够的思考。对于个性，一般有心理学、哲学、社会学等理解，而马克思意义上的"个性"所强调的，一是个人生命在自身的活动中表现出来的独特性，"我在劳动中肯定了自己的个人生命，从而也就肯

[①] 刘敬鲁. 海德格尔人学思想研究. 北京：中国人民大学出版社，2001：40
[②] 中共中央马克思恩格斯列宁斯大林著作编译局. 马克思恩格斯选集（1）. 北京：人民出版社，1995：56

定了我的个性特点"①。二是在马克思看来，个性作为人之独特性，是社会性的个别表现形式，因此，个性的内容仍然是社会性的，所谓个性的人也是社会的一分子。"各个人的出发点总是他们自己，不过当然是处于既有的历史条件和关系范围之内的自己，而不是玄学家们所理解的'纯粹的'个人。"②

据此，教育学对人的独特性的理解，首先就应把教育中的每一具体个人看做是独一无二的生命个体，是通过他自身的活动成为的"他自己"。在前面关于人的生命自然性的揭示中我们已经知道，人的生命是在自身的活动中生成的，每个人活动的内容、活动的范围、活动的目的、活动的手段和方法不同，就使得每一个生命体都是独特的、唯一的、与众不同的。而在现实中，这种生命个体的独特性也就是每个人在所处的各种关系中表现出来的个性。这里需要特别强调指出的是，对教育中每一生命个体独特性的理解，不能只是停留在一般意义上的生命具有独特性的认识，而是要对生命个体在自身的活动中所体现出来的独特性有所充分的认识，例如，在学习活动中，在与他人的交往中，在参与各种实践活动中，每个人所表现出来的态度、思维、行为等的独特性，既是教育所要关注的个性内容，又是教育所要培育的个性基础。否则，教育对人的个性的尊重和张扬，或者说使人个性化就只能是空谈。

从这个意义上说，对教育中人的个性问题的提出，就不只是针对工业化标准教育模式对人的个别性的抹杀，也不只是针对由于对人的社会本质的强调而相对忽略了个体自我，甚至都不仅仅是针对因教育异化而造成的对生命个体的无视，而是要特别突出对教育中的人在各种活动中所表现出来的、非同一般的特性给予充分的尊重和理解，并

---

① 中共中央马克思恩格斯列宁斯大林著作编译局. 马克思恩格斯全集（42）. 北京：人民出版社，1979：38
② 中共中央马克思恩格斯列宁斯大林著作编译局. 马克思恩格斯选集（1）. 北京：人民出版社，1995：119

加以正确的引导和扶植，使每一个人"成为他自己，'变成他自己'"[①]，使每一生命个体"有责任保护和实现自己的形式"[②]，这才是在"现实性"而非"抽象性"上对教育中人的个性的认识。

教育学对人的独特性的理解还应充分认识到，独具个性的人之自我不是在封闭的自我中形成的，而是在与外界的互动中，或者说在人的社会化过程中形成的。即"自我所由产生的过程是一个社会的过程，它意味着个体在群体内的相互作用，意味着群体的优先存在。它还意味着群体的不同成员都参与其内的某种合作性活动"[③]。这就是说，虽然个性自我是独特的、唯一的，但却是无法脱离群体而存在的。所谓"群体的优先存在"表明，个性自我必须和必然受到所属群体组织和整个社会发展状况的制约，没有这一制约，个性自我也就失去了现实存在的基础。而自我的产生意味着"合作性活动"也旨在表明自我是在与他人的互动中生成的。为此，库利曾提出"镜中我"（looking-glass self）的概念，认为个性自我是在与他人的交往过程中，通过想象他人对自己的评价而获得的。这也就是马克思早就指出的：人作为一种对象性存在，当一切对象成为他自身的对象化，成为确证和实现他的个性的对象，对象就成为他自身。

由此而论，教育中独具个性的自我，只能是在每个人所处的群体中显现出来的彼此不同的自我，是在你我关系中彰显的独特自我，而不可能是离群索居的自我。因而，教育对人的个性自我的提升，就不只是对其独立性、自主性等的弘扬，还必须使每一个个体置于一定的群体中，在与他人的互动中完善自我的个性。这由人的社会性本质所决定，如前所述，社会性不是销蚀人的个性的腐化剂，而是培植人之个性的土壤。教育应在这样一种对人的认识前提下，促使人的社会化

[①] 联合国教科文组织国际教育发展委员会.学会生存——教育世界的今天和明天.北京：教育科学出版社，1996：14
[②] 费迪南·费尔曼.生命哲学.李健鸣译.北京：华夏出版社，2000：51
[③] 米德.心灵、自我与社会.赵月瑟译.上海：上海译文出版社，1992：145，146

与个性化。

总之，正如苏联教育学家巴拉诺夫等在其所著《教育学》一书中曾经指出的："教育学把儿童的发展看做是完善个性的复杂而矛盾的途径。个性在现代哲学、社会学、心理学和教育学中被理解为具体人，其本质被马克思确定为社会关系的总和。"[①] 也就是说，人的社会性聚焦在"具体个人"身上，在教育学中首先就体现为对人的独特性的认识；而人的独特性在教育的过程中又集中反映为对个性自我的理解。依据马克思关于人的社会性思想的表达，教育学对个性自我的认识应特别强调每一具体个人在自身的活动中所体现的独特性，以及群体在形成人的个性中的重要作用。

二、具体个人的差异性

人的本质，在其现实性上是一切社会关系的总和，这意味着不同社会关系中的人，在本质上是不同的。在马克思那里，这种不同不是作为人的类生命本质的不同，而是不同时代、不同文化、不同政治经济等条件下的人的生存方式、发展状况的不同，例如，无产阶级不同于资产阶级，张三不同于李四。

从人类学的研究来看，人类的进化不仅意味着人与其他动物具有本质上的差别，而且也意味着对人类自身而言，也是具有巨大差异性的。当然这种差异性不只是生物进化的差异，还是社会文化进化的差异。如前所述，在体质形态方面并无太大差别的现代人，实际上在默默地沿着一个共同的个人需要阶梯或曰人格的一般进化路向发展。每个人携带的遗传基因有所差异，而且他们的人生经历和主观努力不同，便造成了进化过程中的个体差异性，形成了现实生活中每个人的思想、情感、行为方式等的千差万别。

人之自我的独特性是以自身的不完美和偏差，以及与他人的差异

---

① 巴拉诺夫. 教育学. 李子卓等译. 北京：人民教育出版社，1979：59

性表现出来的。但我们绝对不能把这种不完美或偏差看做是人的缺陷,也不能将某人与他人的差异看做是其不足。所有这些不仅是人之为人的必然,而且对于人的生命存在具有非常重要的意义。奥地利著名心理学家、意义治疗学派的创立者弗兰克尔指出:"每一个人都是独特的、唯一的,是他人不可取代的……人的独特性和唯一性作为一种内部限制也是人的生命意义的一种补充。如果所有的人都是完满的,那么每个个体都可能被另一个人所取代。正是由于每一个人是不完善的,又都是不可替换和不可弥补的,所以,每个人都有生动的个性。人不可能尽善尽美,它的偏差构成了他的唯一性。"[1] 在弗兰克尔看来,一个人会存在着一定的不足,但我们不能像扔掉一件不满意的物品一样,把一个人的不足从其身上去除,而只能从其特殊的存在形式上寻找形成这一不足的因素,并采取一定的手段促使不足的转化。

差异性,对于教育学来说应该不算是一个陌生的话题。从我国古代的因材施教,到近代班级授课制一出台就因忽略人的个别差异性而遭到的抨击,再到现代社会我们的教育学对人的遗传素质、身心发展规律性的探究,乃至当代风起云涌的主体性教育、生命教育、理解教育等,无不包含着人们对"差异性"在教育中的意义的关注和理解。的确,教育所面对的人是一个个具体的人,只有认识到每个人不同于他人的个别差异性,才能够有的放矢地进行教育,这是教育学中对人的差异性的基本认识。

然而,这种认识主要是基于心理学对人之差异性的认识,如认知差异、性格差异、行为差异等,而不是马克思意义上的人之本性的差异。当然,心理学意义上对人的差异性认识,是我们从事教育活动非常重要的前提和基础,但是,对教育来说,这样的认识并不足矣。因为如果没有对人之本性的深层次理解,也就很难真正把握教育的真谛,

---

[1] 刘翔平. 寻找生命的意义——弗兰克尔的意义治疗学说. 武汉:湖北教育出版社,2001:52

从而使教育不仅不能成为促进人健康发展的有效途径和手段，反而有可能成为人的异化的工具。例如，在人的差异性问题上，就会把学生分为三六九等，可教不可教，天生聪慧或愚笨等。

　　教育学中也有从哲学的视角对人的本性或本质的认识，但只是把它作为教育的人性假设，很少与个体人的差异性联系起来。在此，我们依据马克思关于人的社会本质的分析，对教育中人的差异性的认识，就应把教育中个人之间的差异看做是一种合理的存在。人的本质在其现实性上是社会关系的总和，而每个人所处的社会关系不同，就必然会造成个人与个人之间的差异。对于教育来说，这种差异是我们从事教育活动的客观基础和前提，不是划分人高低贵贱的标准。承认差异性，也就是承认每一具体个人存在的合理性。

　　在此意义上说，教育中对学生差异性的认识，就不仅仅是"因材施教"的问题，而首先应该是承认每一个学生存在的合理性问题。教育的前提并不只是承认每个学生都有着不同于他人的特点，而且还要认识到每一个学生的存在都是一种客观必然，都是他的人本所在，因而也都是有意义的，需要肯定的，正如海德格尔对"此在"的肯定。所以，教育不是要消除差异，而是在差异的基础上使每一个学生获得应有的发展。为此，教育应体现公平、公正，平等地对待每一个学生；教师应学会用欣赏的眼光看待每一个学生。

　　其次，既然社会关系决定人的现实本质，这就意味着人的本质在现实性上会随着社会关系的改变而改变。人与人之间的差异不是先天既成的，也不是一成不变的，因此，教育作为人的社会关系的一部分，对人的形成和发展而言就是可行的、有意义的。以往我们多是从文化人类学的视角论证：人的生物特性的先天"缺陷"，使人具有可塑性，从而决定了教育的可能性和必要性。而马克思关于人的社会本质的揭示，更是在现实性的意义上说明了教育之于人的可能性与必要性。

　　再次，从马克思对于人的社会性本质的揭示中我们可知，社会关系对人的现实本质的决定作用归根结底取决于人的生存方式，即人的实践活动。因此,造成人与人之间差异的决定性因素也就是人自身的活动。所以,教育者对待个体差异性的认识,不仅要在观念意识上确认每一个学生存在的合理性以及他们之间的差异是可以改变的,更要实际地参与和引导每一个学生的各项活动,使教育成为学生的生活方式,而不只是一种外在于他们的影响因素。

最后,个人与个人之间的差异是作为整体人之间的差异,而不是个人的某一方面的差异。每一个具体个人都是"作为一种物质的、理智的、有感情的、社会的、精神的存在",而且"这些成分都不能也不应当孤立起来,它们之间是相互依靠的"[①]。也就是说,我们不能以一个生物人、知识人、道德人、理性人等观念看待教育中的人,而是要将其看做是一个由各种因素构成的、不可分割的整体。在教育中对"整体人"的强调,意味着教育对人所产生的作用不是某一方面的作用,而是对一个生命整体的作用。

这看似一个非常浅显明了的道理,但在现实中却难以成行。在教育中,我们往往要么从认知的角度理解人与人之间的差异,如思维方式的不同、记忆能力的不同等;要么从外部行为特征确定人与人之间的差异,如好动或好静、快或慢;要么从人的秉性、气质判断人与人之间的差异,如脾气暴躁或性格温顺;甚至仅从兴趣爱好、特长区分人与人之间的差异。如果从"因材施教"的意义上来说,这些对教育中人的差异性认识应该是极其重要的。然而,如果从人之存在的意义和价值来说,这样的认识很可能是对教育中人的误读甚至否定,因为它很容易造成对人的片面化理解,以偏概全,表面看似是对个性人的肯定,实则是对具体个人存在的否定。

三、具体个人的关系性

马克思关于人的认识的唯物史观突出地体现为,对人的研究不是

---

① 郎格朗.终身教育引论.周南照,陈树清译.北京:中国翻译出版公司,1985:88

就人本身研究人，而是在人的社会联系中研究人。在马克思的理论中，人是社会和历史的创造者，其中的"人"是从"类"的意义上来说的，因为这里所强调的并不是具体个人对社会和历史的创造，而是人这个类所特有的主体性、创造性。相反，人是社会和历史的产物，则是就具体个人而言的，因为事实上，任何个人都不是社会和历史的起点，而是社会和历史的结果。例如，离开了奴隶制的社会关系，无所谓奴隶主和奴隶之分；离开了教育，无所谓教师与学生之分；离开了家庭，无所谓夫妻或父母子女之分。

"既然人是从感性世界和感官体验中汲取自己的一切知识，那就必须这样安排周围世界，使人在其中能认识和领会真正合乎人性的东西，使他能认识到自己是人。既然正确理解的利益是整个道德的基础，那就必须使个别人的私人利益符合全人类的利益。既然从唯物主义意义上来说，人是不自由的，就是说，既然人的自由不是通过逃避某种事物的消极力量得到，而是通过表现他的真正个性的积极力量得到，那就不应该惩罚个别人的犯罪行为，而应当消灭犯罪行为的反社会的根源，并使每个人都有必要的社会活动场所来展示他的基本生命力。既然人的性格是由环境造成的，那就必须使环境成为合乎人性的环境。既然人天生就是社会的生物，那他就只有在社会中才能发展自己真正的天性，而对于他天性力量的判断也不应当以单个人的力量为准绳，而应当以整个社会的力量为准绳。"[①]

以笔者之见，这段引文很好地表达了这样一种观念：人以及人所拥有的一切都是在一定关系中生成的。而且这种关系并不仅仅是一种独立个人之外的环境因素，它还是人之内在本性的构成。因此，对人之本性的认识，在一定意义上也就是对人所处的"关系"的认识。追求人之本性的完善，也就是要追求人的"关系"的完善。

---

① 奥兹门，克莱威尔．教育的哲学基础．石中英，邓敏娜译．北京：中国轻工业出版社，2006：326

如此而论，对教育中具体个人的认识，在一定意义上也就是对个人所处社会关系的认识，包括个人所处的时代背景、社会状况、文化底蕴以及社区、学校、家庭结构、状态和师生、生生、朋友关系等。诚然，在以往我们的教育学中不乏有关这方面的研究，但这些研究更多的是把社会关系作为影响人的外部环境因素，而没有意识到这些因素实际上也就是构成存在于其中的人的本质所在。也就是说，在我们的观念中，只想着如何利用或改变这种外部环境，以达到对人的教育效果，而没有考虑这就是人之本性所在，我们的教育应给予怎样的理解与尊重，并在此基础上采取相应的措施。那么，我们究竟应如何理解教育中具体个人的关系性呢？

首先，"关系"是"为我"的。虽然作为单个的、具体的人都是一定关系的产物，但任何"关系"都是人类的产物，即是人所创造的，并且是为了自身的生存和发展创造的。"凡是有某种关系存在的地方，这种关系都是为我而存在的；动物不对什么东西发生'关系'，它对他物的关系不是作为关系存在的。"① 也就是说，关系，只能是人的关系，而且是为了人的关系。既然是"为我"的关系，每一代人必将从各自的利益出发对"关系"进行改造，为我所用。从这个意义看，每一现实存在的具体个人，既是"关系"的受动者，又是"关系"的能动者。

在教育的过程中，人的这种受动与能动表现为：一方面，个人所处的教育环境、教学条件、师资水平以及人际关系等，是其受教育程度和达到一定教育效果的先决条件。从教育使人为人的意义上说，有什么样的教育就有什么样的人。另一方面，个人在"关系"中的"作为"不同，从而使"关系"对每一具体个人而言所产生的效应是不同的，即同样的教育环境等，对身处其中的个人所构成的"关系"实际上不同的，例如，在一个班级中，一名教师与几十名学生所构成的不

---

① 中共中央马克思恩格斯列宁斯大林著作编译局. 马克思恩格斯选集（1）. 北京：人民出版社，1995：81

是性质完全一样的师生关系，而是包含着个人的情感、利益等因素在内的、只属于他自己的师生关系，而这种属于个人的师生关系，也就造就了个人在教育过程中的成长、发展的独特性。因此，表面看来，是"关系"制约人，但实际上是个人的存在构造了"关系"。从这个意义上讲，一切的教育设计和变革都应落在对教育中具体个人存在方式的深刻理解和把握上。

其次，个人是"关系"创造的参与者。之所以个人的存在能够实际地构成一定的"关系"，是因为人不只是"关系"的被动承担者，还是"关系"创造的积极参与者。正如马克思所说，每一个人实际上都既是历史的"剧中人物"，又是"剧作者"，而且，只要"把人们当作他们本身历史的剧中人物和剧作者"，"就是迂回曲折地回到真正的出发点"①。这表明，把个人同时作为历史的产物和历史的创造者，是对人的认识的真正出发点，这对于作为关系性存在的个体来说同样如此。

长期以来，在教育中存在着一个根深蒂固的观念，即全部的教育就是教育者如何对待受教育者，并使其成为一个什么样的人的问题。这其中，虽然人们在观念上有了一些转变，例如，对受教育者的认识由"物"转向了生命个体，由"客体"转向了"主体"等。然而，仔细观察我们不难发现，无论人们赋予受教育者多么时尚、崇高的称号，在现实的教育中似乎总也抹不去把受教育者作为等待加工、改造的对象的情结，且教育者的责任感越强，使命感越重，这种情结就越浓。这一在对受教育者认识上出发点的错误，导致了在实际的教育中，教师的爱变成了学生的恨的尴尬局面，从而也难以确保真正的教育效果。试想，如果我们的教育者能够真正把受教育者看做是教育剧的"剧中人"和"剧作者"，也许整个教育的思路和方式都将发生根本性的转变，那些"以人为本"、"尊重生命"、"弘扬主体性"等教育理念也许

---

① 中共中央马克思恩格斯列宁斯大林著作编译局．马克思恩格斯选集（1）．北京：人民出版社，1995：147

就会付诸现实了。而在这个意义上对学生主观能动性的调动，实际上也就是使他们参与整个的教育过程，而不是等待被教育。

四、具体个人的主体性

在马克思那里，人的个性是与主体性联系在一起的，即个性就是人的主体性的个体表现。马克思把劳动及其产品看做是人的主体性和本质力量的物化、对象化，同时也将其理解为人的个性的物化、对象化。在马克思看来，一个具有个性的人必然是能动地创造世界的主体。一个人个性越强，其主体性也就越强，反之亦然。具有个性的人也就是具有自主意识和自由意志的人；对人的个性的解放和弘扬，也就是对人的主体性的提高和完善。主体性，是人优越于一般动物的一个根本特性，也是作为具体个人的独特性。人是一种自为的生命存在、关系性的生命存在，就决定了"人始终是主体"[①]。

应该说，对人的主体性的关注，一直以来都是西方哲学的主题形态。在唯心主义哲学那里，人们一般都是用"理性"、"意识"、"精神"来解读人的主体性的。笛卡儿的"我思故我在"，康德的"先验意识"，黑格尔的"绝对精神"不能说不是对人的主体性的肯定和积极解说，但是正如马克思所说的，由于"他们不知道真正的、感性的活动本身"，因此"只是抽象地发展了"人的主体性。费尔巴哈虽然确立了以人为本的哲学思路，把对人的思考建立在唯物主义的基础之上，力图从人本身出发去理解人，但由于他最终没有摆脱旧哲学思辨传统的束缚，只能在抽象的生物学意义上考察人的存在，难以看到现实的"人的关系"，也就无法真正揭示出人的主体性。

马克思认为，唯心主义发展了人的能动的方面，强调了人的主体性，这是应当肯定的；但唯心主义哲学家却否定主体以及客体的客观

---

① 中共中央马克思恩格斯列宁斯大林著作编译局. 马克思恩格斯全集（42）. 北京：人民出版社，1979：130

实在性，他们所说的主体性，不是从事现实活动的人的主体性，而是某种"精神"的主体性，是一种头足颠倒的主体性。而旧唯物主义坚持了主体的客观现实性和自然界对人的优先地位，这是正确的。但旧唯物主义的根本缺陷是看不到人作为活动主体的主体性，因此最终也不免落入唯心主义的窠臼，停留在抽象人的探讨。正是在批判地继承二者的基础上，马克思创立了自己的新唯物主义——实践唯物主义，并在此基础上揭示了人的本质及其主体性。在马克思看来，主体性就是人作为主体的实践特性，表现为"自由自觉的活动"。对此，恩格斯通过人与动物活动的比较，指出人的活动是一种主体性活动，"动物仅仅利用外部自然世界，简单地通过自身的存在在自然界中引起变化；而人则通过他所作出的改变来使自然界为自己的目的服务，来支配自然界。这便是人同其他动物的最终的本质差别，而造成这一差别的又是劳动"①。

严格来说，马克思并没有就主体性本身给予更多的阐述，只是在揭示人的本质时体现出有关主体性的思想。但不可否认，这种思想是奠基性的，它不仅解决了长期以来哲学中难以克服的主观与客观、主体与客体、思维与存在等二元对立的难题——用"实践"将这些矛盾合理地统一起来，而且使人的主体性这一原本抽象的理念，变成可感的、能经验到的"客观现实"——作为主体的人的实践性质。正是在此基础上，才有了当代更为广泛、深刻的对于人的主体性的揭示，例如，胡塞尔立足"生活世界"对人的主体性的阐释，萨特在"自在世界"与"自为世界"中对人的主体性的揭示，杜威以经验自然主义世界观对人的主体性的关照，海德格尔从"共同此在"反观人的主体地位（人不是宇宙的主宰者，而是现实世界的守护者），马丁·布伯对"我-你"关系的重新审视，以及雅斯贝尔斯、哈贝马斯关于交往中的

---

① 中共中央马克思恩格斯列宁斯大林著作编译局. 马克思恩格斯选集（4）. 北京：人民出版社，1995：383

主体际性的理论建构等。虽然这些理论都有一定的片面性，但与马克思有关人的理论在一定程度上还是有着共同或相容之处的，有些甚至是直接从马克思那里得到启发的。

　　人是主体，这是在人在自身的活动中具有主观能动性、自我意识和意志，并能够决定自我的存在和发展前提下所说的。作为主体的人，是"在受动中求能动，在实然中求应然，在适应中求超越，在有限中求自由"的人①。近年来，我国教育界对人的主体性，尤其是对在教育过程中学生的主体性研究是丰富而深刻的。但依笔者之见，这些研究是强调"能动"、"应然"、"超越"和"自由"有余，而认识"受动"、"实然"、"适应"和"有限"不足。而王道俊教授关于教育中人的主体性的理解，在我看来是建立在对马克思人的主体性思想精髓的深刻把握基础上的。只有在此意义下认识教育中人的主体性，才能够把人的主体性从抽象的王国、理念的世界拉回到现实的教育尘世中，并使人的主体性在教育的过程中能够真正实现。

　　总而言之，只有具备"具体个人"的意识，才是真正在现实性的意义上对教育中人的认识。正如叶澜教授所说的："有了这些认识，教育学的立足点和视角会发生诸多相应的变化：我们不会只关注教育的社会价值，忽视教育对每个人在社会中生存、发展和实现人生价值和幸福的意义；不会把个体成长只作为起点去研究，而是作为教育中个体重要的内在需求与动力去研究；不会把教育只看做是知识、技能的传递过程，而是看作必须提升人的自我超越的意识和能力，提升人的生命质量和创造能力的过程；不会把个体之间的差异看作问题，而是当作教育的资源和财富去开发；不会只根据人的今天去判断决定他的明天，而会把发现人的发展的可能并使这种可能转化为现实，作为教育学研究的重要课题。"②

---

① 王道俊．主体教育论的若干构想．教育学报，2005，(5)：5-19
② 叶澜．教育创新呼唤"具体个人"意识．中国社会科学，2003，(1)：83-98

当然，教育学对"具体个人"的关注，并不是否定"一般人"存在，即抛开人的一般性质追求人的特殊性，这也不符合马克思关于从"现实性"认识人的思想实质。因为现实性的人是既有着人之为人的一般性，又有着在特殊生存境遇中的特殊性的人。正如联合国教科文组织教育委员会在"学会生存"的报告中所指出的："作为教育主体的人，在很大程度上，是一个普遍的人——在任何时候、任何地方都是一样的。然而，作为一个特殊教育过程的对象的某一特殊个人则显然是一个具体的人。他能把他在时间上和空间上有限的生存过程中人性的这两个方面辩证地协调一致。"① 所以，我们遵循马克思从"现实的人及其活动"出发认识人的思维路径对教育中人的探究，也就是对作为人的一般性质在教育这一特殊生境中的特殊体现的理解，教育中的"具体个人"也是在这个意义上提出来的。

五、现实：教育学关于人之认识的依据

现实，作为世界的一种存在形态，是自在与意识相统一的复合存在。"自在是世界的原始形态，早于意识并独立于意识，是纯粹的物质世界。现实则是自在与意识的组合产物。"② 也就是说，如果没有意识，世界就只能是一种客观存在而非现实。对人来说，完全独立于意识的纯粹客观存在是毫无疑义的，从而也就等于无。现实才是属人的世界和人存在的根基。"现实的形态是一个生动的丰富的世界存在形态。这犹如黑夜世界经由阳光投射而形成了白昼大千世界一样，自在是黑夜世界，意识是七彩的阳光，现实则是白昼的千姿百态的世界。对于人而言，自在是一团漆黑的夜间世界，看不清、说不出，这是一个无意识作用的处女世界，对人类来说是纯粹的无。然而正是这个自在世界为人的意识提供了背景材料，在意识面前呈现出现实的形态。所以，

---

① 联合国教科文组织国际教育发展委员会. 学会生存——教育世界的今天和明天. 北京：教育科学出版社，1996：195
② 韩民青. 现实：人的世界. 南宁：广西人民出版社，1993：22

就人而言只有现实性突出的世界才是有,是无限之有,是具有认识和实践价值的世界"①。

现实是属人的世界,这意味着人一方面无法脱离现实而存在,另一方面则对现实具有能动的创造作用。在马克思看来,现实就是以人的实践活动为基础的现实生活世界,这是一个人生活于其中、可以通过人的经验予以确证的感性世界,它是人的感性活动及其结果,是人的日常生活的过程。只有在这样的世界中,人才是真实的、具体的、鲜活的;也只有把人置于这样的世界中对人的认识,才是合理的、正确的和有意义的。正如马克思所说:"德国哲学从天国降到人间,这里我们是从人间升到天国。这就是说,我们不是从人们所说的、所设想的、所想象的东西出发,也不是从口头说的、思考出来的、设想出来的、想象出来的人出发,去理解有血有肉的人。我们的出发点是从事实际活动的人,而且从他们的现实生活过程中还可以描绘出这一生活过程在意识形态上的反射和反响的发展……不是意识决定生活,而是生活决定意识。前一种考察方法从意识出发,把意识看做是有生命的个人;后一种符合现实生活的考察方法,则从现实的、有生命的个人本身出发,把意识仅仅看做是他们的意识。"② 也就是说,观念、意识附属人,而不是人附属于观念、意识。因此,对人的考察就应从现实存在着的、有生命的个人出发,而不是从人的观念、意识出发。

不仅如此,马克思对人的考察和认识还体现在"哲学家们只是用不同的方式解释世界,而问题在于改变世界"的理论旨趣和价值取向上,即马克思对人的认识所要最终达到的是自由、全面发展的人的实现。对马克思来说,人不只是一个现实的存在者,更是一个不断追求自我完善的生成者。所以,对人的考察和认识应指向人的实现,而人的实现又必须依赖对现实的人的认识。

---

① 韩民青. 现实:人的世界. 南宁:广西人民出版社,1993:20
② 中共中央马克思恩格斯列宁斯大林著作编译局. 马克思恩格斯选集(1). 北京:人民出版社,1995:73

上述思想提示我们，教育学对人的认识应以人的现实生活世界为依托，而对教育中人的理解，也就必须是对教育世界中的人及其活动的认识，否则，就难以达到对教育中人的正确理解，以及通过对人的理解实现对人的改变的教育目的。从"现实"而不是"观念"出发进行教育学研究（包括对人的认识），才能取得应有的理论和实践效果。对此，叶澜教授所主持的"新基础教育"改革所采取的"实地介入式研究"，给予了充分的说明和确证。

到学校作实地介入式研究是我们在"新基础教育"一开始就采用、并持续10年的一种研究方式。"实地介入式研究"的华东师大课题组成员到学校开展研究，不只是以一个外界观察者的身份，而且以一个合作者的身份，直接介入课堂、班级，介入教师教学、教育的研究过程之中……

对于我们来说，实地介入式研究是了解真实的课堂，研究教师的教学行为和学生的学习行为，观察课堂的展开方式，师生的互动类型、形式、内容、层次和效果的不可替代的研究方式。我们需要在感受的同时作出判断，在判断的同时琢磨原因，在分析原因的同时思索可能的改变……

采取实地介入式的研究方式，是与"新基础教育"研究想改变学校的日常实践，并通过日常实践的改变来实现师生生存状态的改变直接相关……①

对于这种"实地介入式研究方式"的研究，叶教授将其概括为"研究性变革实践"，并意味深长地指出："它是渗透着研究因素，以实现教育变革和教师发展为指向的日常教育实践，它是一种内含着变革理论并将其贯穿全程的变革实践，是在研究的过程中，研究人员与教师共同创造、持续进行、不断反思、尝试重建，从而具有生成新型的

---

① 叶澜. 我与"新基础教育"——思想笔记式的十年研究回望. 见：丁钢. 中国教育：研究与评论（第7辑）. 北京：教育科学出版社，2004：45-47

实践和理论这种内生力的变革实践。正因为如此，在研究性变革实践中，我们实现了多重的沟通与转化：现实与理想、理论与实践、目标与结构、教育专业人员与实验教师，以及每个参与者作为个体的内在理论与个人实践的更新与转换。"①

的确，"变革性研究实践"体现了教育学研究的一种行之有效的研究方式，从而也表明了教育学对人之认识所应遵循的基本路径——从人的现实存在出发达到现实人的发展。

---

① 叶澜. 我与"新基础教育"——思想笔记式的十年研究回望. 见：丁钢. 中国教育：研究与评论（第 7 辑）. 北京：教育科学出版社，2004：49

第四章　从发展性上认识教育中的人

现实中的人是一个自然存在的人，社会存在的人，更是一个超越自然、社会存在的人，即人是追寻人生意义、趋向生命价值的存在。马克思说："人是人的最高本质。"① 这意味着人是能够主宰自我命运的价值存在，而这一价值存在的核心就在于人的发展性。

众所周知，教育是以影响人的发展为直接目的的活动。然而，对人而言，发展意味着什么？这不仅是对人的认识所必须思考的问题，更是教育之存在所需要面对和解答的问题。

---

① 中共中央马克思恩格斯列宁斯大林著作编译局．马克思恩格斯选集（1）．北京：人民出版社，1995：9

第一节　发展性——人之生命价值

发展，是一个内涵非常丰富且含义极其复杂的概念，不同的学科对此有着不同的解释。就目前人们所达到的认识，大致可归纳为这样几种对"发展"含义的理解：一是哲学意义上的发展观，即"发展"泛指一切"事物由小到大、由简单到复杂、由低级到高级、由旧质到新质的运动变化过程"①。对于这一过程的认识，哲学上有两种完全对立的观点，即形而上学和唯物辩证法。"形而上学认为发展只是位置的移动和数量的增减，是重复，发展的原因是外力推动的结果。唯物辩证法从事物互相联系和互相作用中考察事物的发展和变化，从多样性和统一性的对立统一中来把握发展变化"。此外，"发展和运动有联系，但不等同。发展是事物运动的重要特征，而运动不一定都体现事物由低级到高级的前进运动。如'位移'是运动，但不是发展"②。二是经济学意义上的发展观，即增长就是发展③。三是人本学意义的发展观，认为人类社会的一切发展都包含着人的活动内容。因此发展蕴涵着价值的判断，所展示的是人的生存方式变迁和生存意义。

以上三种发展观表明，发展，首先是一种客观事实，体现着事物运动变化的机制、规律和趋向；同时还是一种价值判断，与人的意识、活动及整个生存方式密切相关。这是我们认识发展问题的两个基本纬度，也是理解人的发展内涵的理论基础和基本原则。其实，在我国心理学、教育学等有关人的问题的研究中，对"人的发展"这一概念基本上就是从这两个方面界定的。例如，心理学关于人的发展，"广义上

---

① 中国大百科大辞典.北京：华夏出版社，1990：55
② 冯契.哲学大辞典.上海：上海辞书出版社，1992：457
③ 隽鸿飞.论发展的多重内涵.唯实，2004，(7)：12-16

指从出生到成熟直到衰老的生命过程中，个体生理与心理随年龄增加而变化的过程。期间，个体的身心表现出量和质的变化，且与年龄有密切联系，既有连续性又有阶段性，从而形成年龄特征；还有顺序性，常受遗传、环境、成熟、经验等因素影响。现代心理学甚至把生命开始（受孕）作为研究起点。狭义上指从出生到青春期的身心变化过程"①。教育学则在保留了心理学有关人的发展的基本含义的同时，在其中渗透了一定的价值取向，例如，顾明远主编的1990年版的《教育大辞典》中指出：在教育理论和实践中，发展都是指积极向上的发展，与此相反，则是衰退、下降。

将发展视为教育中人的生命价值，也正是建立在把人的发展既看做是一种客观事实，又看做是一种价值判断的基础上，对教育中人的认识。

一、发展——人之进化本质

进化与发展，从其表现形式上看，都可以指生命体的变化过程。"进化一词源于拉丁语evolution，其含义是逐渐扩大，既可以理解为发展、进步的过程，也可以视为前进性变化的结果……综观持续数百年众多学者的论说，进化一词涉及的范围相当广泛，用它说明天体消长、自然变化和生物演变者有之；用它表达社会发展、人类进步和文化变迁者有之；还有的将其抽象化概念化，进一步引申为一般事物的量变或质变……"② 然而，从进化产生的最初根源来看，它主要是指生命有机体的演变过程，是一个生物学概念。只是由于达尔文进化论的巨大影响，其逐步扩展到人类学、社会学乃至哲学等范畴，并开始与发展作为同义语使用。"尽管如此，我们觉得进化似乎应该还其本来的面目，这就是从狭义上理解，它主要指包括人类在内的生命有机体的演

---

① 林崇德.心理学大辞典（上）.上海：上海教育出版社，2003：280
② 张诗忠.生物进化与人类进化的比较.上海：上海社会科学院出版社，1997：1

变和发展。当然，人类作为生命有机体的最高等种类，在进化中将注入新的内容、赋予新的意义，但无论如何，狭义的进化绝不是指一般事物的变化，更不是延伸到哲学范畴之中。"① 在此意义上我们理解，进化是人作为生命有机体与其他生物所共同经历的演进、变化过程；而人的发展则是特指融入了人的文化性、社会性而产生的个体生命的变化过程。

自从达尔文的《物种起源》问世以后，人类才得以从科学的视角认识自身"出生"。人首先是一种动物，其次才冠有文化的特质，这是在生物进化思想相当普及的基础上，人之自我认识的循环式飞跃。

达尔文的进化理论并非像一般人所理解的是一个理论，而是由一系列不同的、甚至在逻辑上可以各自独立的理论所组成的，其中最主要的有以下五种理论：①生物进化理论，认为世界并不是稳定不变的，既不是近期创造的，也不是周而复始循环的，而是不断变化的，其中，生物随着时间在变；②共同由来理论，认为所有生物类群，包括动物、植物、微生物都来自一个共同的祖先；③物种增值理论，揭示了生物巨大的多样性的起源，即物种或通过分化成姊妹种，或通过"萌出"，建立地理上隔离的奠基者群体，从而形成新的物种；④渐变理论，认为生物的进化变化是通过群体的逐渐改变，而不是通过代表着一种新的类型的新个体的突然（跳跃式）产生；⑤自然选择理论，认为进化变化的发生是由于在每一代中都产生出大量的遗传变异，只有很少的个体可以作为下一代而生存下来，因为它们具有非常适应的遗传性状组合②。

在达尔文本人看来，上述五个理论是一个不可分割的统一整体，而事实上在达尔文以后的进化论者往往坚持其中之一而否认其他理论。但无论承认哪种理论，所有的进化论者都坚信：世界是进化的而不是

---

① 张诗忠. 生物进化与人类进化的比较. 上海：上海社会科学院出版社，1997：5
② 迈尔. 很长的论点——达尔文与现代进化思想的产生. 田洺译. 上海：上海科学技术出版社，2003：41

恒定不变的。此外，达尔文的进化论所具有的划时代意义不仅仅在于令人信服地揭示了人类生命的起源，还在于在意识形态上向传统的四种宗教信念和三种世俗哲学理念①发起了挑战，从而为世人树立起了一种唯物的也是科学的自然发展观——地球上所有的物种包括人类，都是大自然不断进化的产物，是生命为了适应环境、获得生存而发生的机体和能量上的变化。总之，《物种起源》以极其丰富的材料论证了物种是可变的，物种与物种之间是互相联系、互相转化的；生命的进化不是由神的意志决定的，而是生物本身通过变异遗传、生存斗争和自然选择的结果。

《简明不列颠百科全书》中关于"人类的进化"的词条这样表述：人类的"进化可以是一个种群在一定时期内表现在遗传组成上的变化。我们可以把进化看做是两种过程，即变异的产生以及对最'合适'与某种特定环境的那些因素组合的选择"。很显然，这是达尔文生物进化论在考察人类进化时的应用。恩格斯也曾在评价达尔文进化论这一19世纪的伟大发现时指出："这里首先就应当指出达尔文，他极其有力地打击了形而上学的自然观，因为它证明了今天的整个有机界，植物和动物，因而也包括人类在内，都是延续了几百万年的发展过程的产物。"② 由此我们可以断定，变化、渐进、适者生存、物竞天择，便构成了人类生命进化的过程和内容；同时，也蕴涵了生命个体在生物进化意义上的发展寓意。

当然，人的生命进化与其他物种的进化是有着本质差别的，单纯囿于生物学角度是难以揭示人的生命进化本质和规律的，Cassirer 曾从"符号"意义上，认为人不仅是自然进化的产物，更是文化的产物，是

---

① 四种宗教信念：(1) 相信世界是恒定不变的；(2) 相信世界是特创的；(3) 相信世界是由智慧而善良的造物主设计的；(4) 相信人类在创始中占据了独特的地位。三种世俗的哲学理念：(1) 相信本质论的哲学；(2) 相信由物理学家所精心设计的对自然的因果解释；(3) 相信"终因"或目的论（参阅迈尔 M. 很长的论点——达尔文与现代进化思想的产生．田明译．上海：上海科学技术出版社，2003：43，44）

② 卢继传．现代综合进化论．北京：光明日报出版社，1987：3

社会性动物。美国人类学家 L. White 所提出的文化适应理论或叫文化发展能量论则认为，文化有三个亚系统组成，即技术系统、社会系统和观念系统。也就是说，人类适应自然环境所依赖的是一系列不断改进、日趋完善的技术。人通过掌握运用技术，依靠社会群体的力量，获得了比其他动物更好的适应能力。同时，人凭借技术系统这个原动力，进而创造了社会系统和观念系统，使人的适应能力更加协调，也更加主动并趋于完善。从这个意义上说，人的生命进化还体现为一种积极主动地适应环境、完善自身的发展过程。

此外，进化还包括一般进化和特殊进化两种形式。一般进化就是指生命体由简单到复杂、由低级到高级、由旧质到新质的演变过程；特殊进化则是指"形态生理上的趋异、趋同、辐射、平行和重复等形式，由于这种进化并没有等级的提高，仅仅表现为多方向的分化，所以把它称为分化进化更为确切"①。根据一般进化与特殊进化的含义，人类的进化具有一般进化和特殊进化两重性，即由最初的单细胞藻类，到多细胞的无脊椎动物，再到脊椎动物，然后由高级脊椎动物——灵长类进化到类人猿。而当人类产生之后，又从类人猿阶段经直立人阶段，发展到化石智人阶段直至现代人的出现。很显然，由动物进化到人类，这是人的一般进化过程。而人类诞生以后所经历的不同阶段，则是人的特殊进化过程。"如果说一般进化表示生物创新和前进的话，那么特殊进化所造就的丰富种类则是这种创新和前进的前提和保障……反过来，一般进化是特殊进化基础上的质的飞跃，好比事物的质变相对于量变一样，标志着生物发展进入一个崭新的阶段。作为一般进化产物的某类生物是否具有强大的生命力，还得依赖特殊进化的实际成果来验证。"①

人类进化的双重性不仅意味着人与其他动物具有本质性上的差别，而且也意味着对人类自身而言，也是具有巨大差异性的。当然这种差

---

① 张诗忠．生物进化与人类进化的比较．上海：上海社会科学院出版社，1997：37

异性不只是生物进化的差异，还是社会文化进化的差异。如前所述，在体质形态上并无太大差别的现代人，实际上在默默地沿着一个共同的个人需要阶梯或曰人格的一般进化路线发展。每个人携带的遗传基因稍有差异，而且他们的人生经历和主观努力不同，便造成了进化过程中的个体差异性，形成了现实生活中每个人的思想、情感、行为方式等的千差万别。由此表明，人的生命进化意味着人的发展是一种人的差异性发展。

综上所述，人的生命进化事实向我们揭示了，作为生命个体的人的发展，一方面是大自然存在运动的必然规律，是人之为人的不可抗拒的自然大法，即人唯有发展，才能存在。另一方面，人的发展从本质上不同于一般生物的进化，是主要依赖于后天因素影响的社会性、文化性发展；是积极主动适应和改变生存环境、完善自身的发展；是具有个体性、差异性的发展。

二、发展——人之永恒追求

在达尔文进化论问世以前，人们很少能从生物进化的意义上认识自身的发展问题。然而，由人之为人的本性——人是会思想的动物所决定，人在有了一定的自我意识，思维发展到一定阶段时，就开始了以一种观念的、精神的方式对自身发展的追求，即思考和探究自己的何去何从问题，这可以从哲学与科学两个层面体现出来。

(一) 哲学的省思

中国传统哲学关于人的发展的思考，集中体现在对"理想人格"的追求上。近代学者梁漱溟曾经指出："中国伦理本位的社会，形成于礼俗之上，多由儒家之倡导而来，这是事实。现在我们说儒家之所以出此，正因其有见于理性，有见于人类生命，一个人天然与他前后左右的人，与他的世界不可分离。所以前章'安排理论组织社会'一段，我说孔子最初所着眼的，不是社会组织，而是一个人如何完成他自己。"① 这表明，中国社会是一个伦理社会，在这样一个社会中人的道德和人格修养是非常重要的。因此，对理想人格的追求便成为历代哲人思考人之发展的中心。

儒学关于理想人格的思想，应该说是中国古代哲学中最为丰富和完备的思想。例如，孔子以"仁"为核心所创立的人道思想，不仅把"仁"作为处理人与人关系的基本准则，更是将其视为人的发展的最高境界，所谓"夫仁者，己欲立而立人，己欲达而达人"；"志士仁人，无求生以害人，有杀身以成仁"等。正如冯友兰所说，孔子的作为全德之名的仁，是人生的一种精神境界。对达到这一人生境界的楷模，孔子设计为君子和圣人。君子的主要品质是注重内在修养，以"义"作为自我完善的准则，不违背"仁"的精神；圣人不仅要具有高尚的个人道德品质，而且功绩显赫，与天地合德，与大道同行。在孔子看来，君子是每个人都应该达到的、并且经过努力也能够达到的具有现实性的理想人格；圣人则是人生的终极目标，并非人人都能达到，而追求圣人人格比追求圣人更重要。

荀子在孔子的理想人格规定的基础上，进一步提出了君子、圣人必须"全"，即"君子贵其全也"，"圣人备道全美者也。"也就是说，君子、圣人是纯粹、完美无缺的人。同时，他还赋予圣人以"知人"的品格，也就是对人的自我主体意识的强调。

总之，儒家对理想人格的设计由孔子开创，经孟子到荀子，逐步趋于完善化，而到了孟荀那里，几乎成为一种可望而不可即的神人形象。关于理想人格，像墨家、道家、法家、宋明理学等都多有论及，但都不如儒家的论述完备。可以说，以儒学为核心的传统哲学中的理想人格思想，从人生远景上回答了如何做人的问题，并为现实中个体人的发展指出了方向，提出了目标。不仅如此，这种对理想人格的追求，还造就了中国传统文化中对人的道德修养的推崇。"人们对道德完

---

① 李中华．中国人学思想史．北京：北京出版社，2005：61

善的追求,往往超过对生活改善的兴趣。在中国传统文化里,唯一的平等观念,就是人人在道德面前平等。所谓'人皆可以为尧舜'(孟子),'涂之人可以为禹'(荀子),'一阐提皆得成佛'(竺道生),'满街是圣人'(王阳明),都是鼓励人们忍受政治经济上的不平等以换取道德上平等的箴言"①。

从总体来看,以儒家为核心的中国传统哲学把理想人格最为人之发展的境界和目标,是一种对人生目的、人生价值和人生幸福的积极、主动的态度。它鼓励人们通过个人的道德修养和学问的提高及个人的实践,去达到自我的完善,不仅体现了人之为人的超越性,而且也具有一定的现实可能性。

人是西方哲学的主旋律。西方哲学对人的思考不仅集中在"我是谁"、"我从哪里来"这样的人本问题上,更加关注"我到哪里去"这样一个人的命运与人生价值和意义的问题。

与中国传统哲学对道德的推崇相比,西方哲学则是把智慧作为理想人格的突出特征。例如,赫拉克利特把符合"逻各斯"的人生看做是一种理想的人生,明确提出完人的标准就是智慧和谨慎,他指出:"身体的美,若不与聪明才智相结合,是某种动物性的东西。"② 亚里士多德则具体提出了"善人"和"完人"的理想人格,即"能辨别真理"、"明哲端谨"的人,是集众人美德与智慧于一身的人。伊壁鸠鲁也是把这种具有"神性"的完人作为理想人格,他认为这种"神人"具备明智、审慎的理性,能够正确地选择行为,获得美德,从而成为智者或贤者。到了中世纪,这种对"人格神"的推崇更是达到了登峰造极的地步。这实际上是使人依附于神,丧失自己的独立人格,使人无从发展。因此,随着人类文明的发展,这种理想人格必然被新的理想人格所取代。

---

① 李中华.中国人学思想史.北京:北京出版社,2005:62
② 周辅成.西方伦理学名著选辑(上卷).北京:商务印书馆,1987:78

文艺复兴时期，"人"被重新发现，一种新型的理想人格也随之被推出，即独立自由、全面发展的人成为人们追求的人生目标。例如，培根提出，理想人格是以真、善、美统一为特征的。洛克认为自由和独立是人的自然权利，理想人格就应该是具有理智、自由和独立等品格的人。卢梭则明确指出，自由是人性的产物，是做人的资格。而康德进一步分析到，人的本性虽说是自由的，但现实的人并不是自由的人，只有具有独立人格的人才能获得真正的自由。真正独立人格的人也就是具有理性的人，即只有人的理性、人的自我意识，才能保证人真正享有自由。

西方传统哲学对人的发展的理想追求不仅体现在对理性、智慧的推崇上，还表现为对人的"和谐发展"的向往上。正如有学者所指出的，古希腊人几乎在一切方面都追求和谐，"都寻求以某种有序的、统一的与和谐的方式把各种要素联系起来"，寻求"各种要素的平衡、对称和正确结合"；他们不仅力图把这种思想表现在艺术创作、日常生活乃至国家构想之中，更重要的是他们已经把人自身的发展表现在了这样的见解之中①。

在西方思想上，对人的发展论述比较集中、全面、也更加合理的是19世纪空想社会主义者关于人的全面发展理论。在此之前，人们对人的发展的探究多是指抽象层次上"类"的人，没有真正回到人的现实生活世界中。而在空想社会主义者看来，人是具体的、现实存在的"个人"，人的全面发展应该是"大多数人"的发展，甚至是"每个人"的发展，而不是少数精英的发展。在当时，人的全面发展的内容包括潜能的发挥、个人全面才能的发展以及按才分级分配。实现人的全面发展的条件则是：优良的社会组织、教育和生产劳动②。19世纪空想社会主义的这一人的全面发展理论，构成了马克思关于人的全面发展

---

① 扈中平. 人的全面发展——历史、现实与未来. 成都：四川教育出版社，1998：5
② 韩庆祥，亢安毅. 马克思开辟的道路——人的全面发展研究. 北京：人民出版社，2005：42-46

学说的重要思想来源。

近代科学理性主义的侘傺和人类中心的扩张，使人类生存发生了总体性危机，从而引发了西方社会为人类寻找精神家园的当代人文反思，其中关系到人的发展的主题主要体现为：规范人类能力发挥的重点和方向；培育人的自我反思、自我批判、自我超越、自我矫正和自我完善的能力；塑造健全的人格与生存方式。围绕这一主题，形成了关于人的发展问题认识的不同理论和流派，而相对比较突出、集中的思想是对人的非理性的推崇，对人道理想的重建以及"完整人"的提出。例如，尼采的"权力意志论"，柏格森的生命"创造进化论"，克尔凯郭尔对个体生活独立性的强调，海德格尔对个体体验的强调以及萨特对个体选择自主性的强调等，都是要以人的非理性对抗理性至上。而法兰克福学派则旨在消除人的异化，使人性复归，建立以人为中心的、符合人性的行为规范和价值准则，以求人及其潜能自我实现的"人的革命"，是人道理想重建的楷模。起源于20世纪20年代的哲学人类学则从人作为生物人和文化人统一的视角提出了"完整人"的理念。

所有这些表明，一方面，人是一个不断追求自我发展、自我完善的存在者；另一方面，人的发展是与时代、社会发展的状况密切相关的。人以发展为生命存在的内容和形式，更以发展为生命存在的价值。

(二) 科学的探索

对人的发展最为具体、现实的追求是科学对这一问题的探索。尤其是在西方"知识就是力量"的召唤下，思辨的理性让位于知识的理性，人们越来越倾向于在科学的意义上探索人的发展问题。达尔文进化论的问世，生物学、心理学、人类学等的长足发展，也为这种探索奠定了基础和提供了可能。

科学意义上"人的发展"被界定为"一个人从胚胎到身体死亡的

过程"①。对于这一过程最早进行经验性调查研究的是欧洲学者,例如,J. N. Tetens(1736—1807)认为,只有通过自然科学才有可能探知人由生到死的普遍发展规律。F. A. Carus(1770—1808)试图创立一种综合普遍、以年龄段划分的人生心理发展科学。A. Quetelet(1796—1874)提出了非常先进的方法,用以分解人的发展过程中的影响,等等。在当代,关于人的发展理论集中体现为机体论、机械论、精神分析论、环境论和辨证论等方面②。这些理论一方面表明了人们对个人发展问题的日益关注的兴趣和理性认识的追求;另一方面则表达了人们试图在科学把握人的发展过程基础上,使人获得更加完美发展的理想和愿望。

可以说,达尔文的进化理论开启了人们科学探索人的发展问题的思维路径和方法,即以一种实证的、经验的、观察和实验的方式获得对自我发展的认识,而不是停留在哲思的层面。同时,它也使人的发展问题突出为人与社会的核心问题,人生在世的价值取向和生活意义问题。正如杜威所说:"生活就是发展;不断发展,不断生长,就是生活。"③ 说明人们越来越意识到,人的生命过程也就是不断发展和求得完善发展的过程。因此,人的发展,不仅是一个需要理论探索的问题,而且还是一个体现人的生命价值和生活意义的问题。

三、发展——人之生命价值体现

从以上关于人的发展的阐述中我们可以看到,人的发展首先是一种事实判断,即它所描述的是一种人从出生到死亡身心各方面的变化过程。然而,对这一过程的运动趋向和所要达到的目标,又是人生在

---

① 中央教育科学研究所比较教育研究室. 简明国际教育百科全书:人的发展. 北京:教育科学出版社,1989:1
② 中央教育科学研究所比较教育研究室. 简明国际教育百科全书:人的发展. 北京:教育科学出版社,1989:13-21
③ 约翰·杜威. 民主主义与教育. 王承绪译. 北京:人民教育出版社,2001:58

世的一种永恒追求，因此，人的发展同时也是一种价值判断，是人对"我到哪里去"的询问和期待。也就是说，人的发展与否以及如何发展，并不纯粹是一种客观的事实和自然而然的过程，也是一种渗入了人对自身存在与发展意义的追求。例如，马克思基于资本主义社会条件下人的生存状况所揭示的人的发展应该是全面、自由和充分的发展，而且这一发展必须在共产主义才能够实现。而无论是作为一种客观变化过程，还是作为人的一种理想追求，人的发展所集中体现的都是人的生命价值。

人的生命价值是人的价值的核心。如果从"意义说"[①]界定价值的话，那么人的价值简单来说就是人之为人的意义。人之为人的意义具有双重性：一是作为个体的人对他人、社会的意义，所体现的是人的社会价值；二是他人、社会对个体的人的尊重和维护，所体现的是人的自我价值。人的社会价值表征的是个人对社会的贡献，而人的自我价值表征的则是社会对个人需要的满足。"在社会主义社会中，在个人和社会的关系上，人的价值包括两个方面，即社会对个人的尊重和满足，以及个人对社会的责任和贡献。"[②]

在我国，由于传统文化及各种因素的影响，人们往往比较关注人的社会价值而相对忽略人的自我价值。殊不知，人的自我价值是社会价值的基础，即只有当人的自我价值得以充分体现时，人的社会价值才能充分发挥。而无论是人的社会价值还是人的自我价值，事实上都凝聚为人的生命价值，具体表现为人的生命存在、延续和超越的意义。人的生命的存在，不仅是他人生命和自我生命生产的本原，而且是人世间一切财富（包括物质财富和精神财富）的创造之根。从生命价值的意义上来看，人是等价的，即人与人之间（无论是身居高位还是一

---

① 哲学界关于价值目前有"实体说"、"属性说"、"关系说"和"意义说"等观点。"意义说"认为：价值就是事物向主体呈现的意义，参见：檀传宝.教育是人类价值生命的中介——论价值与教育中的价值问题.教育研究，2000，（3）：14-20

② 胡乔木.关于人道主义和异化问题.北京：人民出版社，1984：24

介草民，无论是健康长寿还是生命垂危，无论是腰缠万贯还是身无分文）在人格上都是平等的。

然而，人的生命价值与其他生命价值所根本不同的是，人的生命价值不仅仅体现为存在的价值，还体现为"创价"的价值，即人是一个创造性存在，是具有巨大生命能量和潜质的存在。人的生命延续的过程，就是人不断释放生命能量和开发潜质的过程，也就是人不断创造价值的过程。这种价值创造对个人而言，表现为需要的不断满足；对社会而言，则表现为为他人谋幸福和为社会作贡献。人的生命在延续的过程中的经历、所受到的各种影响不同，也就决定了人的生命价值的创造性是具有差异性的。如此而论，人的价值又并非完全等同的。人的价值的大小，在一定程度上取决于人的生命的延续及其在延续过程中人自身的创造性活动。

人的生命价值作为人所特有的生命的意义，表现为人的自然生命价值和精神生命价值。自然生命价值意味着人的生命存在与延续对自我和社会的意义。精神生命价值则意味着人的生命的创造和超越性对自我和社会的意义。例如，尼采的生命道德价值学说就是基于对人的自然生命的肯定，并超越于善恶之上的生命道德，其出发点和目的是为人的生命赋予意义。他强调自然是生命的本质，自主是生命的作用方式，自我是生命的表现形式。狄尔泰则特别崇尚人的精神生命价值，他认为人的生命就是人的全部精神生活，人的精神活动正是人的生命的体现，因此，人的生命价值也就体现为精神生命价值。不过，狄尔泰所说的作为人的精神活动的生命，包含现代生物学所揭示的、与人的生理特性相关的心理活动，同时又远远超越了这些活动的范围，即它主要是指作为人的精神活动的内在特性的心理活动，也就是人的非理性的和本能的活动。这表明狄尔泰在强调人的精神生命价值的同时，并不排斥人的自然生命价值。

中国的孔子也是既强调人的精神生命价值，又不否认人的自然生命价值的一位伟大哲人。他是在肯定人的自然生命价值的前提下，更加重视人的精神生命价值的,认为后者才是人的生命的本质。在孔子看来,人的自然生命难免一死,但作为人的生命本质的精神价值却是永恒的。正因为精神价值是人之为人之根本,因此"民无信不立"(《颜渊》)。中国的另一位大哲人庄子虽然也认为精神价值是人的生命本质所作,但与孔子不同的是,他完全否认人的自然生命价值。"死生存亡为一体"(《庄子·大宗师》),也就是说,生死是人生的不同阶段,同属于一个大生命,因此,人的自然生命就显得微不足道,而"德"才是人的生命的本质特性。

所以说,人的自然生命价值和精神生命价值是相辅相成的。自然生命价值是精神生命价值产生的根源,精神生命价值则是自然生命价值的提升和超越,从而也是人的生命本质所在。而人作为价值追求的生命存在,也就是追求不断的自我完善和发展的生命存在。

总而言之,人,无论作为一种自然的生命存在,还是作为一种超自然的社会存在、文化存在,发展都既是其存在的必然,又是其自觉的追求。人的发展,无论是从生物进化的意义上来看,还是就人自身的需要而言,所体现的都是人所特有的生命价值。这就意味着教育这一面向人、通过人、为了人的人类社会活动,必将是通过对人的发展的促进,达到彰显人的生命价值的事业。

总之,人的生命价值体现为不断追求发展,并且具有巨大发展潜质的生命个体。然而,对于这一生命价值的理解和把握,在历史上,无论是科学层面的考察,还是哲学层面的论证,都缺乏一种"现实性"意义上的揭示。虽然,19世纪空想社会主义者意识到了人的发展,应该是指现实存在的、每一具体个人,并提出了相对完善的人的全面发展及其实现的理论,但由于他们的立足点是抽象的人道主义,而不是人赖以生存物质条件和社会关系,因此最终未能给出现实人的发展及其实现问题一个满意的解答。而马克思从"现实的人及其活动"出发对人的认识的唯物史观,不仅对人的生命特性、现实本质的自然性、社会性作出了合理解释,而且还颇具说服力地揭示了体现人之生命价值的发展性。

第二节　马克思关于人的全面发展学说

马克思所关注的人的发展,是人的本质的全面发展,即"人以一种全面的方式,也就是说,作为一个完整的人,占有自己的全面本质"①。人的本质,在"类特性"上表现为人的"自由自觉的活动";在"现实性"上表现为"一切社会关系的总和"。因此,人的全面发展既包括人的一切活动能力的全面提高,又包括人的所有社会关系的全面生成。这就是马克思关于人的全面发展学说的核心思想,对此,我们应着重把握以下几个方面的内容。

一、从"分工"出发对人的发展的考察

既然人的本质,在其现实性上是一切社会关系的总和,那么,人的发展就与社会分工密切相关。从作为总体的人看,分工是由人制造的;而就单个人来说,人是分工的产物。由此出发,马克思开始了关于人的发展考察的思想历程,即针对旧式分工所造成的人的片面发展,提出了人的全面发展理论。

与以往大多数思想家不同,马克思不是从抽象的思辨或单纯的人道主义立场来谈论人的发展问题,而是在深入分析人所处的现实社会对其所造成的影响的基础上探讨人应如何发展。根据马克思的基本原理,人受制约于一定的社会关系,而作为生产关系总和的社会关系又是社会生产力的体现,因此,人的存在与发展也就受制约于其所处的

---

① 中共中央马克思恩格斯列宁斯大林著作编译局. 马克思恩格斯全集（42）. 北京：人民出版社，1979：123

社会生产力发展和生产关系的状况。理论界一般认为，马克思之所以提出人要全面发展，是因为在他所处的社会中，生产力的发展带来的社会分工造成了人的片面发展。事实上这是一种不确切的说法，在马克思的著述中我们可以看到，马克思在多数情况下所谈到的使人畸形发展的分工，是指包含着私有制这一不合理的所有制形式的分工，并非是所有的社会分工。也就是说，在马克思看来，造成人的片面发展的分工，是那种使人束缚于一种局部职能，支配着劳动者的自由时间、产生职业痴呆，并通过使人的生活的社会活动固定化而从生命的根源上侵袭个人的强制性分工。相反，那种由社会调解，人们自愿从事和参与其中的、并具有非固定性的、非强制性的分工，不仅不会造成人的片面发展，反而会促进人的全面发展。而分工的固定与非固定、强制与非强制性质的划分，根本取决于社会的所有制形式。正如恩格斯所指出的：在资本主义条件下，劳动者的发展仍旧会带有"特殊的畸形"。这意味着，在私有制条件下，即便随着劳动过程中技术结合状况的改善，劳动者的片面发展的情况可能有所好转，但由于人们观念意识的解放有限，仍将会限制个人能力、体力的发展[①]。

马克思基于人的片面发展的现实状况提出的人的全面发展思想，充分体现了马克思立足"现实的个人"思考和探索人的问题的价值取向及思维方式，从而再一次呈现出其唯物史观的精神实质。正因如此，才使马克思人的全面发展理论与历史上其他相关探讨相比，更具有现实感、历史感和针对性。使我们意识到，对人的发展的认识，仅仅停留在生理、心理上的解剖，或沉浸在观念意识上的哲思，是无法真正解决人的发展问题的。只有透过人的现实生存境遇和生活方式，才能把握人的发展走向并明确人的发展方向，使有关人的发展理论不只是在于"解释世界"，更重要的是"改造世界"，即真正成为促进人全面、和谐、自由发展的思想武器。

---

① 赵卫．人的全面发展理论与教育．兰州：甘肃文化出版社，1995

明确马克思由分工出发考察人的发展问题的思路，不仅是正确理解马克思关于人的全面发展思想的关键，而且对于我们今天认识教育学中人的发展问题也具有方法论的意义，即对人的发展的考察，应从教育过程中人的现实存在及其活动出发，而不是停留在概念的分析或人道主义的呼吁上。

二、追求全体社会成员全面发展的理想

马克思关于人的全面发展是指"每个人"的全面发展。"每个人"首先是指相对人类、社会或集体而言的具体个人；其次是指社会全体成员而不是某个人。也就是说，马克思意义上人的全面发展是社会的每一个成员都必须获得全面自由的发展，而不是以牺牲个人发展为代价来换取人类的一般性发展，例如，资本主义社会的高度发达，在一定程度上就是以损害个人的发展为代价的。当然，这里所讲的"个人"并不是孤立的个人，而是"社会中的个人"。用马克思的话来说，是"每个人"、"各个个人"、"每一单个人"；用恩格斯的话来说，是"社会的每一个成员"；用列宁的话来说就是"社会全体成员"。在马克思主义者看来，真正的人的发展只能是全社会的每一个人的发展，而不是一部分人发展和另一部分人不发展，因为"一个人的发展取决于和他直接或间接进行交往的其他一切人的发展"①。

事实上，现实存在的人都是个体、群体和类的对立统一体。因此，作为个体的人和作为群体的、类的人的发展，是既相互分离又相互依存的。在马克思看来，人类的发展"虽然在开始时要靠吸收多数的个人，甚至靠牺牲整个阶级，但最终会克服这种对抗，而同每个个人的发展相一致"②。因为人不同于动物，在动物界牺牲个体以保证种族的

---

① 中共中央马克思恩格斯列宁斯大林著作编译局. 马克思恩格斯全集（3）. 北京：人民出版社，1979：515
② 中共中央马克思恩格斯列宁斯大林著作编译局. 马克思恩格斯全集（46）第2分册. 北京：人民出版社，1972：125

利益是永恒的；而个人和人类的分离却是暂时的，是一定社会历史条件下的产物。人通过自觉的、有意识的活动，在改造客观世界的同时也改造着人自身，在获得自我发展的同时也促进着整个人类的发展。故人的真正全面发展应该是类与个人发展的高度统一，只有类的发展而无每个个人的全面发展，人类就仍处于片面发展之中。历史上许多关于人的全面发展的阐释与揭示，之所以总是难能给予人的发展一个合理的解答，其中很重要的原因就在于往往只是立足于人类而相对忽略了个人谈论人的发展问题。其实，类的发展是个人发展的前提，更是个人发展的结果；类的发展只有在个人发展的过程中才能得以实现。因此，类的发展必须、也必然体现为个人的发展，个人的类特性及潜能的充分、自由发展本身就意味着类的发展，只不过早期是偶然地体现在少数人身上的，逐渐地过渡到体现为多数人的片面发展，只有到了共产主义社会，才有可能体现为所有个人的全面发展。

如果说，追求全体社会成员的全面发展还只是一种对人的未来的美好憧憬，以及无产者解放全人类的伟大使命的话，那么，在教育过程中使每一个人都能获得身心和谐、健康、自由、全面的发展，则是教育中人的现实要求及教育的根本诉求。因为教育是以人具有发展潜质为存在前提的（人的可教育性），又是以促进人的发展为天职的（人通过教育而发展）。无论在什么情况下，若教育背离了面向全体成员的全面发展这一宗旨，不仅教育将失去存在的必要性，而且通过教育人所获得的只能是畸形发展。现阶段我国教育中出现的以单纯追求升学率为目标的"应试教育"，就是一个很好的例证。

三、以人的生产能力发展为核心的全面发展内涵

虽然马克思关于人的全面发展是指人的本质的全面发展，但是由于马克思把人类的物质资料生产看做是"人类生存的第一个前提"，且人的各种社会关系也都是在这个前提和基础上形成的，所以，马克思

人的全面发展的具体内涵就是以人的生产能力发展为核心的全面、自由和充分的发展。马克思关于人的全面发展学说，之所以不同于历史上其他相关理论，是因为它不是一般的谈人的发展，而是有着具体内涵的，即马克思所要解决的主要不是人能否发展的问题，而是人发展什么及如何发展的问题。

在马克思（包括马克思主义的一些经典作家）的著述中，我们可以了解到，马克思关于人的发展内涵的精神实质在于使人获得一种全面、自由和充分的发展。在此，全面、自由和充分并非指人的发展不同方面和层次，而是马克思关于人的全面发展思想的完整表达。例如，"每个人全面而自由的发展"、"社会的每一个成员都能完全自由地发展和发挥他的全部才能和力量"、"他们的体力和智力获得充分的自由的发展和运用"，等等。不过，其中也有一些细微的差别，即"全面"发展着重指一个人的需要、观念、情感及能力发展的广度和普遍性，所谓"唤醒自然历史进程赋予人的各种潜能素质，使之获得最充分的发展"、"人的对象性关系的全面生成"、"个人社会关系的高度丰富"、"个性比较高度的发展"及"个人最丰富多彩的发展"等。"自由"发展，则着重指一个人自觉、自愿、自主的发展，是彰显个人独特性的发展。在马克思看来，个人的发展是有差异性的，这是因为：一方面，"仅仅具备我和大家共有的、我和大家在同样程度上具备的属性，既不构成我的性格，又不构成我的特长，也不构成我的特殊本质"[①]；另一方面，人只有具备"表现本身的真正个性的积极力量"[②]，才能得到发展。"充分"发展强调的则是个人发展的程度问题。马克思认为，资本主义社会条件下人的发展是有限度的，仅仅停留在充当机器的附件、生产的手段的范围内；而共产主义则把每个人的发展作为一切活动的

---

① 中共中央马克思恩格斯列宁斯大林著作编译局. 马克思恩格斯全集（40）. 北京：人民出版社，1979：338
② 中共中央马克思恩格斯列宁斯大林著作编译局. 马克思恩格斯全集（2）. 北京：人民出版社，1979：167

目的和尺度,因此在共产主义条件下人的发展是没有限制的,是一种充分的发展。

在马克思看来,个人只有得到了普遍、全面的发展,才能成为一个自由、充分发展的人;同时,也只有具备自由、充分发展的条件,个人才能真正获得全面发展。所以说,作为整体的马克思人的全面发展思想,是人的全面、自由、充分发展的有机统一,它既包含着人的发展的具体内容,即个人能力的统一发展、个人社会关系的全面生成、个性的自由发展等;同时又向我们揭示了作为个体人的发展是有着广度不同、程度不等和个别差异性的发展,从而使我们对人的发展的认识更加具体和深入。

在此,需要特别指出的是,虽然在马克思的全面发展思想中包含着人的需要、能力、社会关系及个性的全面发展,但主要强调的则是人的能力,尤其是生产能力的全面发展。因为根据马克思的唯物史观,人首先是作为一个具有劳动能力的人存在的,所以人的全面发展首要的就是人的劳动能力的全面发展,即"任何人的职责、使命、任务就是全面地发展自己的一切能力"①。"共产主义者的目的是把社会组织成这样:社会的每一个成员都能完全自由地发展和发挥他的全部才能和力量。"② 从马克思的有关论述中可知,这里的"能力"、"才能"多指劳动能力。马克思在关于人的全面发展教育思想中,只提到了"智育、体育和劳动技术教育",这也表明马克思是从人的劳动能力包括智力和体力这一角度探索人的全面发展的。因此,我们今天在依据马克思的全面发展理论探讨教育学中人的发展问题时,就不能完全照搬其内容,而是要深入领会理论的精神实质,针对当下人的发展问题,形成对教育学对人的发展的独到认识。

---

① 中共中央马克思恩格斯列宁斯大林著作编译局. 马克思恩格斯全集(3). 北京:人民出版社,1965:295
② 中共中央马克思恩格斯列宁斯大林著作编译局. 马克思恩格斯全集(42). 北京:人民出版社,1979:373

四、作为历史范畴的人的全面发展

马克思意义上的人的全面发展是一种历史过程,而非一种单纯的理想人格境界。个人的全面发展,无论作为一个概念,还是作为未来社会的理想人格,都不是马克思所首创。早在文艺复兴时期,就有人文主义者把那些多才多艺的人称为"全面发展"的人。19世纪的空想社会主义者更是全面、系统地创立了人的全面发展理论,并将其作为理想社会的理想追求。应该说,马克思的人的全面发展理论是在批判地继承和发展人类历史上有关人的全面发展思想的基础上建立起来的,像莫尔、康帕内拉、爱尔维修、狄德罗,尤其是19世纪三大空想社会主义者的观点,在《德意志意识形态》一书中都有所反映或评述。然而,如前所述,与历史上一切有关人的全面发展思想根本不同的是,马克思并非从"人性"、"人道"、"人的本质"这些抽象的规定出发研究人的发展问题,而是从人在社会劳动分工中实际的社会关系现状出发探究人的发展问题。基于这种立场对人的发展研究表明:人的全面发展是一个历史范畴,即这是一个由量变到质变、由低级到高级、由单一到丰富的不断变化过程。换言之,社会发展的每一个不同阶段,人类历史进程中的每一个时期,都将实际上为人的全面发展范畴增添新的成分和内涵。这就决定了马克思的人的全面发展不是一个单纯的人格理想,更不是所谓浪漫主义空想,而是体现着人之现实本质与生存状态的人之为人的深刻揭示。

作为一种历史范畴,马克思关于人的全面发展思想的深刻寓意在于:人的全面发展是一个实际运动的过程,是个人所处的社会历史发展阶段的产物,同时也是每个人在不断地变革其现实生存状况中,获得自身发展的过程和对理想人格的追求过程。不仅如此,个人的全面发展在不同的历史时期、不同的社会条件下有着不同的具体内容和要求,这是一个不断由低级向高级演进,并伴随着阶段性的质变和飞跃的过程,也是一个永远无法穷尽的过程。如此而论,我们就不能把教育过程中对人的全面发展的追求看做是对一定规格人的实现和完成，而是伴随着人类社会发展的进程对理想人格的不断靠近，是对每个人自我发展和自我实现需要的不断满足，是个体生命价值不断获得实现的渐进过程。

当然，马克思关于人的全面发展学说博大精深、内涵丰富，且具有特殊的时代和文化背景。在此，我们既无法全面、深入地展开论述，也不能照搬其中的理论、思想为我所用。而上述几个方面则是我们基于马克思主义人的全面发展思想，探索教育学中人的发展问题的基本指导思想和方法论基础。

第三节　教育学中关于"人的全面发展"问题省思

自新中国成立以来，以马克思主义人的全面发展学说作为教育目的的理论基础，就一直是教育学不变的情结，也是教育理论研究的一项重要内容。许多年以来，人们通过对经典著作的研读，结合时代的发展，围绕着马克思关于人的全面发展的内涵、实质、特征、实现条件和途径及其与教育目的的关系等，做了大量广泛而深入的探讨，对于我们理解马克思人的全面发展思想，并在此基础上合理地制定教育目的起到了重要的理论支撑和实践指导作用。然而，马克思人的全面发展理论博大精深，而且教育问题复杂特殊，使马克思关于人的全面发展理论运用于教育问题的研究时，还存在着许多有待进一步探讨的问题，所以有必要予以重新思考和认识，而这种思考和认识首先就应体现为对人的全面发展思想内涵的重新解读。

一、"全面发展"指向人的整体发展

在我国教育理论界，对马克思的人的全面发展内涵的理解最为广

泛、也是影响最大的是"德智体全面发展说"。虽然这一理解随着时代的发展有不同的提法，如"体脑相结合统一发展"、"德智体美劳全面发展"、"身心全面发展"、"素质全面发展"等，但基本上都只是一种数量、范围上的改变，根本思想没有太大的改变。其间，也有对此理解产生质疑的，如"能力全面发展说"、"多层次全面发展说"等，但在总体上对教育的影响不是很大。

不难看出，在对马克思人的全面发展概念内涵的理解中，人们都是极力以马克思的文本为依据阐述自己的观点。然而，由于马克思关于人的全面发展思想是包含在他的政治经济学、科学社会主义和哲学思想中，散见于他的不同的著作中的，而且马克思从来没有给予"人的全面发展"一个明确的界定，相反，而是在不同的语境中有不同的提法，如"每个人的全面自由发展"、"每一社会成员的全部才能和力量的全部发展"、"个人生产力的全面、普遍发展"、"个性的自由发展"及"对社会关系的全面占有"等，这使人们的理解很难达成共识，同时也有一种无法穷尽马克思人的全面发展内涵的感觉。也有一些研究者提出以马克思的个别命题，如"劳动力是体力和智力的总和"、"人是一切社会关系的总和"等，来理解马克思人的全面发展思想内涵。还有研究者提出，应历史地全面地理解马克思人的全面发展思想，将其放在马克思主义的整个思想体系中加以考察，等等。

毫无疑问，这些研究对于我们正确理解马克思关于人的全面发展学说有着积极的意义。但是，因为上述原因，我们对人的全面发展的理解往往只能反映作为马克思总体思想的局部含义，难以充分反映马克思从不同视角、不同事物的相互关系中对人的全面发展给予的大量具体论述的精神主旨。这不仅不利于对马克思人的全面发展学说本质内涵的理解，尤其是不利于我们以此为理论依据审视教育学中人的发展问题。

事实上，马克思的人的全面发展本身就是一个整体性的概念，它包含着抽象与具体、理性与实际、甚至数量和质量多重辩证的因素。

从抽象与具体的范畴来说,马克思关于人的全面发展既指劳动者、社会成员或者干脆就是一般意义上的"个人"的全面自由发展,又指资本主义条件下工人的智力与体力、脑力劳动与体力劳动的统一发展。从理性与实践的范畴说,马克思关于人的全面发展既是有史以来有关人的发展思想,尤其是19世纪空想社会主义人的全面发展思想的科学概括,又是当时历史条件下针对人的片面发展所提出的人的发展的有效途径。从数量与质量的范畴说,马克思关于人的全面发展既包括人的能力、需要、个性、社会关系等方面的发展,又指人的全面、自由、充分的发展。

所以说,我们只有在这种辩证的关系中,在整体的意义上,才能真正领会马克思关于人的全面发展思想。当然,对于这一问题人们也有所关注,例如,有人提出要从两个层次三个方面理解马克思"人的全面发展"含义[1];也有人提出马克思"人的全面发展"应包括宽、窄两种含义[2];还有人提出马克思"人的全面发展"包括四个方面的内涵:完整发展、和谐发展、多方面发展和自由发展[3]。可以看出,这些研究不再是以罗列相加的方式理解马克思人的全面发展内涵,而是试图以整体把握的方法解读马克思人的全面发展思想,应该说,这对于我们今天以马克思人的全面发展学说理解教育学中人的发展问题才真正具有意义。因为,一方面,这样可以避免将马克思的一些具体阐述与我们今天教育学中人的问题对号入座;另一方面,作为教育对象的人原本就是一个整体的人,教育的使命就是要使人的"完整性"获得很好的发展,我们只有在整体的意义上领会马克思的思想,才能使马克思的理论在世界观和方法论的层面上,而不只是个别论述成为我们的理论基础。

人是一个完整的人,所以需要整体的发展,这在人类历史上不仅

---

[1] 丁学良. 马克思的"人的全面发展观"概览. 中国社会科学, 1983, (3): 132, 133
[2] 赵卫. 人的全面发展理论与教育. 兰州: 甘肃文化出版社, 1995: 102-104
[3] 扈中平. "人的全面发展"内涵新析. 教育研究, 2005, (5): 5-10

有诸多哲学上的思考,也有许多科学的探究,例如,心理学家马斯洛就从人的需要的角度把人视为整体的人,他针对弗洛伊德的还原论提出:"如果我还可以在说一句的话,那我就要强调人性的高度整体性质,这与行为主义和弗洛伊德精神分析学的分析-分解-原子论-牛顿式方法是水火不相容的。"① 在他看来,人的需要是一体化的,是一个有组织的整体,人的各种需要都是整体需要的一种表现,因此人的本质就是整体性的存在。

德国生物学家、社会心理学家阿尔诺德·格伦认为,人是生物性与文化性的统一。人首先是有机界的组成部分,是生物性存在,而人在生物性上有着先天未特化的性征,使其必须通过后天的活动获得弥补,从而构成了人超越动物本能的文化特征,所以说人是生物性与文化性的统一。

德国著名哲学家马克斯·舍勒则是从哲学的角度提出了:生命和精神的统一才是完整的个人。在舍勒看来,生命冲动是人的本质力量,但却无法以此将人与动物区分开来,只有精神才是区别人与动物的本质特征。然而,单独的生命或精神都无法构成人,只有使二者统一起来,即"生命精神化"和"精神生命化"才是一个完整的人。

有学者通过对马克思"人的全面发展"思想研究得出结论:在马克思那里,"全面发展的人,不仅其物质力量要素要有充分的发展,而且其观念意识也应当全面完善。他将是一个能使个人诸种特性全面生成,并不断地改变自身支配客体世界的方式、手段,同时又能内化社会多种理论的整体性发展的人"②。

如此说来,教育对人的发展促进就应该是一种对人的整体发展的促进,这实际上也是教育学对人的发展的一种价值取向。从古希腊时期对人的和谐发展的向往,到文艺复兴时期对"多才多艺"的人的弘

---

① 马斯洛.动机与人格.许金声,程朝翔译.北京:华夏出版社,1987:1
② 赵卫.人的全面发展理论与教育.兰州:甘肃文化出版社,1995:113

扬，再到马克思对"个人的全面发展"的探索，杜威对"教育即生活"的推崇，以及联合国教科文组织对"学会生存"的倡导，实际上隐含着一个一脉相承的、对人的发展价值取向的认识，即对人的整体发展的追求。

这种追求人的整体发展的价值取向，不仅是人之为人的内在本质所使然，也是人之存在的外在要求所必然。如果说在工业化社会高度分化、高度分工的条件下，人尚需全面、综合发展；那么在当今社会，这种对人的发展的整体要求就显得尤为迫切。人类科学技术的高度综合化，信息技术的逐步普及化，乃至整个世界经济趋于一体化，整个人类走向全球化，而且知识更新率的加剧、行业变更速度的加快和时代的瞬息万变，使得每一个人都难能以体力、智力、思想等某一个方面获得很好的生存，也不可能预测获得那几个方面的发展就可达到"适者生存"。这就要求人的发展必须是在一种整体水平上的发展。正如西方社会于20世纪80年代兴起的"整体教育"思潮所秉持的基本理念那样："教育不仅要关注人的知识或技能方面，还应重视人的身体、社会、审美、创造性等方面。"因此，整体教育提出的十大原则的第一项就是：教育是为了人的发展（educating for human development），即教育首要的和基本的目的在于滋养人之发展的内在可能性。在此基础上的第二项原则是将学生作为个人而尊重（honoring students as individuals）。也就是说，每一个学生，无论年纪大小，都需要被视为独特而有价值的个体。这意味着"整体教育"对人的发展的关注包含两层意思：一是对个体人的各个方面发展的关注；二是对每一个人的发展的关注。这在一定意义上与马克思关于人的全面发展思想是不谋而合的。

对整体的强调意味着人的全面发展中的"全面"，不是某方面加某方面、再加某方面的发展。马克思当初之所以提出"智力和体力的统一发展"，是针对作为劳动者的个人由于资本主义异化劳动所造成的畸形发展而提出来的矫治方法。而"充分、自由、全面"的发展，才是马克思全面发展思想的精神实质。在我们今天的教育中，不存在原本就片面、异化的人，只存在着我们的教育使人片面发展、异化的危险。如果我们在前提性的意义上就把人看做是整体性的人，而不是由各种素质相加的人，也许就会避免在实际的教育中出现只抓德育、只抓智育，或只抓体育、美育、劳动技术教育等顾此失彼的现象。

也许在我们的全面发展教育抑或素质教育中，人们早已意识到要使学生整体发展、综合发展。在我国长期以来关于人的全面发展及其教育的研讨中，人们也基本上达成了共识：我们所要培养的人是各个方面都能正常、健康、和谐发展的人，并且人的全面发展不等于平均发展。但是，如果这种意识不是建立在把学生看做是整体性的人的基础上，就很可能把全面发展教育看做是一块一块加给学生某方面的素质。事实上，整体发展的真正内涵在于，使每一具体个人在原有基础上的一切可能性发展，使人的潜质得以最大限度地实现。而教育对人的整体发展的促进，就是从人的内在完整性出发，为人的发展提供足够的空间和充分的条件，而不是所谓弥补人身上某方面的"欠缺"。

二、"全面发展"是人的全面需求的发展

如果说，"整体发展"是对教育中人的全面发展中"全面"的界定，那么，"全面需求发展"则是对教育中人的全面发展中"发展"的界定。

人的发展过程，在一定意义上也就是人的需要不断产生并通过人的实践活动不断满足的过程。这是马克思立足唯物史观探讨人的发展问题的一个重要思想。马克思曾经指出，以往的哲学家在理解人和社会活动时"习惯于用他们的思维而不是用他们的需要来解释他们的行为"[1]。这表明，马克思对人的发展问题考察一个重要思维方式就在于，

---

[1] 中共中央马克思恩格斯列宁斯大林著作编译局. 马克思恩格斯选集（4）. 北京：人民出版社，1995：381

用人的需要来解释现实的人及其行为。

在马克思看来，人的发展即人需要的发展。正如马克思在创立唯物史观的过程中对人类历史的形成所作的分析：人类生存应确定的第一个前提也就是历史的第一个前提或事实是，人们为了能够"创造历史"必须能够生活，因此，人类的第一个历史活动就是生产满足这些需要的资料，即生产物质生活本身。第二，已经得到满足的第一个需要本身、满足需要的活动和已经获得的为满足需要使用的工具又引起新的需要。第三，每日都在重新生产自己生活的人们开始生产另外一些人，即增殖，产生了家庭。这个家庭起初是唯一的社会关系，后来，当需要的增长产生了新的社会关系，而人口的增多又产生了新的需要的时候，家庭便成为从属的关系了。第四，生活的生产——无论是自己生活的生产（通过劳动）还是他人生活的生产（通过生育）——立即表现出双重关系：一方面是自然关系，另一面是社会关系；而无论是自然关系还是社会关系，都是人的需要的体现。在揭示最初的历史的四个因素、四个方面之后，我们才发现，人还具有意识和语言，但语言也和意识一样，只是由于需要，由于和他人交往的迫切需要才产生的[①]。

以上阐述表明，人是以自身的需要以及对需要满足的方式存在和发展着的。人的需要丰富和发展到什么程度，他的本性或本质力量也就丰富和达到什么程度。也就是说，人的需要体现着人的本性，而人性之所以不同于动物性，其中一个根本原因就在于人的需要是一种超本能需要，即人永远都不会停留在既有的生存状况，永远都不会满足已获得的需要。人的需要在驱动人的活动中不断获得新生、增加和拓展，从而也永远不停地推进人的活动，使人获得不断的发展。所以，人的需要的发展，从本质上丰富和提升着人。正是在此意义上我们说，人的发展也就是人的需要的发展。人的需要的满足则不仅是为了维持

---

① 中共中央马克思恩格斯列宁斯大林著作编译局. 马克思恩格斯选集. 第1卷. 北京：人民出版社，1995：62-135

生存，更是为了人获得发展。

在以往我们对马克思人的全面发展以及我国教育目的的阐释中，往往把人的发展理解为一种外在的规定，例如，作为全面发展的人，第一，他必须具有健壮的体魄；第二，他必须具有现代科学知识与文化修养以及高度发达的智力；第三，他不仅掌握一般的知识与文化，而且通晓现代生产部门的科学与技能原理的基础；第四，他必须具有社会主义的政治觉悟，共产主义的道德品质；第五，他必须具有健康的审美兴趣，能欣赏各种形式的艺术，并初步创作他们的能力，能欣赏各种形式的美，并力求周围生活以及自己的行为的美化的人[①]。

当然，这是那个时代人们的理解和表达方式，我们不能用今天的眼光过于求全责备。但是，我们也应该认识到，这其中包含着把人的发展看做是一种外在规定的意识与思维。尤其是在现实的教育实践中，我们始终无法摆脱用"达标"的方式规范和评价学生的做法。也许这里有一个教育方法和评价技术的问题，但我更愿意相信这是一个对教育对象的"人本"认识问题。

诚然，人的全面发展需要一定的外部推动力和条件，因为人类在追求社会的不断完善和发展的过程中，必然要求人类个体自身不断完善和发展。而且，人作为一种社会存在，其发展也必然要反映社会的要求。但是，人作为能动的生命存在，无论是从生命的本质来看，还是就人的主观愿望而言，其发展都是人之自身内在需求所使然。因此，人的全面发展可以说在本质上就是人的内在需求的发展。马克思之所以提出"人的个性自由发展"、"人的和谐发展"，即便是人的智力与体力的发展也是要"充分、自由、全面的发展"等，并不是着眼于人的外部要求，而是从人的内在本性，即人的需要考虑的。只不过人的本质在其现实性上是一切社会关系的总和，因此人的需要也就必然要体

---

① 曹孚．教育学通俗讲座．北京：人民教育出版社，1954：11，12

现社会的要求。这与直接从外在要求规定人的发展是截然不同的两种思维方式。

众所周知，马斯洛的需要理论自问世以来，一直保持着较强的影响力，其中最主要的原因就在于他首次系统论述了与每一具体个人生存与发展密切相关的需要问题，而不是仅从一般意义上谈论人的需要问题。他把人的需要由低到高分为不同的层次，并认为这些需要的满足是有次序或先后的，"这些需要是以一种层次的和发展的方式，以一种强度和先后的次序，彼此关联起来"①。因此，人的需要满足的过程，也就是人获得发展的过程。同时，人作为一个不可分割的整体，只有在人的需要的满足中，才能获得真正的全面发展。

恩格斯曾经将人的需求分为生存需求、享受需求和发展需求。生存需求是人作为生命个体存在的基本需求，与动物的这种需求所不同的是，人是通过自觉的劳动获取这一需求的满足，而动物只能依赖自然环境满足其生存的需求。享受需求是建立在人的生存需求得到基本满足之后产生的较高层次的需求，使人享受肉体和精神上的快乐与舒适，以及对高质量生活的需求。发展需求是人表现自己生命力和体现自身生命价值的需求，是人类最高层次的需求②。

另外，国外也有学者从"整体论的需要理论"出发，认为人的需要是一个完整的系统。这一系统是由人的三种根本需要构成的，即同一性需要、成长性需要和超越性需要。其中同一性需要是生命个体基于对自我的保持所产生的需要，包括与个体生存相联系的一系列需要。成长性需要不仅指个体身材、能量、体质及思维能力的发展，而且还指两个相反的却是相互补充的个体发展的两个过程：差异和统一。差异，使个体具有个性；统一，使个体具有共性或曰社会性。超越性需要是人的一种独特性需要，是超越了人的动物本性的需要。"超越以得

---

① 马斯洛. 动机与人格. 徐金声, 程朝翔译. 北京: 华夏出版社, 1987: 73
② 中共中央马克思恩格斯列宁斯大林著作编译局. 马克思恩格斯全集 (22). 北京: 人民出版社, 1979: 243

到成长,以建立一个强大的同一为先决条件。它意味着克服了人与自然的非平衡,而不是屈服于自然。它意味着复归于自然,将一个实现了其潜在的自我呈现给自然。只有一个强大的自我才能认识到这一自我边界的狭隘性,认识到向自我解体升华"①。作为整体系统的人的需要丰富多彩,因人而异,但都是这三种根本需要的衍生。

虽然人们在需要的归类和表述各有不同,但基本上都是立足人性,对人的生存和发展本质的揭示。正是在此意义上,我认为对教育学中人的发展问题的认识也应该归结为对人的发展需要问题的认识,即从人的内在本性出发关注人的发展,而不是为人的发展规定出一系列外在的指标。教育对人的发展需要的满足,不仅包括为人的发展提供必要的帮助和条件,还应包括对人的发展合理性需要予以正确引导。

三、"全面发展"体现在人现实的活动中

无论是从生物学、心理学还是从哲学的范畴来看,人的发展都可概括为一种人的可能性向现实性的转化过程。对于这一转化的实现,教育学曾从遗传、成熟、环境等因素与人的发展关系进行过大量深入的探讨,从而表明人的发展是这些因素中的某个或几个方面作用的结果。应该说这些研究的确揭示了人的发展的许多客观事实,即遗传基因、成熟机制、环境影响等在人的发展中的作用。但是,却并未完全合理地解释人的发展的诸多问题,例如,为什么具有相同遗传基因的人发展却可以完全不同?为什么成熟机制达到了同样水平的人发展也会有很大的差别?为什么处在同一环境之中的人发展却是千差万别?随着科学的不断发展,人们虽渐渐意识到人的发展不是由一种因素决定的,而是多种因素共同作用的产物,因此产生了诸如"遗传-环境论"、"成熟-环境论"、"内因-外因论"等。然而,由于这些观点还是

---

① 勒德雷尔. 人的需要. 邵晓光译. 沈阳:辽宁大学出版社,1988:154

一种从静态的、非人的视角对人的发展的理解①,所以仍难能真正揭示出人的发展由可能性转化为现实性的机制究竟是什么。

虽然马克思并没有以人的发展为专题进行研究,但他所创立的实践哲学,却为科学地探索人的发展问题奠定了基本的世界观和方法论基础。在马克思看来,人的"自由的有意识的"活动性质,不仅成为人之为人的规定性,而且成为人将如何发展的规定性。因为,整个人类的发展史,也就是人的活动史,即人在实践活动中不仅创造着自己的历史,而且创造着自身。马克思曾以生产劳动这一人类最基本的实践活动在人的发展中的意义为例,精辟地阐明了这一点:"为了在对自身生活有用的形式上占有自然物质,人就使他身上的自然力——臂和腿、头和手运动起来。当他通过这种运动作用于他身外的自然并改变自然时,也就同时改变他自身的自然。他使自身的自然中沉睡着的潜力发挥出来,并且使这种力的活动受他自己的控制。"②

很显然,在此马克思向我们揭示了:人只有在自身的活动中,才能真正调动自己的内在潜能,才能充分利用环境的因素,获得自身的完善和发展。不仅如此,马克思进一步指出:"在实践的、现实的世界中,自我异化只有通过对他人的实践的、现实的关系才能表现出来。异化借以实现的手段本身就是实践的。"③从而说明,人的发展无论是作为一种增值或进步,还是作为一种变异,都是人自身活动的产物。对此,现代科学,如行为主义心理学、认知心理学,尤其是近些年兴

---

① 如我国在20世纪80年代初翻译的《发展心理学》教材中认为:"发展指的是成长和才能在时间上变化的过程,这是成熟和同环境的相互作用这两者的函数。"(见利伯特等:《发展心理学》,北京:人民教育出版社,1983年,第8页);另一方面,对人的发展的静态的、非人的理解,还表现为对人的发展的研究大多是从对动物的研究推论出来的,如许多心理学对人的智力、行为变化的研究,以及学习理论对人的学习行为的研究等

② 马克思.资本论(1).中共中央马克思恩格斯列宁斯大林著作编译局.北京:人民出版社,1975:202

③ 中共中央马克思恩格斯列宁斯大林著作编译局.马克思恩格斯选集(1).北京:人民出版社,1995:49

起的结构主义心理学等的大量研究，都给予了充分的证明。所以，基于马克思关于人的全面发展思想的理解，我们对人的全面发展实现机制的认识，就应着眼于人自身的实践活动。

实践活动之所以能够成为人的发展的实现机制，一方面在于它是一种主观见之于客观的过程，即是一种能够将人的主观意识外化为客观事实，并充分调动人的全部力量变革现实、改造自身的过程。由于人不仅是一个自在的生命存在，而且还是一个自为的、超越的生命存在，因此人的发展就不可能是某一单纯因素作用的结果，而必然是多种因素复合作用的产物，包括遗传、成熟、环境、个人的主观意志等。同时，人的发展又不是被动地接受这些因素作用的结果，而是在自己积极主动、自由自觉的活动中协调这些因素达到自我的改变。另一方面，实践活动作为人的发展的实现机制，还在于它是一种合规律性与合目的性相统一的活动。生物学、心理学等科学证明，人的发展是有规律性的，例如，人的身体发育是遵循着从中心到四肢、从头到尾的发展；人的记忆能力是由机械性识记到意义性识记的发展；人的思维能力则是从具体思维向抽象思维的发展，等等。对于每一具体的个人而言，虽有着年龄、特征上的个别差异性，但却不能违背这样的规律性。同时，由于人是有着自主意识的生命体，能够设计和预期自身的发展，即人的发展又是具有一定的意向性和目的性的。因此，人的潜能的真正展现和自身全面、自由、和谐的发展，就必然是既合规律又合目的的。而合规律与合目的的统一只能是在人的自觉能动的实践活动中。因为在实践活动中，人不仅能将自己的本质力量对象化、外化，而且能将客观世界内化为自身发展的力量。

"毋庸多言，不承认人的活动对自身脑结构及其功能的影响，无论从哲学角度抑或医学科学上都是站不住脚的。不然，现代脑神经科学揭示的环境条件，诸如食物营养、学习、积极的思维和外界相关刺激的频繁变化，对于脑的发育、脑神经细胞间突触的建立、脑神经回路的形成以及脑神经网络的再构成、密集化具有非常重要的意义，岂非成了无稽之谈。"① 正是基于以上这些认识，我们说，人的全面发展只有在人的实践活动中才能得以实现，换言之，活动是人的发展的实现机制。

　　以往我们的教育学在谈到人的全面发展的实现问题时，比较多的是围绕着马克思关于"教育同生产劳动的相结合，是实现人的全面发展的唯一途径和方法"的提法阐释的。在此，人们似乎更关注"结合"，而忽略了"教育与生产劳动"作为两种不同的活动对人的发展的意义，尤其是缺乏从人自身的实践活动层面探索人之发展的实现机制。更何况马克思这里所说的"唯一途径和方法"，是针对资本主义大工业生产条件下劳动者劳动能力的全面发展而言的，不能直接拿来作为我们今天教育过程中实现人的全面发展的唯一途径和方法。人的全面发展的实现需要来自人的内部与外部的一系列条件，而最根本的实现机制则是人自身的实践活动。在这个意义上说，教育若要真正达到对人的全面发展的促进，就必须成为人自身的一种实践活动，而不是一种外在于人的说教。

　　当然，对个体活动在人的发展中的作用的认识，在我国教育学中也早已有之，例如，在许多的教育学著述中都提到：在人的发展由可能性转变为现实性的意义上，个体活动起着决定性的作用。在此，"个体活动"是作为影响人的发展的一个重要因素而提的。所不同的是，我们对个体实践活动的强调，不只是把它看做是影响人的发展的一个重要因素或方面，而是要突出从"现实的人及其活动"出发认识人的思维理络，即只有从人的现实活动中才能说明人是如何发展的、发展得如何，以及应如何发展等问题。这就要求我们对人的全面发展的理解和认识，必须以他们的现实活动为着眼点，通过学生在教育中的活动性质、内容和方法等的把握，领会其发展的要义，明确其发展的方向。有关这方面的内容将在下一章论及，在此

---

　　① 张诗忠．生物进化与人类进化的比较．上海：上海社会科学院出版社，1997：18

就不展开了。

第四节　全面发展教育的当代诠释

人的全面发展，作为一种历史范畴，实际上是人对自己生命价值的追求。一方面，全面发展，对人来说只是一个理想、一种追求，"全面"是相对而言的；另一方面，作为理想和追求的"全面发展"，又是现实地存在于每一个人的生活中的，展示为个体生命成长的过程，体现为人的生命价值。人的全面发展需要全面发展的教育，而什么样的教育才是全面发展的教育，或者说什么样的教育才能促进人的全面发展？这也是教育学关于人的发展问题所必须探究的内容。

一、"全面"的当代考察

关于全面教育中的"全面"，与人的全面发展的理解一致，在我国多呈现加法思维的认识，即从最初的德智体"三育说"，到德智体美"四育说"，再到德智体美劳"五育说"，甚至还有"德智体美劳军法说"等，而且还有继续添加下去的趋势。虽然在以后的教育学发展中，比较多的用"素质教育"替代了"全面发展教育"，而对"素质"的理解仍暗含着这种平面相加、罗列的思维方式，如身体素质、道德素质、知识素质、能力素质等。

对"全面发展教育"这样的理解，在我国主要是基于马克思曾经在《临时中央委员会就若干问题给代表的指示》中所提到的："我们把教育理解为以下三件事：第一，智育。第二，体育，即体育学校和军事训练所教授的那种东西。第三，技术教育，这种教育要使儿童和少年了解生产各个过程的基本原理，同时使他们获得运用各种生产的最简单的工具的技能。"① 并指出这三种教育与生产劳动相结合是"造就全面发展人的唯一方法"。虽然人们对以此作为全面发展的教育有过疑惑，也进行过大量深入的探讨，并懂得随着时代发展和社会的变迁赋予其新的内涵，却似乎一直没有摆脱在此基础上添加的思维方式。也许是感觉永远也无法穷尽"全面"的内容，或者像有些学者提到的，这个问题在现代教育中已不是个主要问题，总之，人们对有关这方面的探讨渐渐失去了兴趣和热情。

事实上，马克思提出"智育、体育和技术教育"三件事，是有着特殊背景的：一方面针对当时资本主义制度下工人及其子女所遭到的畸形发展，需要通过参加大工业的生产劳动和这几方面的教育获得改善；另一方面，我们前面提到过，马克思意义上的人的全面发展，是以人的劳动能力为核心的全面发展，而且是在当时机器大工业生产之初条件下，对人的劳动能力提出的要求和理想。尤其是，马克思不是在教育学范畴提出全面发展教育设想的。对此，我们不能拿来作为我们今天全面发展教育的构成，更不能由马克思所提的"三件事"形成一种理解全面发展教育的思维方式，而是要从当代人之发展的本质内涵以及当代教育发展的时代使命，深刻把握全面发展教育的实质。

人作为一种有意识的生命存在，一种社会性存在，是通过发展求生存的存在。然而，当代人所面临的最大危机却恰恰是生存危机，"人创造了种种新的、更好的方法以征服自然，但他却陷入了这些方法的罗网中，并最终失去了这些方法及意义的人自己。人征服了自然，却成为自己所创造的机器的奴隶。它具有关于物质的全部知识，但对于人的存在之最重要、最基本的问题——人是什么、人应该怎样生活、怎样才能创造性地释放和运用人所具有的巨大能量——却茫然无所知"②。这是一种前所未有的人类生存悖论，而这一悖论的产生则源于

---

① 中共中央马克思恩格斯列宁斯大林著作编译局.马克思恩格斯全集（16）.北京：人民出版社，1979：218

② 埃·弗洛姆.为自己的人.孙依依译.北京：读书·生活·新知三联书店，1988：25

物欲膨胀、科技至上的"现代性"将统一的世界撕成了"文明的碎片",从而也使人失去了生存的依据。人是生物人、文化人、社会人、感性存在、理性存在、宗教存在、精神存在、会说话的动物、能思考的芦苇等,面对诸多的人的观念,人却没有了恒定的生活目标、精神寄托。正如舍勒所言:"没有任何时代像今天这样,关于人有这么多的如此杂乱的知识,没有任何时代像今天这样,是关于人的知识意义正如此透彻和引人入胜的方式得到了表达。从来没有任何时代像今天这样有能力将这种知识如此迅速而轻易地提供出来。但也没有任何时代像今天这样对于人是什么知道得更少。没有任何时代像当代那样也使人如此的成为问题。[①]"

因此,从个体人的生存出发,回到人的本原性状态,通过内心行为把握现实,构成了当代哲学,尤其是西方生存哲学对人的现实生活的反省和对生命态度的调整,体现为对"人希望成为他本身"的追寻。所谓"成为人自身"包含三个方面的意蕴:首先,它是指对人的"本原性"生存状态的澄明和回归。其次,它意味着对人的"超越性"的承诺。最后,它是对人的"整体性"的呼唤[②]。而归根结底"成为人自身",也就是对人的内在完整性以及存在的具体性的祈求。例如,克尔凯郭尔以"我在"取代黑格尔从概念化的理性所推演出的抽象"存在",尼采以"权力意志"取代自苏格拉底以来变得愈加"放荡"的理智,海德格尔则以对"此在"的生存论分析取代西方漫长的形而上学传统……具体路径虽各不相同,但他们的基本旨趣是共同的,那就是以个人的整体性、具体性的生存抵制空洞的理智对人的抽象和过滤。

我国也有学者通过对 20 世纪中国人的生存状态变化的反省指出:中国人的生存始终处于内在的紧张之中,这突出地表现在他们在"终极"的理性生存和"当下"的感性生存这两极之间的徘徊。在人们的

[①] 马克斯·舍勒.人在宇宙中的地位.李伯杰译.贵阳:贵州人民出版社,1989:2
[②] 贺来.生存哲学:中国语境及其使命.哲学动态,2001,(1):12-16

生活方式不断地花样翻新的现代社会,"当下"和"恒常"也许是根本不可能兼容或相契的,期望每个人的生存之当下都是"集消费性与生产性、情感性和理智性、现实性和超越性于一体",这种类似"大团圆"的结局,这种对矛盾、对立的厌恶和对统一和谐的迷恋,是否不仅反映了西方近代主体主义哲学的影响,而且更是中国传统思想文化尤其是儒家学说不动声色、潜移默化地施加于它的"传人"即"现代"中国人的结果①。

上述表明,当代人生存于多样、多元、多变之中,面对无序的"杂多",特别需要有一种"一"作为生活的支撑和发展的向导,这种"一"既指个人应对外部世界所需的"大智慧",而不是面面俱到、什么都会;又指提升自我生命质量和完善发展所应具备的、具有自主性的观念、意识、理想、信念等,而不是随波逐流、丧失自我。很显然,这样的人的生存境遇对"全面发展教育"的要求,就不能只是随外界环境的变化修修补补、添添加加的问题,而是必须立足人的内在完整性,探寻使人获得整体发展的有效之路。

面对世界的多样性,寻求人的内在统一性,在当代社会不仅必要而且可能。这种可能性首先体现在生物学的理论中,"遗传密码既是永恒地进行不变的繁殖场所,它是同一基因型不间断地延续下去,又是偶然地和很少发生随机变化或突变的场所,在这种情况下它把一种新的不变性在多样化的基础上录写到遗传密码上。由此产生了进化过程中生物种类的异乎寻常的多样性……这样,一方面所有的生物具有同样的基因构成,具有同样的基础组织结构(细胞);另一方面在这个共同的基础上它们可以多样性地分化为不同的种类……从而,作为高度复杂动物的人类,在生物学上被一个统一性——多样性原则所决定。在这个方面,统一性和多样性已经不是互斥的两极,而是联合在一起的"②。

---

① 张曙光.生存哲学——走向本真的存在.昆明:云南人民出版社,2002:60,61
② 埃德加·莫兰.迷失的范式:人性研究.陈一壮译.北京:北京大学出版社,1999:181,182

这种可能性在文化人类学的理论中同样有所体现，即在文化人类学看来，人类社会的任何历史形态，都是从同样的组织基础——国家、农村、城市、阶级等出发建立起来的，但又是彼此极端不同的。"因此我们既能够设想所有与人类有关的负熵的（生物遗传的、表现型文化的、社会文化的）异乎寻常的多样性，又可以设想它们的异乎寻常的统一性——从这个统一出发，通过收到随机变化的影响的演变过程，产生了个人的、民族的、文化的、社会的、历史的差异性"。不仅如此，"人类的统一性不仅不顾多样而存在，而且正是依靠社会文化的多样化才被保持下来。多样化正是通过增长个人的差异性，使文化甚至同一种的阶级彼此区别，才在事实上保持了人类的统一性"[1]。

上述表明，人类把"一"和"多"的二律背反推到了最高程度，从而预示着人所具有的最高程度的进化能力。人类如此，作为"类"的具体个人同样如此，即个人的全面发展正是在多样性中趋向统一性的发展。因此，所谓全面发展的教育，就应该是每一个体的人在丰富的多样性中获得生命整体的提升和内在统一性的发展。这样的教育也许在目前的学校中，还只能以分科、分级甚至分块的形式来进行，但这不意味着全面发展的教育可以由不同部分的组合而成。正如我们在方法上可以把教育工作分为不同的内容或等级，但在认识上却要保持把每一项教育工作都看做是对学生做事、做人能力的提升，以及信念、意志的坚定。一句话，在当代，全面发展的教育就是通过不同内容、不同形式的教育，使学生学会生存，获得发展的教育。

二、"教育"的当代追问

"教育是什么"或"什么是教育"，古今中外有过多少追问，又有过多少解答，恐怕难以计数。而无论人们如何解读"教育"，"使人为人"之意尽在其中，只不过教育如何使人为人，使人成为什么样的人，

---

[1] 埃德加·莫兰. 迷失的范式：人性研究. 陈一壮译. 北京：北京大学出版社，1999：83

又在哪些方面使人为人,则是仁者见仁,智者见智。由于时代、社会、文化背景以及个人和社会的要求不同,也许每一种有关"教育"的解说都有其一定的合理性。但是,从今天的立场来理解,"教育"应指向个人内在整体性的提升,即人的全面发展。

其实,追求人的内在完善、整体发展原本就是"教育"题中之意。例如,西塞罗在翻译希腊文 Paideia 时找到 humanitas 这个词,在拉丁文中它的原意是指"人性"、"人情"、"万物之灵"。Paideia 的目标不在于就孩子而言孩子,而是要孩子成为发展的人、完善的人。在此,西塞罗是用 humanitas 这个词表达一种教育理想,即通过"教育"和"教化"使人获得完整、圆满的"人性"[①]。席勒也曾在《审美教育书简》一书中提出这样的问题:为什么单个的希腊人有资格作为他那个时代的代表,而单个的近代人就不敢如此?他认为,这是由于前者在于结合一切自然,而后者则在于区分一切知性,从而导致人的天性的内在联系的撕裂。这意味着,古希腊时期的教育不同于近代以来工具理性至上为核心的职业或专业教育,它是追求人的内心和谐、人性完善理想境界而进行修身的一种形式。因此,近代以来的教育在带给人以技能方面的发展的同时,阻碍了人的个性向完整性方面的发展。

众所周知,中国古代教育更是以修养身心、人的和谐发展为其主流的。也就是说,无论是在西方还是在我国,古典的人文教育都是以人本身为目的的,是以人性的完整、丰富和全面为趣归的。也许我们可以将其理解为是一种历史的必然,所体现的也只能是一种"原始的丰富"。但是,在人文教育中所蕴涵的诸如人生的意义是什么,个人如何与他人、自然、社会和谐相处,怎样才能成为一个完善的人等人文精神内涵,理应成为当代教育题中之意。

面对人类的生存困境,教育承担着使人"学会生存"的伟大使命。

---

① 朱红文. 人文精神与人文科学——人文科学方法论导论. 北京:中共中央党校出版社,1994:162

诚然,"教育并不是能打开实现所有上述理想之门的'万能钥匙',也不是'芝麻,开门吧'之类的秘诀,但它的确是一种促进更和谐、更可靠的人类发展的一种手段"①。而教育要想担起如此重任,就必须寻回人文为本、科学为用的教育的本真含义,为人的完整发展创造条件。

有人指出:现如今,"'教育'是一个外延和内涵都是非常宽泛的文化概念,而且,现在听起来是略有些浅薄的词汇。因为,现在的教育呈现给受教育者的是一些眼花缭乱、各为其主的领域中令人昏昏的一大批课程,不再是人们去领略包括一切整体性的崇高,而是导致有着五花八门、模糊不清的结果"②。也就是说,教育在近现代以来的历史发展过程中,充分发挥了人类与生存环境相适应的功能,但却使本应具有的尊重人的价值、发展人的潜能,使人获得完善,超越自身的限制,增进人本身的幸福的人文意蕴渐渐失落。在这种状况下,教育成为"强迫的工具",它不再是心灵的交流,而是强加给学生的指令;语言也不再是让人相信的,而是让人服从的;更有甚者,人们以为知识及依靠知识征服自然、获得物质财富就是人生的全部意义,忘记了知识的真正意义是什么,忘记了知识、财富与人生的真正关系是什么。由此不难看出,这种适应性教育的"适应"效能越高,那么人的自我超越的可能性就越小,进而人内在的丰富、完整性也就越被"风化"和"肢解"。

所以说,在今天,教育的内涵应指向人的内在完整性的全面发展,即真正的教育"应当是集科技与正确的价值观、高度的社会责任感于一身的全面的教育。对'纯粹技术'的教育的校正则是全面而自由教育在未来的巨大责任和机会。反之,教育在为人类生存提供必要手段时,却会限制人类自身的全面发展"③。也就是说,全面发展的教育应该是科学与人文相统一的教育,是让人学会生存,而不只是为人提供

---

① 联合国教科文组织总部中文科.教育——财富蕴藏其中.北京:教育科学出版社,1996:1
② 张文喜.马克思论"大写的人".北京:社会科学出版社,2004:184
③ 张文喜.马克思论"大写的人".北京:社会科学出版社,2004:197

生存手段的教育，是将人的全面发展作为目的而不是作为手段的教育。因为人是通过发展求生存，由发展彰显其生命价值的物种，所以教育就应使"人类全部力量的全面发展成为目的"①。

很显然，如此对教育的理解，也就是对人的全面发展本质的理解。正如教育人类学家博尔诺夫所言："应当如何从整体上理解人的本质，以便能够把对人作出的告诫理解为一种合情合理的教育手段？又应当如何反过来再从这里出发去理解告诫，以使之能够发挥教育作用？这就是说，这个问题是每一种哲学人类学问题的循环过程，即努力从整体来了解个别，再从个别来了解整体。"② 这表明，全面发展的教育，应建立在对全面发展人的本质特性的理解上，在此基础上的教育一方面须从人的生存境遇和发展之本真意义的总体把握上获取自身的根据，另一方面则须从教育的立场和视角探索人的整个生活。

三、全面发展教育就是对人的潜能的开发

"发展"最本质的含义是"显现"、"展现"，意即已有东西的显示，是从一种存在状态到另一种存在状态的过程，是从潜在向实在、从可能向现实的转化过程。以此理解人的发展，也就是人的潜在素质展示、显现的过程，是人的一切发展可能性变为现实性的过程。换言之，人的发展虽然体现为人的生命价值，但这种价值并不在于人的一种发展现实性，而在于人的一种发展的潜在可能性。"在教育有关潜能语言的日常使用中，我们所知的潜能并非是人既有的或显然具有的能力、技能或已经具备的其他方面的特征，而是指未来这种特征的学习或发展或形成的可能性。"③ 因此，人的发展实际上是人的发展可能性向现实

---

① 中共中央马克思恩格斯列宁斯大林著作编译局. 马克思恩格斯全集（46上）. 北京：人民出版社，1979：486
② 博尔诺夫 O F. 教育人类学. 李其龙译. 上海：华东师范大学出版社，1999：31
③ 谢弗勒. 人类的潜能——一项教育哲学的研究. 石中英，邓敏娜译. 上海：华东师范大学出版社，2006：48

性转化的过程，教育对人的全面发展的促进，归根结底也就体现为对人的潜能的开发。

人的潜能作为人的一种发展可能性，也是人之为人的一种内在超越性。这种超越性在生物学的意义上表现为，人能够利用工具延长和增加自身肢体和大脑的功能，以更好地适应和改造环境，求得生存和发展。在社会学的意义上表现为，人能够通过与他人的交往活动，依靠群体的力量，获得生存与发挥的条件和能力。在哲学的意义上表现为，人能够凭借思维跨越时空界限，拥有人生的经验和智慧，从而弥补生理、环境、物质等方面的缺陷，使人生更加美好和充实。德国生命哲学家齐美尔用两个特别的命题进一步说明了人的生命的这种超越性："生命比生命更多"和"生命超出生命"，即生命是一个生生不息的创造过程，它不仅创造出更多的生命来时时更新自己，而且从自身创造出非生命的东西，这些东西又具有它们自己的规律和意义，也就是说，生命有超越生命自身的能力。而这种能力也就是人之发展的可能性——潜能。

对人的潜能开发的教育，在一定的意义上也就是全面发展教育。因为它意味着不是着眼于从外在给予受教育者所谓某方面素质的培养，而是力求使他们内在的一切发展可能性获得实现。从这一立场出发理解教育对人的潜能的开发，就不仅仅是去发现受教育者某种学习能力的问题，更不能局限于对人的大脑的研究，计算出人的脑容量还剩多少可以利用。而是要求教育者以一种动态的、发展的、欣赏的态度对待每一个学生，关注到与人的发展相关的各个方面，如好奇心、冒险精神等。"如果孩子们的好奇心没有得到唤醒，而是受到严重压抑的话，就会逐渐丧失掉。如果孩子们天生的问题意识没有得到保护，而是不断受到阻碍的话，最终也将失去。对于探究新的东西来说，理智的灵活性、冒险精神、自信等是非常必要和宝贵的品质，如若长期不用或滥用的话，也会失去它们原本的作用。此外，除了性格和理智之外，在各种各样的教育活动中，人们还必须考虑到'学习关键期'

(critical intervals for learning) 的存在。"① 这不仅表明，教育应适时开发人的潜能，而且表明教育对人的潜能的开发必须是对人之本性全方位的呵护与提升，是使教育中的每一具体个人成为他自己可能成为的人，而不仅限于人的某方面能力的发展。

对教育而言，把人看做是具有发展潜能的人，意味着教育所面对的人，无论具有怎样的个性差异或身心发展区别，都是具有发展潜质的人。也许这是一个近乎常识的说法，但在现实的教育中却难以落实成行。在某些教育者的眼中，似乎总也抹不去学生有天资聪慧和天生愚笨、可教与不可教、有发展前途与无发展前途的差别。这种认识既不符合人之本性，又不符合教育的本真内涵——人的本性是以发展求生存的，而教育是以促进人的发展为存在根据和旨归的。正如联合国教科文组织国际教育发展委员会所提出的：21世纪不仅要求人人都有较强的自主能力和判断能力，而且还有一个十分迫切的需要，即"要让像财富一样埋藏在每个人灵魂深处的所有才能都发挥出来"②。

总之，人的全面发展对于每一具体个人而言，就表现为其潜能的充分发挥，而个人潜能的发挥又必须依赖教育的开发和促进。因此，全面发展的教育实际上也就是最大限度地开发人的潜能的教育，并通过人的潜能开发，使人的发展的可能性转变为现实性，从而彰显人的生命价值。

四、发展：教育学关于人之认识的价值取向

价值取向，无论是作为一种"倾向（性）"界定，还是作为一种"价值标准"界定，抑或作为一种"行为取向"的界定，都指向作为主体的人以价值观为核心的认识与行为方向的判断和选择过程。价值取

---

① 谢弗勒. 人类的潜能——项教育哲学的研究. 石中英，邓敏娜译. 上海：华东师范大学出版社，2006；12，13

② 联合国教科文组织总部中文科. 教育——财富蕴藏其中. 北京：教育科学出版社，1996；10

向是人的主观意识与客观实际相联系的产物，是人对客观事物及自己的需求和利益的认识水平的反映，也是人的主观意志的体现。也就是说，价值取向表明人们的认识和行为所追求的目标和意义，而这一目标和意义的确定，取决于主体对客观现实和自身的利益与需要的认识，以及人的一种自觉、能动地选择。因此，教育学认识人的价值取向也就意味着，人们基于教育学立场对人的认识所要达到的目的和"认识"的意义所在，同时，也体现了人们对教育与人的相互关系的理解和对理想的教育价值的一种认定。

在关于人的认识问题上，不同的价值取向不仅会体现出对人之本性的根本不同的理解，而且也必将导致对人之存在方式和生命价值的不同追求。例如，人类历史上关于"自然人"的观念，所体现的就是一种对人的自然本性和自然规律的遵从，对人的肉体组织及感性经验的强调，它所追求的是生命的本然存在和自然价值；"理性人"的观念则体现为一种对"自我"、"个人意识"的崇尚，追求生命的精神价值的实现；"文化人"的观念更看重的是人的超越性和创造性，追求人的社会性价值的实现，如此等等。所以，将发展作为教育学对人的认识的价值取向，也就意味着教育学对人的认识，不仅体现为对人通过发展求生存深刻寓意的把握，而且体现为对人的生命成长过程深切关注的教育情怀，以及追求最大限度开发人的发展潜质的教育旨意。

把发展视为教育学认识人的价值取向，也折射出教育学对人之认识所应秉持的思维方式。马克思曾经指出："对实践的唯物主义者即共产主义者来说，全部问题都在于使现存世界革命化，实际地反对并改变现存的事物。"[①] 教育学对人的认识，就是要力求改变人的现实生存状态，就是要帮助人在不断自我更新中获得新生，就是要使人的诸种潜能得以充分发挥。这就决定了教育学对人的认识之思，是一种变革

---

① 中共中央马克思恩格斯列宁斯大林著作编译局. 马克思恩格斯选集（1）. 北京：人民出版社，1995：75

之思、改变之思，而不仅仅是一种理解之思、解释之思。

"'新基础教育'在追求着真实的生命成长。它关注着人的生命，唤醒着人的生命自觉，更新着人的生存方式，使作为生命体的个人能勇敢地面对生活、自我更新。

生命的成长，就是在发展中不断克服自身的不完善性，就是通过发展而不断自我完善的过程。因此，能不能直面一个缺陷的自我和总有不足的现实，能不能有清醒的问题意识，能不能面对问题寻求新的发展，是关系生命能否健康成长的问题。

一个个充满发展可能、有着内在的成长需要的生命体，在全面的、全程性的学校教育改革中获得成长，是'新基础教育'的一贯追求。"①

在此，"新基础教育"所追求的"生命成长"，就是把人的发展作为教育改革的价值取向。也正是在这一价值取向的引导之下，才有了"新基础教育"立足人的真实生存状态，并在真实的场景中关注人、研究人，以实现人的真实生命成长的改革思维和实践。

如此而论，基于教育学立场对人的理解和认识，若要体现教育的本真内涵，实现教育对人所应有的价值，就必须首先把具体个人的发展定为其价值取向，即教育学不仅要把每一生命个体均看做是具有内在巨大发展潜力的人，而且对人的理解和认识要指向更好地促使每一生命个体获得应有的发展。

---

① 李家成．追求真实的生命成长——对"新基础教育"价值取向的体悟．见：叶澜．回望——"生命·实践"教育学论丛（第1辑）．桂林：广西师范大学出版社，2007：129-138

第五章　从"实践"意义上认识教育中的人

　　人，无论是作为特殊的生命自然存在，还是作为"一切社会关系总和"的社会存在，抑或作为具有生命价值的发展性存在，都是在人"自由自觉的活动"中生成的，即人的本质在归根结底的意义上说，是实践的存在物。马克思在关于人的问题认识上的历史功绩就在于，他开辟了从"现实的人及其活动"出发考察人、认识人的实践唯物主义致思理路，从而解决了在人的问题认识上的主观与客观、感性与理性、对象与自我等诸多难以调和的矛盾，为人类的自我之识指明了正确的方向。因此，从人的实践活动出发，而不是从理念、概念出发认识人，这就是马克思人学对于我们认识教育学中人之问题最根本的启示。

第一节 实践——人之生成机制

在人类思想史上，对于人之为人的认识大致经历了神本论、人本论和生成论三个阶段。神本论主要是在人之外寻找人之为人的根据，人本论则是从人本身寻找人之为人的根据，而生成论是把人之为人看做是一个动态生成的过程。至于究竟什么是人的生成过程中的决定性因素或机制，有人认为是文化，有人认为是精神，也有人认为是自我的需要等，马克思则认为是人自身的实践活动，即"劳动创造了人"，"人的类本质是自由自觉的活动"。那么，何谓实践？马克思的实践观以及实践生成人的思想是什么？如何基于马克思的实践观理解教育中的人？这些就是本章内容所要探索的基本问题。

一、"实践"解读

实践，作为一个学术概念并非马克思所首创。在亚里士多德那里，实践是以自身为目的的、正确的行为，它是一个道德的、伦理的概念。理论作为人对不可见的真理和本质的洞见和智慧，就是最高的实践。这样，理论和实践的区别只是两种不同生活方式的不同，或者说是人的生存的两个不同方面。两者在本质上是统一的，即都以人的存在、人的现实生活为前提。

在中世纪的基督教哲学和近代的认识论哲学中，"实践"概念表面上看起来是被忽视的，但实际上却一直以不同的表现形式存在着：在中世纪是人的意志的自由选择；在康德那里是"意志自由"、"实践理性"；在费希特那里是行为或努力。实践概念发展为人的精神活动，这在黑格尔的绝对理念中达到了顶点。

南斯拉夫学者马尔科维奇等曾对作为总体性范畴的"实践"和作

为纯认识范畴的"实践"进行过深入的考察,认为两者存在着重大的区别。前者是"praxis",是一个"规范性范畴,它指的是一种人类特有的理性活动,这种活动本身就是目的本身,并有其基本的价值过程,同时又是其他一切活动形式的批判标准"①。而后者是"practice",是一个无价值指向的中立性概念。同时他指出:"人在本质上是一种实践的存在,即一种能够从事自由的创造活动,并通过这种活动改造世界、实现其特殊的潜能、满足其他人的需要的存在。对人来说,实践是一种根本的可能性,这种可能性的实行会受到阻碍。个人的实际存在和潜在本质之间的这种差异,即实有与应有之间的差异,就是异化。哲学的基本任务就是对异化现象进行批判的分析,并指明走向自我实现、走向实践的道路。"①

自从马克思的实践唯物主义诞生以后,人们对"实践"给予了越来越多的关注,但不是纠缠于概念的辨析,而是形成了各种各样不同的"实践观"。

(一) 南斯拉夫实践派的实践观

南斯拉夫实践派形成于 20 世纪 50 年代,代表人物有加·彼德洛维奇、米·马尔科维奇、卢·苏贝克、马·切凯奇、安·斯托伊科维奇等。他们宣称自己的基本观点接近于西方哲学人本主义流派,以人、实践为核心范畴,从中推演出其他概念。他们创办了自己的刊物《实践》杂志,该杂志的发刊词说:"哲学既不应堕落成为分析某些现代科学应用方法的工作,也绝不应堕落为记述语言日常应用的劳动。如果哲学决心成为革命的思想,它就必须面向世界和人类的困难。这就是说,如果哲学希望阐明日常事物的本质,它就不应惧怕暂时远离日常事物,钻进'形而上学'的深处。"② 而他们之所以选择"实践"概念

---

① 米·马尔科维奇,加·彼德洛维奇. 南斯拉夫"实践派"的历史和理论. 郑一明,曲跃原译. 重庆:重庆出版社,1994:23
② 安·斯托伊科维奇等. 南斯拉夫哲学论文集. 中国社会科学哲学研究所《哲学译丛》编辑部编译. 北京:读书·生活·新知三联书店,1979:327

作为这个杂志的名称,是因为"马克思的核心概念'实践'(Praxis)最充分地表达了上面所说的哲学概念"[①]。"实践"概念是革命的、行动的,但更是理论的和形而上学的。

(二) 存在主义的实践观

存在主义的主要代表人物萨特将"实践"界定为:改变物质环境的有目的的人类活动。他的理论是以马克思的自由王国为依据,从个体实践出发寻找人类主体,在个体的自由活动中走向集体的自由。因而,个体实践先于社会实践。但萨特的个体实践在某种程度上是抽象的,它是作为自我意识的个体实践,因此存在于个人辩证法的意识里,而不受历史必然性的制约。也就是说,萨特的个体实践停留在实践的直观的范围内,还没有把握住辩证法的必然性。但是,由于萨特的实践观,在理论的目的上是要恢复个体的人,把主观因素加入现代马克思主义中去,并且重新恢复辩证法,所以对个人意识、个体实践的过度强调也是可以理解的。

(三) 结构主义的实践观

结构主义的主要代表阿尔都塞在批判经验主义的实践概念中建立起了一种科学的实践观,不但区分了不同的实践,并且阐述了一种新型的理论实践的理论,由此重新思考了理论和实践的关系。阿尔都塞在理论上肯定了实践的首要地位。他指出,社会存在的不同层次,无论在具体层面上是如何的不同的,却都是实践的。他同时说:"必须承认不存在一般的实践,只有特殊的实践。"[②] 阿尔都塞认为不存在单一的、抽象的整体实践,不同层次的社会存在具有不同的实践形式,这即是经济的实践(生产实践)、政治的实践、意识形态的实践、技术的

[①] 安·斯托伊科伊维奇等. 南斯拉夫哲学论文集. 中国社会科学哲学研究所《哲学译丛》编辑部译. 北京:读书·生活·新知三联书店,1979:327

[②] 路易·阿尔都塞. 读《资本论》. 李其庆,冯文光译. 北京:中央编译出版社,2001:58

实践和科学的实践（或理论的实践），它们共同构成社会的整体。其中，每一个层次都具有一定的相对自主性和独立性，决定其他而又被其他所决定。这些不同的实践形式又是以一个同一的、共同的实践结构为基础的。总之，阿尔都塞以实践为基点建立了一个没有中心的整体结构，以取代把主体置于中心的人道主义理论，在这个整体结构中展开了对教条主义的批判，以及对马克思主义的重建。

（四）社会理论中的交往实践观

以哈贝马斯的交往行为理论为典型代表，它对理性、实践等概念的发展提供了重要的思想。如前所述，"交往"不仅仅是指人与人之间的交谈，而且更主要的是指人与人之间的一种社会的、人文的和伦理的对话，一种意识形态的对话，一种实践意义上的对话。正如哈贝马斯自己所说，交往行为理论不是那种"蜕变为独白式的社会哲学"，它与"实践"有着真正的联系。在我国也有人提出马克思的实践观就是一种交往实践观，例如，有学者指出，马克思在《1844年经济学哲学手稿》一书中，将劳动、实践视为人的"类本质"，是一种"自由自觉的活动"；而在《关于费尔巴哈的提纲》一书中，又将人的本质归结为"社会关系的总和"。这恰恰表明马克思哲学视野的大转折，即从"主-客"关系结构的实践唯物主义向以"主-主"关系结构的交往实践唯物主义的实践观的转变①。

（五）解释学的实践观

伽达默尔是现代解释学大师，他的解释学在对来自科学主义和意识形态偏见的双重危机的批判中，同社会批判和政治哲学发生了内在的关联。在对解释学和实践概念的深入研究和剖析中，他阐述了一种新型的实践哲学——作为解释学的实践哲学。

伽达默尔认为，人的实践的基本品质首先是有了劳动，但这仅是

---

① 任平. 走向交往实践的唯物主义. 北京：人民出版社，2003：3，4

向实践迈进的第一步,实践更主要的是人类的自由选择的品格,并且必须是提高到反思意识水平上的以善为目的的选择。这样一来,它必然离不开我们在其中进行选择的具体境况。在具体情况下的选择和决定就是实践的智慧——实践之知或说伦理之知。它不是对一般原则的应用,而是在具体的实践行为中实现自身,它所确定的领域就是我们最基本的生存领域。伽达默尔以法的判决为例指出:在这一过程中,实践,即判断和决定,不仅仅依赖于对规范的一种抽象的意识,更重要的是对具体案例的思考。也就是说,法律的阐述不仅仅是一种将事实纳入条文的逻辑技巧,而且是法律观念在实践中的具体化。法律(条文)的意义存在于具体案例中,它受到具体案例的驱使,并且因为具体案例得以丰富。实践就是人在各种处境中的反思,一种有见识的选择、合理的思考和服从公众目的的行为,"它本身有着最高程度的辩证性"[①]。恢复亚里士多德伦理学中的实践之知,成为伽达默尔解释学的主要目的。总之,在解释学那里,实践与理论是不可分的,实践总是存在着理论的因素——实践之知或曰实践理性。换言之,实践是科学理论的基础,而不是理论的对立物。

从以上叙述中我们可以看到,实践是一个极具历史性的概念,其内涵随着人们的生存状态和社会环境等外部条件的变化而变化。从亚里士多德的生活智慧,到格兰西、南斯拉夫实践派的意识形态,再到萨特的个体实践、哈贝马斯的交往实践,以及海德格尔和伽达默尔的生存实践、伦理实践等,实践包容了道德实践、生产实践、政治实践、社会实践以及生活实践、生存实践等丰富的内容。在当代,实践更是呈现出涵盖多重意义、甚至多元的态势。实践概念已从人类的知识层面走向生存层面,走向生存中的具体言说和对话,成为一个基础性的本体概念。实践不仅是人类的活动,还是人类对自身活动的反思。我们只有深入时代的思想文化背景之中,深入我们的现实生活中去,才

[①] 汉斯·伽达默尔. 科学时代的理性. 薛华译. 北京. 国际文化出版公司,1988:71

能真正理解实践的深刻内涵。而在这众多"实践"思想和理论中,马克思的生产劳动实践并不像有些人所说的那样已经过时,或只具有工具性、技术性的价值。马克思重视包括生产在内的"实践"的本真内涵在于它是人的生命的自我确证,是自我实现的活动。整个人类的社会发展史和思想发展史都足以证明,直到今天它仍具有本原性、奠基性的意义,因此也应该是实践内涵的本质所在。

二、马克思的"实践"意蕴

马克思的"实践"理念,当属于 praxis 意义上的实践,因为它不是作为与"认识"相对应的一个概念提出的,而是作为一种哲学思想,作为考察和理解人的一种思维方式或者说一种立场提出来的。唯物史观之所以是一种科学的世界观和方法论,就在于马克思立足实践的立场考察人和人类社会的存在、运行和发展,从而得出了符合事实和逻辑的结论。

马克思的实践概念由黑格尔而来,却为其开辟了一个新的视野。在马克思那里,实践是指"人的感性活动",它不仅是客观的而且是主观的,因而是实在的和能动的。就"人的感性的活动"来说,实践应该同时指"生存的活动和生产的活动",但人们对马克思实践概念的理解往往限于"生产的活动",这主要是受马克思所处时代背景的影响。马克思首先是一位革命家,关心的是民生,因而在他的论述中也以这一方面的内涵为主。但他关于实践概念的认识却不仅仅如此,例如,他在《关于费尔巴哈的提纲》一书中说道:"全部社会生活在本质上是实践的。凡是把理论引向神秘主义的神秘东西,都能在人的实践中以及对这个实践的理解中得到合理的解决。"[①] 而且,"哲学家们只是用不

[①] 中共中央马克思恩格斯列宁斯大林著作编译局. 马克思恩格斯选集(1). 北京:人民出版社,1995:56

同的方式解释世界,问题在于改变世界"①。

如此看来,马克思的实践概念,不单单是一个生产概念,还是一个生存、生活和革命的概念。他的有关实践的理念,既与亚里士多德相通,又与当代西方诸多哲学思潮相关联,概括起来,主要有以下几个方面的含义:

首先,实践是人的生存方式。在马克思看来,"现实的人"的根本之处就是"从事实际活动的人",即进行实践活动的人。马克思主义之所以被称为实践的唯物主义,是因为与旧唯物主义不同,马克思把实践看做是一切事物和现实的根基,是人的"本原性"的生命存在和活动方式。"从前的一切唯物主义——包括费尔巴哈的唯物主义的主要缺点是:对事物、现实、感性,只是从客体的或者直观的形式去理解,而不是把它们当作人的感性活动,当作实践去理解,不是从主观方面去理解"②。在此,可以说马克思在理解和诠释论域中发动了一场"哥白尼式的革命"。如果说康德的"哥白尼式革命"主要是在认识论领域中发生的,其主旨是确立静观的认识主体的轴心作用,那么,马克思的"哥白尼式革命"则主要是在方法论领域发生的,其主旨是要确立实践思维在人的全部理解和诠释活动中的轴心作用。马克思主义关于人的学说之所以能够超越传统形而上学的人学理论,就在于它是从人的感性活动,即实践的角度理解和把握人。正是在人的实践活动中,人才能确证自己的本质,维持自己的生存,并获得自身的发展。因此,立足"实践"而不是"实体"考察人,是马克思主义关于人本质观与传统形而上学人的本质观在思维方式上的根本区别。

把实践规定为人所特有的生存方式,这是马克思从实践对人的双重价值角度分析得出的结论。"实践对人而言有着外向性和内向性价

---

① 中共中央马克思恩格斯列宁斯大林著作编译局. 马克思恩格斯选集(1). 北京:人民出版社,1995:56
② 中共中央马克思恩格斯列宁斯大林著作编译局. 马克思恩格斯选集(1). 北京:人民出版社,1995:54

值。外向性价值,是指实践作为人的活动方式和存在方式,能够通过人的本质在实践中释放,以作用于外界对象,使之按人的意图、目的发生变化,从而适合、服务于人,并因而成为人的本质力量的直观和确证。实践的内向性价值,是指实践作为人所特有的存在方式,有着提升、丰富人自身的功能,人们通过实践在改造外部世界的同时,也改造了人本身,不仅提高了人的主体能力,丰富了人的本质,而且促进整个人生存由片面和不自由状态逐渐变为全面而自由的状态"①。正是对这种实践价值的洞悉和把握,才使得马克思坚持从人的实践活动出发认识和研究人,并力求通过实践改造和提升人。

其次,实践是主观见之于客观的人的对象性活动。马克思之前和之后的一些思想家之所以不能很好地揭示出实践的本质,是因为没有看到实践本身存在的矛盾性,即作为人类特有的活动,一方面,实践是人的有目的的活动,含有人的主观因素,受人的理性、意志的支配,体现着人对理想世界的追求;另一方面,实践又是作为物质实体的人,通过各种物质手段同物质世界进行物质交换的客观过程。因此,他们要么把实践看做是精神、观念运动,要么看做是纯粹物质运动,无法使二者有机地结合起来。

马克思则把实践活动看做是一种对象性活动,它是以人为主体、以客观事物为对象的现实活动。在活动过程中,实践把人的目的、理想、知识、能力等本质力量对象化为客观实在,创造出属人的世界;同时,实践还把作为对象的客体的存在形式转化为主体生命结构的因素或本质力量,使客体成为主体的一部分。这就是所谓的主体客体化和客体主体化。正是在这种对象性活动中,人不仅创造了属人的客观世界,也创造了人自身。

当然,前面也提到,有人认为马克思的实践观不限于这种对象性

---

① 李荣海. 从"人"的发现到"以人为本"——马克思的"人学"发展理路. 理论学刊, 2005, (1): 20-25

活动，而是已发展为"主-主"关系的交往性活动。在笔者看来，无论是对象性活动，还是交往性活动，其中都内含着主观见诸于客观的因素，因为即便是主体间的活动，也存在着面对共同客体或主观因素与客观存在之间矛盾的问题。所以说，马克思的实践观是把实践看做是沟通主观与客观、物质与精神以及"我与你"关系的人的现实活动。

再次，实践是人的能动性本质的体现，是自然界向人生成的内在动力。在自然界向人的生成过程中有两次大的飞跃：第一次是人从动物中提升出来的飞跃；第二次是人由自在的、偶然的人向自为的、自由的人的飞跃。从"人类"的角度上说，第一次飞跃已经完全，第二次飞跃正在进行。在马克思看来，两次飞跃的真正动力就是人自身的实践活动。正是在人的实践活动中，人与自然界、物质与精神、主观意志和客观对象有机地结合起来了。而人的实践活动之所以能够成为人的生成的内在动力，是因为它是能动性的，即"一个种的全部特性、种的类特性就在于生命活动的性质，而人的类特性恰恰就是自由的有意识的活动"①。

历史上也有许多关于自然界向人的生成的理论揭示，例如，康德从物质本体论出发把自然界向人的生成看做是自然的客观目的；黑格尔从精神本体论出发把人的生成看做是精神运动的产物；马斯洛则从人本主义出发把人的生成看做是自我实现等；包括柏格森的生命创造、海德格尔的"此在"人论，等等，由于都没有看到实践在人的生成中的内在动力作用，因此也就无法真正揭示人之为人的本性所在。而马克思把人的生成归结为人自身的实践活动，从而一方面沟通了人的"现有"与"应有"、"现实部分"与"非现实部分"的关系，揭示出了人之为人的内在动因；另一方面则在人之本性的意义上确立了人在自我创造中的主体地位和价值。因此，马克思是在充分肯定人的主体性的意义上确证实践的本质的。

---

① 中共中央马克思恩格斯列宁斯大林著作编译局. 马克思恩格斯选集（1）. 北京：人民出版社，1995：46

最后，实践是人的社会关系生成的基础。在马克思那里，实践不仅作为人的类本质把人与动物根本区分开来，而且还把人作为"类"联合和整合起来，即只有在人的实践活动中才能形成人与人之间现实的社会联系。费尔巴哈凭借感性的直观看到了人与人的社会关系，从而把关于人的本质的认识上升到了关系层面。但是，由于他所认识的关系不过是男人和女人、"我和你"的抽象的、静态的关系，即"除了爱与友情，而且是观念化了的爱与友情外，他不知道'人与人之间'还有什么其他的'人的关系'"[①]。不懂得实践活动在人的生成中的意义，所以，费尔巴哈只能把人的本质理解为"一种内在的、无声的、把许多个人自然地联系起来的普遍性"[②]。

马克思则是在人赖以生存和发展的现实的生产实践活动中，看到了人的社会关系的实质，即是指"许多个人的共同活动"，"这种联系是由需要和生产方式决定的，它和人本身有同样长久的历史；这种联系不断采取新的形式，因而就表现为'历史'，它不需要有专门把人们联合起来的任何政治或宗教的呓语"[③]。这表明，人的社会关系就是人的实践活动的产物，并随着人的实践活动的变化而变化，而人本身又是由不断变化着的社会关系所决定。从而人的本质，在其现实性上，也是直接的意义上是一切社会关系的总和，但归根结底，人却是实践活动的产物。

以上阐述不难看出，马克思的"实践"中包含着人之为人的全部丰富性，因此在一定意义上也可以说，马克思关于人的学说也就是实践人学。

此外，从马克思的实践立场出发考察人，还必须明确以下几个认

---

① 中共中央马克思恩格斯列宁斯大林著作编译局. 马克思恩格斯选集（1）. 北京：人民出版社，1995：78

② 中共中央马克思恩格斯列宁斯大林著作编译局. 马克思恩格斯选集（1）. 北京：人民出版社，1995：56

③ 中共中央马克思恩格斯列宁斯大林著作编译局. 马克思恩格斯选集（1）. 北京：人民出版社，1995：81

识上的前提：

第一，要把人看做是一种客观存在，即"现实中的人及其活动"。因为在马克思看来，实践是主体依据一定目的变革客体的感性活动，而感性活动首先就意味着实践是一种具有直接现实性的活动，以区别于单纯的观念活动。也就是说，实践必须以客观存在的对象为前提，并遵循客观对象的运动发展规律而活动。据此对人的理解，就必须以现实存在着的人为对象，而不是主观想象中的人。

第二，要把人看做是合目的的客观存在。作为感性活动，实践是一种目的性活动，即实践主体在实践活动中，不仅仅是要改造客观对象，而且还要在客观对象中实现自己的目的，以区别于动物的本能活动和自然物的单纯实体性活动。因此，以实践的思维理解人，虽然要以人的客观存在为前提，但并不完全是一种合对象的认识，还是一种合目的的认识。

第三，要把人看做是不断生成者的客观存在。从本质上说，实践是主观见之于客观的活动，是主体与客体相互规定、相互作用、相互转化的活动。这种活动既消除主观性与客观性各自的片面性，使主体与客体达到统一，又发展主观性与客观性的对立，造成主体与客体新的矛盾。正是在这一对立统一的矛盾运动中，人的主观能动性得以充分的彰显，人的创造力得以极大发挥，从而人的本质也得以真正确证。所以说，以实践的思维对人的理解，就不能把人看做是静态的、不变的客观存在，而是一个不断生成着的客观存在。

总之，对"现实人"的理解，以人的方式认识人，就必须立足实践的立场，即在人的实践活动中，并通过人的实践活动来完成，这就是马克思关于人的认识的思想立场和思维方式对我们理解教育中人的根本启示。

三、作为人的生成机制的"实践"

马克思的实践人学观的核心理念就是实践生成人，也就是说人之为人的生成机制是人的感性活动——实践。在人类思想上，对人之认识由"既成论"到"生成论"是一个重大的飞跃。但是，对于人的生成机制的不同认识也会造成对人的不同理解。

（一）西方人学的几种个体生成论

1. 精神形成论

对理性的崇尚是西方哲学的一个重要思想传统，这一传统到了黑格尔那里便演变为对精神的崇尚。在黑格尔看来，精神不仅是世界的本质，也是个人的本质，即个人的生成过程就是其精神的获得和形成过程。正如他在其重要著作《精神现象学》一书中所分析的：每一个体，其生命成长、发展的过程，也就是普遍精神发展的过程，而成长的每一个阶段亦即其精神发展的阶段。例如，在知识领域里，我们就看见有许多在从前曾为精神成熟的人们所努力追求的，其实就是现在儿童的知识、儿童的练习甚至是儿童的游戏；同样，我们曾在教育的过程里获得的人类文化或文明，如今已经成为我们普遍精神的一批财产。而普遍精神既构成着个体的实体，同时因为它显现于个体之外又构成着个体的无机自然。这种意义上的发展形成，如果就个人方面来看，就意味着个体的形成在于个体获得这些现成的财产，消化他的无机自然而据为己有，即个体的精神形成。

在此，黑格尔认为，人的生成是主体与客体、自我与对象、个体与社会不断从对立走向统一这样一个曲折、漫长并充满矛盾运动的过程，而这一过程就是人的精神形成，即自我形成的过程。不仅如此，黑格尔还特别强调劳动在人的自我生成中的本质意义。黑格尔之所以把人看做是一个自我产生的过程，是因为他"抓住了劳动的本质，把对象性的人，现实的因而是真正的人理解为他自己劳动的结果"[①]。也就是说，在黑格尔那里，人是通过自己的活动创造出对象化了的即现

[①] 中共中央马克思恩格斯列宁斯大林著作编译局. 马克思恩格斯全集（42）. 北京. 人民出版社，1979：163

实的人本身。很显然，如此对人的生成的理解，就是把人的本质看做是生成的、变化的，而不是既成的、唯一的，从而充分体现出黑格尔在人的问题认识上的伟大的辩证法思想。然而，遗憾的是，黑格尔的辩证法是"头足倒立"的辩证法，他所理解的劳动也是精神的即抽象的劳动，因此终究不能合理解决人的生成乃至人的本质问题。

2. 文化创造论

从人类学的视角看，人既是文化的生产者，又是文化的产物。"每个人类个体要想成为人类个体，就必须成为超个体的文化中介的参与者。这种超个体文化中介虽然超越了个体，但对整个群体来说却是共同的。唯有超个体的文化中介的支持，才能使个体直立行走；只有在它包围着的氛围中，人才能呼吸。它在人之中所起的指导作用，像血管系统一样，构成了人的整体的一部分……如果没有人去充实理想，文化将不存在；但没有文化，人也就什么都不是"①。人作为一种文化的存在，首先是一种社会的存在，因为人只有在由文化要素构成的社会中才能成为一个完全的人；其次是一种历史的存在，即人是在创造文化的历史过程中创造着自身的；最后是一种传统的存在，也就是说，人的一切行为都是受已经获得的文化支配的。被传递下来的文化就是传统。从这个意义上说，教育既是复制传统的活动，也是复制人的活动。

毫无疑问，人生成于文化之中，的确道出了人之为人的本质属性。但是，却因此忽略人的自然属性或曰动物性，也难能真正理解现实中的具体个人。

3. 自我实现论

人无论是作为精神的存在，还是作为文化的存在，其形成的过程都离不开自身的心理活动过程。因此人本主义心理学家马斯洛认为，人的生成过程就是个人需要的产生及满足的过程。也就是说，个体只

---

① 兰德曼. 哲学人类学. 阎嘉译. 贵阳：贵州人民出版社，2006：208

有通过由低级向高级需要的不断满足,直至达到自我实现需要的满足,才可成为一个真正完整的人。所谓自我实现需要,即"一位作曲家必须作曲,一位画家必须绘画,一位诗人必须写诗,否则他始终都无法安静。一个人能够成为什么,他就必须成为什么,他必须忠实于自己的本性。这一需要我们就可以称为自我实现的需要"①。

在马斯洛看来,自我实现代表了人性的最高境界,是人之为人的根本所在。在人的自我实现中,人更真实地成为他自己,更完善地实现了他的潜能,更接近他的存在状态。所以说,人的生成过程就是人的自我实现的过程。很显然,这是一种立足于人的内部世界探索人的生成的思维方式。

关于人的生成问题,西方思想家还有许多论述,如"自然天性论"、"自由选择论"等。这些论说或立足人的内部活动,或立足人的外部环境,或从人的自然属性、社会属性、精神属性等不同的角度探索人的生成过程,在一定程度上丰富了我们对人的生成及其本质的认识,同时也使我们意识到人的生成是一个极其复杂且受多种因素综合作用的过程。

(二) 马克思的实践生成论

人的生成究竟是客观必然,还是主观使然?是人的内部活动的结果,还是外部因素作用的结局?这似乎成为人们认识人的问题的一个难解的结。直到马克思唯物史观的创立,才为解答这一问题开辟了一条正确的思维路径,即人是自己实践活动的产物。对此,我们必须作以下几个方面的理解:

首先,马克思关于人的实践生成论思想,是在吸收黑格尔"精神形成论"的合理性和肯定费尔巴哈"自然人本学"的基础上形成的。如前所述,黑格尔在其"精神形成论"中,最先看到了劳动在人的形成中的重要作用。然而,"他唯一知道并承认的劳动是抽象的精神劳

---

① 武天林. 实践生成论人学. 北京:中国社会科学出版社,2005:242

动",这样,劳动是人的本质这一命题在黑格尔那里就变成了"只有精神才是人的真正本质"。对此,马克思在肯定其合理性的基础上给予了深刻的批判,而这一批判是借助费尔巴哈完成的。因为费尔巴哈通过对宗教神学的批评,恢复了人的自然本质,确立了从人的感性来理解人的视角,赋予了人的问题认识的唯物主义世界观。但是,由于费尔巴哈只是把人作为"感性对象"来理解,而不是作为"感性活动"来理解,所以也无法真正合理解释人的生成及其本质。正是通过对二者的批判、分析,马克思找到了人的生成机制——人的现实劳动,也就是人的实践活动,从而确立了人的实践本质。马克思认为,人的本质不是一成不变的,而是通过人的劳动,这一人类最基本的实践活动不断创生的。"整个所谓世界历史不外是人通过人的劳动而诞生的过程"[1]。同样,每一个现实的、具体个人的生成也不外是其自身实践活动的过程。

其次,实践活动是人的生成的现实基础,是人的本质的自我确证。正是在人的实践活动中,人在改变、创造客观世界的同时也在改变、创造着自身。正如恩格斯在分析"劳动创造人"的观念中所提到的:手不仅是劳动的器官,还是劳动的产物。随着手的发展,类人猿的机体、四肢逐渐变为人的机体、四肢;类人猿不发达的喉头得到改造,从而产生了人的语言。也就是说,人具有自然属性,但人的自然属性是在劳动中得到改造的自然属性;人具有社会属性,但人的社会属性是人的劳动的产物;人具有精神属性,而人的精神属性也是通过劳动才得以体现的,通过劳动"即改造无机界,证明了人是有意识的类存在物"[2]。因此,"这种活动、这种连续不断的感性劳动和创造、这种生产,是整个现存感性世界的非常深刻的基础"[3],进而也是人得以生成的基础。

---

[1] 中共中央马克思恩格斯列宁斯大林著作编译局.马克思恩格斯全集(42).北京:人民出版社,1979:131

[2] 中共中央马克思恩格斯列宁斯大林著作编译局.马克思恩格斯选集(1).北京:人民出版社,1995:46

[3] 中共中央马克思恩格斯列宁斯大林著作编译局.马克思恩格斯全集(42).北京:人民出版社,1979:50

不仅如此，实践活动还是人的自我表现、自我肯定的形式。人的活动过程，也就是人的本质力量展开、实现的过程，是人在其所创造的世界中直观自身、肯定自身的过程。只有在人的活动中，人的肉体和精神的潜力才能得以展现，人的能动的、创造性社会本质才可获得揭示。正如马克思所指出的：人是通过从事劳动"能动地表现自己的"。也就是说，离开劳动过程，人无以表现自己的能动性；离开劳动产品，人无法确证自己的本质力量；离开劳动本身，人无法肯定自己在世界中的主体地位。正是在此意义上，马克思认为，个人只有在现实的实践活动中，才能真正成为具有人性特征的人。

最后，个人的生成是历史性的生成。马克思所论述的人的生成坐标，不是一般人的自然特性，如头骨的形状、颜面的构造等，而是具体的、现实的人的社会特性，包括人的肉体及精神的各种秉性的生成。因此，个人的生成是"在一定物质的、不受他们任意支配的界限、前提和条件下"①的生成，是历史性的生成。这意味着，一方面，个人的生成过程，也就是人类历史的形成过程。正是从事实践活动的人，创造了人类历史，并解答了历史发生之谜。因此，人既是历史本身的剧中人物，又是历史的剧作者。另一方面，个人的生成既是一个能动的过程，又是一个受动的过程，即人是在现有的历史条件下的生成。而人和历史的真正统一，是在人的实践活动中实现的。

总之，马克思的实践生成论思想，不仅向我们指明了正确理解人的生成及其本质的思维路径，而且揭示了个人赖以生成的根本机制，即只有人的实践活动，才能创造出一个属人的世界，才能形成个人的精神世界，才能达到人的自我完善；同样只有在人的实践活动中，人的各种属性才能够得到统一，个人才是一个具体的、现实的、具有生命价值的个体。

人在实践中生成，在实践中发展，因此，对人的认识就只能是对

---

① 中共中央马克思恩格斯列宁斯大林著作编译局. 马克思恩格斯选集（1）. 北京：人民出版社，1995：72

实践中人的认识，舍此，是无法达到对人实质性的理解的。同样，教育学对人的认识，也就只能是对教育实践中人的认识，否则是难以获得对人的正确理解的。

第二节　教育中人的对象性实践活动

如前所述，在马克思那里，人的实践活动首先是一种对象性活动，而对象性活动的实质就在于人在改造客观世界的同时改造着人自身，即人在对象性活动中不断生成和发展着自身。不言而喻，对于教育中的人来说，决定其生成、发展的实践活动首先也是这种对象性的实践活动，只是在教育的世界中，从人在教育中的特殊需要来看，这种对象性活动不是表现为改造自然的生产劳动，而是表现为自我更新、自我发展的学习活动。

一、学习作为教育中人的对象性活动

学习，从发生学的意义上说，是人的生物本性。古人云：玉不琢，不成器；人不学，不知义。这表明，人类的进化发展历程，也就是雕琢和学习的过程。学习在最广泛的意义上是人和动物所共有的，"生物学上学习一词含义甚广，不限于语言材料的学习或技艺的掌握，原有习惯的放弃也属于学习范畴……单细胞生物草履虫可以学会如何从一个细试管出来取食，这也是学习。哺乳动物中常见的学习方式包括经典式条件反射、工具性条件反射、连锁性条件反射、技艺掌握、鉴别学习、概念形成、原则学习、问题求解等"[①]。

---

① 中国大百科全书出版社《简明不列颠百科全书》编辑部．简明不列颠百科全书．中国大百科全书出版社《简明不列颠百科全书》编辑部译．北京：中国大百科全书出版社，1986：728

在《辞海》中也将学习解释为：①"《礼记·月令》[季夏之月]鹰乃学习。"学，效也；习，鸟频频飞起，指小鸟反复练习。②求得知识技能。《史记·秦始皇本纪》："士则学习法令辟禁。"引申为效法①。另外，在《中国百科大辞典》中也有相似的表达："学习：广义指人及动物在生活过程中获得个体经验或行为发生连续改变的过程。它是动物和人类生活中的普遍现象，但人的学习本质上又不同于动物的学习。"② 这说明，人的学习是根植于人的生物特性的，也可以说是人的生物本性。

人的生物特性并不仅仅表现为与其他动物相同的自然本能，更表现为人的"未特定化"的生物特性。由于人与其他动物相比，有着先天身体"缺陷"，例如，没有皮毛抵御风寒，没有锐爪尖齿防御敌兽攻击；而且人独立来到世界还处于未成熟状态，需要度过一段"宫外年"的时光。因此，甚至像直立行走这样的行为也不是遗传的结果，而是人出生以后通过模仿和不断的实践习得的。

我们经常说，适者生存，即任何生物要想生存，都必须首先具有适应环境的能力。人之所以是未特定化的，就在于与其他动物相比，人不具有特定的肌体功能适应特定的环境，如食肉动物、食草动物、热带动物、寒带动物等。动物的这种特定化，确定了它们在一定环境条件下的行为特性，一般是不能改变的。而人由于不具有这种机能的特定化，也就为他适应各种环境的生活提供了可塑性，从而也为他进行学习提出了要求与可能，即通过学习改变自己的行为，以适应环境。然而，与动物的本能习得所不同的是，人通过学习不仅要适应环境，而且还要改变环境以获得自身更好的发展。"从生物进化的观点看，学习是动物生活所必需的重要条件，是有机体适应环境的手段……而人类依靠学习不仅适应环境，而且改造环境。所以，作为'社会关系总和'的人的学习与动物的学习有本质区别。"③ 人的学习之所以有别于

---

① 夏征农. 辞海（缩印本）. 上海：上海辞书出版社，2002：1935
② 王伯恭. 中国百科大辞典. 北京：中国大百科全书出版社，1999：6139
③ 朱作仁. 教育辞典. 南京：江苏教育出版社，1987：441，442

动物，是因为人不只是一个生物性存在，还是一个文化性存在。作为文化性存在，人是通过特有的学习不断生成的。

把学习视为人类特有的机能，不仅强调学习对于人的成长的重要作用，更加突出了人在学习中的主体价值和能动作用，这也是当代学习理论发展的一个主要趋势。当代认知学习理论从人的社会性、目的性和意识性等基本特征出发，认为学习离不开人的意识和原有的认知结构，是一个主动的认知过程。在班杜拉的社会学习理论中特别强调人的学习有用象征性符号的非凡能力，有自我调节和控制的能力。当代人本主义学习理论则更加重视人的尊严和价值，它以意识经验为出发点，强调人的主动和自由，主张潜能的充分发挥和人格的发展，并提出必须尊重学习者且以学习者为学习活动的中心，必须坚信任何正常的学习者都能发展自己的潜能，并达到自我完善的境界，必须重视学习者的意愿、情感、需要、价值观等。马斯洛指出，人有一种对理解、组织、分析事物、使事物系统化的欲望；有一种寻找诸事物之间关系和意义的欲望；有一种建立价值体系的欲望，这些欲望使人的学习表现出高度的自主性和积极性[①]。

学习，从哲学的意义上说，是人的一种生存方式。人类的学习，虽然指向人的获知、习得以及自身行为的改变等，但由于人的学习是有意识、有目的的行为，它所追求的最终结果是人对环境的适应和改造，以获得自身的生存与发展。因此，学习就不能简单地被认作是人的一种认知过程，而应看做是人的一种积极能动的实践过程，是人的一种生存方式。

作为一种生存方式，人的学习体现为对环境的适应性、自主性与超越性的统一。联合国教科文联合组织于20世纪末将学习与人的生存结合起来，提出"学会生存"的教育目标。学会生存是学会认知、学

---

① 北京师联教育科学研究所. 外国教育名家名作精读丛书. 第四辑 第十卷［当代］学习理论流派发展与教育论著选读. 北京：中国环境科学出版社，学苑音像出版社，2006：2, 3

会做事及学会共同生活三种学习成果的主要表现形式,这四个方面相互联系、相辅相成,构成了当今社会人学习的主要内容。它特别强调应该使生活于现时代的每一个人"有能力在自己的一生中抓住和利用各种机会,去更新、深化和进一步充实最初获得的知识,使自己适应不断变革的世界"①。也就是说,当代的"人类困境"或"人类的生态系统"预示着人必须成为一个终身学习者。随着人类文明程度的不断提高,学习作为人的一种生存方式,其特性和作用越来越得以彰显。这也意味着人在一定意义上是由学习而生成的。

综上所述,学习,无论是作为人的生物本性,还是作为人类所特有机能以及人的生存方式,都体现为人的对象性实践活动,即它是一种主体作用于客体、使主体获得需要的满足、占有式的人的实践活动。对于教育中的人而言,只有通过这种对象性的学习活动,才能真正确立其作为主体的地位和性质,从而也才能使其获得需要的满足和应有的发展。

二、教育中人的学习的能动性与受动性

学习,作为人的一种实践活动,当然也是人的一种生成机制。然而,对于教育中的人来说,这种生成不是马克思在人类的意义上所说的自然向人的生成,而是"具体个人"的生命成长过程。在这一过程中,学习作为人之生长的重要机制,体现着人的能动性与受动性的统一。

人在实践活动中既是能动的又是受动的,这对教育中人的学习活动而言同样如此。在学习活动中,学习者始终是主体,学习的内容、对象,包括学习所凭借的一切媒介或手段都是客体。作为主体的学习者,一方面具有主动学习的需要和潜质;另一方面,又有着被动接受

---

① 北京师联教育科学研究所. 外国教育名家名作精读丛书. 第四辑 第十卷[当代]学习理论流派发展与教育论著选读. 北京:中国环境科学出版社,学苑音像出版社,2006:2,3.

和遵循规约的社会制约性。也就是说，人在学习活动中是有着自觉意识、自我目的、自主意志的能动性存在，这是人的"类"特性所决定的；但同时人在学习活动中，从学习的内容到形式，甚至学习的目的又必然受一定条件和社会要求所制约，这是人的"现实"本质所决定的，即"每个人和每一代人所遇到的现成的东西：生产力、资金和社会交往形式的总和，是哲学家们想象为'实体'和'人的本质'的东西的现实基础，是他们神化了的并与之斗争的东西的现实基础，这种基础尽管遭到以'自我意识'和'唯一者'的身份出现的哲学家们的反抗，但它对人们的发展所起的作用和影响却丝毫也不因此而受到干扰"[①]。这意味着，主观能动性固然是人之学习积极推动力和可靠保障，但客观制约性作为人之学习的"现实基础"，也是须臾不可或缺的基本条件。人的主观能动性的发挥，不是无视或摆脱这种客观制约性，而是积极改善和创造条件，实现环境改造和自我改造的一致性。

如此说来，人的学习不是像柏拉图所假设的那样：借助已有的视力（先验知识）看到真实的存在（解决现实问题），也不是像洛克所预定的那样：将知识填入空如白板的人的心灵这样一种完全把人置于被动地位的活动；当然也不是行为主义者所认定的：学习是人的一种刺激-反应这样一种机械的行为；甚至也不是建构主义所极力推崇的：学习是人之自我建构的纯粹主观能动的活动。依据马克思关于人的对象性活动的揭示，主体既具有主动、创造性地作用于客体的能动性，同时又具有被动地受制约于客体的受动性。因此，人的学习作为一种对象性活动，也就必然是能动与受动的统一。

由此反观我们对教育中人的学习活动的认识就会发现，我们常常很轻易地犯两个错误：要么把学生的学习看做是被动接受的过程，而无视学生的主观能动性；要么又一味强调学生在学习中的主体地位、

---

① 中共中央马克思恩格斯列宁斯大林著作编译局. 马克思恩格斯选集（1）. 北京：人民出版社, 1995: 92, 93

主动性，而忽略了学生的客观制约性。从目前我们国家的教育情况看，前者给学生的学习本身乃至学生的发展所带来的弊端已为大多数人所认识，但问题并没有得到如人们所期望的那样的解决。而后者给学生所造成的弊端，甚至还不为人们所意识或重视。也就是说，在人们一般看来，对学生主体地位的强调就是要把他看做是一个主动的人，而不是一个被动的人，发挥学生的主体性就是要克服他的受动性。

其实，人的主动性与受动性是统一在人的本性中的，是人的对象性活动的本质规定性，即人作为主体必然能动地作用于客体，同时又必然受制约于客体。所以，对人的主体性的发挥就是不要人为地制造障碍或剥夺权利，使其主动性受到压抑，例如，对学生求知欲的保护，自我表现的呵护，兴趣爱好的维护等。而对人的受动性的"克服"（实际上作为人的本性是不可能克服的，在此只是针对其消极性的克服），也主要是指向对客观条件的改善，即尽可能为学生的学习提供完备、完善的学习条件，使其在一种良好的客观条件制约下获得良好的发展。这就是马克思说的，要想实现人的全面发展，就必须消灭旧的分工，根除劳动异化；人的全面发展只能在共产主义社会才能实现，"这种共产主义，作为完成了的自然主义，等于人道主义，而作为完成了的人道主义，等于自然主义，它是人和自然界之间、人和人之间的矛盾的真正解决，是存在和本质、对象化和自我确证、自由和必然、个体和类之间的斗争的真正解决。它是历史之谜的解答，而且知道自己就是这种解答"[①]。

共产主义作为人类社会的理想社会，究竟能否实现，什么时候能够实现？其实对我们来说并不重要，重要的是我们是否能从马克思的这段阐述中领悟到，人的改变与环境的改变是一致的，即只有理想的社会才能造就出理想的人。

---

① 中共中央马克思恩格斯列宁斯大林著作编译局. 马克思恩格斯全集（42）. 北京：人民出版社，1979：120

根据马克思的这一思想,以及教育中人的学习这一对象性活动的特性,教育者的使命在某种意义上就不仅仅是如何充分调动学生学习积极性问题,还在于如何为学生创设一定的情境并参与到学习的过程中,"学校教育乃是基于这样一个假设:如果学生在一位具有专业技能的老师所引导的团体或是其他教育性的背景中进行学习,他将会学到一些东西"①。也许,只有这样的教育才是符合人性的教育,也才能真正达到教育人的目的。

三、学习的异化与教育中的人

学习作为人的一种对象性实践活动,本应是人的本质力量的自我确证,是人的主观能动性的彰显,是人的主体地位的确立。正如马克思所说:"通过实践创造对象世界,改造无机界,人证明自己是有意识的类存在物。"② 在教育的过程中,人的学习虽然面对的不是无机界,而是人类长期实践经验的积累——文化、知识,它仍应体现为是人的一种有意识的、能动的实践活动。

但是,在现实的教育中,学生的学习被异化了。正如马克思所认为的,劳动是人之生成的机制,而劳动的异化则使人又失去了做人的根本——自由自觉的类特性。"劳动的现实化就是劳动的对象化。在国民经济学假定的状况中,劳动的这种现实化表现为工人的非现实化,对象化表现为对象的丧失和被对象的奴役,占有表现为异化、外化。"③ 劳动异化首先表现为劳动者与自己产品异化,即劳动者与自己劳动产品的关系是一种异己的对象性关系。在这种关系中,劳动者生产得越多,在劳动中消耗的力量越大,他所亲手创造的对象世界的力量越强,

---

① 菲利普斯,乔纳斯,索尔蒂斯等.学习的视界.尤秀译.北京:教育科学出版社,2006:67,68

② 中共中央马克思恩格斯列宁斯大林著作编译局.马克思恩格斯选集(1).北京:人民出版社,1995:46

③ 中共中央马克思恩格斯列宁斯大林著作编译局.马克思恩格斯选集(1).北京:人民出版社,1995:41

他自身、他的内部世界就越贫乏,他所拥有的东西越少。

劳动者与劳动产品之所以会出现这种异化现象,是因为劳动过程本身对人而言就是一种外化、异化。"劳动对工人来说是外在的东西,也就是说,不属于他的本质。因此,他在自己的劳动中不是肯定自己,而是否定自己,不是感到幸福,而是感到不幸,不是自由地发挥自己的体力和智力,而是使自己的肉体受折磨、精神遭摧残……因此,他的劳动不是自愿的劳动,而是被迫的强制劳动"①。这种异化的结果就使得人在运用动物的机能——吃、喝、生殖等时,才觉得自己是在自由的活动,而在运用人的机能时,觉得自己不过是动物。如果说,劳动者与劳动产品之间的异化还只是一种物的异化,那么劳动过程的异化就是人之自我的异化。

不仅如此,异化劳动还使人同自己的类本质相异化。人的类本质是自由自觉的活动,而只有在改造对象世界中,人才真正证明自己是类存在物。也就是说,人作为类存在物,意味着他把自己的生活当作他的对象,从而使自己的活动成为能动的、自主的、自由的、占有式的活动,成为自己的生命活动。而"异化劳动把这种关系颠倒过来,以致人正因为是有意识的存在物,才把自己的生命活动,自己的本质变成仅仅维持自己生存的手段"②。即异化劳动把人的自主、自由的生命活动贬低为手段,也就是把人的类生活变成维持人的肉体生存的手段。

人同自己的劳动产品、自己的生命活动以及自己的类本质的异化所导致的直接结果就是人与人相异化。而这种异化既包括人与自身相对立,又包括人与他人相对立。由于"人对自身的任何关系,只有通过人对其他人的关系才得到实现和表现"③。所以,人与人相异化也必

---

① 中共中央马克思恩格斯列宁斯大林著作编译局. 马克思恩格斯选集(1). 北京:人民出版社,1995:43
② 中共中央马克思恩格斯列宁斯大林著作编译局. 马克思恩格斯选集(1). 北京:人民出版社,1995:46
③ 中共中央马克思恩格斯列宁斯大林著作编译局. 马克思恩格斯选集(1). 北京:人民出版社,1995:48

然导致人的类本质的丧失，"如果人把自己的活动看作一种不自由的活动，那么他是把这种活动看作替他人服务的、受他人支配的、处于他人的强迫和压制之下的活动"①。

上述表明，人作为"自由自觉活动"的类存在，并不意味着在现实生活中就必然是能动的存在者。如果处在异化的状态下，人的对象性活动不仅不是人的本质力量的确证，反而是人的本质的丧失；人不仅不能以活动的主体而自居，反而被活动所奴役。由此考查教育中学生的学习活动不难发现，正是这种异化现象使学习从学生的生命活动中剥离出来，成为学生的一种异己活动而侵害着学生的肉体与心灵。

不能否认，近些年我们国家的教育在理念上不能说不以人为本，也不能说不关注和尊重人的生命，更不能说不注重人的主体性的弘扬。但是，依据马克思的异化理论，如果不彻底消除学生学习的异化现象，所有这些理念都只能沦为空谈。

学校教育中，学生学习活动的异化突出地体现在以下几个方面：

学习目的的异化。学习，作为人类的一种实践活动，也就是人的一种生存方式。因此，学习的目的归根结底是为了人更好地生存和发展，是为了使人的生命更加充盈和富有生机，是让学习者在学习过程中确证自我的本质力量和彰显其主体的价值。遗憾的是，在现实的教育中，学习已不再是人们获得生存与发展的方式，而是考试、升学、获得文凭的手段，甚至沦为摧残生命、亵渎人性的工具。一句话，人不是为生存而学习，而是为学习而生存。

学习本意的异化。学习，最本初的含义应是"鹰乃学习"，指小鸟练习飞翔，预示着生命个体进行成长探索的过程。所谓"学而时习之，不亦说乎"，也就是说，学习应伴随着经常不断的践行，才是一种真正的快乐。然而，曾几何时，学校里学生的学习被异化为外在于他们的

---

① 中共中央马克思恩格斯列宁斯大林著作编译局．马克思恩格斯选集（1）．北京：人民出版社，1995：49

读书、写字，成为与他们生命成长无关的机械活动，成为与他们的发展需方向背离的奴役行为。这样的学习如何能使学习者感到快乐？又怎能不造成教师厌教、学生厌学的状况？

学习方式的异化。学习，是学的过程，更是习的过程。所谓习，也就是需要学习者亲历、经验、体悟。而这种"习"的过程实际上也是学习者的探究心、求知欲得到满足的过程，是他们的主动性、能动性得以释放的过程。但是，在我们的学校教育中，学生的学习不是被动地接受，就是被牵着鼻子走，学生学习的主动权被剥夺了。这样的学习不仅难能使学习者的所学内化为自身的素养，而且使原本促进人的生命成长的学习异化为危及人的身心健康发展的活动。

学习的这些异化现象所最终导致的就是学习者自身的异化，即在这样的学习活动中，学习者被异化为学习的奴隶，失去了作为学习主体的地位和性质。学习活动不再是他自身的对象性活动，而是外在于、强加于他的手段性活动。在学习中，能动性、超越性、创造性等这些人之为人的本性，不是获得张扬而是受到压抑。因此，学习不再是人的内在需要、生存方式及生命成长的过程，而是与人相敌对的、胁迫人的势力，以至于造成人们"学是为了不学"，或"学是为了逃避学"。

如此而论，对教育中人的生命的尊重、主体性的弘扬，就应该从消除异化学习对他们的影响入手。在此，我们之所以说消除异化学习的影响，而不是消除异化学习，是因为"异化"作为人类社会的反叛，是历史发展的必然，有其存在的合理性。正如马克思所指出的，只有在共产主义社会才能彻底根除异化劳动；同样也只有到共产主义才能消除异化学习。但这并不等于说我们目前就应该心安理得地听命于"异化"的摆布，而是要在与"异化"的抗争中解放自我、实现自我，获得自我做人的尊严与欢乐。

事实上，我们当下所作的各种教育理论探究和教育实践改革，都是在为消除异化学习给学生造成的消极影响而进行的努力。例如，华东师范大学叶澜教授主持的"新基础教育"改革实验研究，以课堂教学为突破口，提出学生不仅是学习的对象或主体，更是教学不可或缺的资源。学生是带着自身的全部丰富性进入课堂教学中的：学生已有的经验是教学得以展开的"基础性资源"；学生的差异性是教学互动中必不可少的"互动性资源"；学生在课堂上的状态和行为是教学不同程度上的"生成性资源"。很显然，在这种"资源观"指导下学生的学习，就是一种充分彰显学生主体性的学习，是追求学生的自我发展、主动发展的学习，是体现学生生命价值的学习。从而在学习还不能真正成为人的第一需要的时代背景下，在异化学习不能根除的社会状况中，最大限度地把学习与学生的生命活动融为一体，实现人的自我解放和超越。这不仅是当今社会教育的神圣使命，更是教育中人的生命存在与发展的本质诉求。

第三节 教育中人的交往实践活动

教育中人的实践活动的另一重要构成就是教育中人与人之间的交往实践活动。交往活动不是与学习活动并列的一种独立的实践活动，而是由人的学习活动所决定，却又体现着与学习活动性质不同的一种基本实践活动。应该说，教育中的人是由这两种实践活动共同作用的结果。

一、"交往"及其对人的生成

"交往"的英文词是 communication，其德文对应词是 kommunication 和 verstandingung。从词源上看，它们都是由拉丁语 communis（分享）派生而来的，最初含义是指共同的、通常的，现在一般理解为分享思想、感觉和交流观念、思想、情感、信息等。据1968年版《国际社会科学百科全书》中列出的"交往"词条就有10多种含义。马克思、恩格斯在《德意志意识形态》一书中使用的德文词是现代"交往"概念中并不通用的 verkehr 一词，其义除了指交往、来往、交际、交通外，还指贸易、交换、流通等。

我们现在通常使用的"交往"概念的一般理论前提来自现代通信理论和传播学，即"交往"既指实物、信息或意义的异地传输、移动或转达，也指资源、信息或意义的分享或共享及由此带来的人与人之间的相互作用。语言学、文化人类学、社会学等领域的"交往"概念意义更为广泛，即交往不仅具有交流和互动的行为学意义，而且具有使社会系统得以运作的机制、工具或"润滑剂"的意义。

现代西方哲学更是对"交往"给予高度关注，认为交往是人的生存或生活方式，例如，狄尔泰的"生活关联体"、胡塞尔的"生活世界"、维特斯根坦的"生活形式"、海德格尔的"世界中的存在"以及伽达默尔的"视界融合"，而哈贝马斯的"交往行为理论"则是西方现代交往理论的大整合。在人类迄今为止的众多交往理论中，马克思在其历史唯物主义世界观和方法论基础上所形成的交往思想，有着独到而深刻的理论见地，蕴涵着丰富的学术和思想价值。

(一) 马克思的交往思想

马克思的交往思想，一方面是马克思主义唯物史观的重要组成部分，另一方面又对唯物史观的建构、验证和发展具有奠基性的作用。在一定意义上说，正是由于马克思从现实人的交往活动出发，对人类社会物质生产交往关系、交往方式的缜密考察，才发现了生产力和生产关系之间矛盾运动这一人类社会发展变化的总规律，进而创立了唯物史观。

马克思认为，人类的物质资料的生产是以个人之间的交往为前提的。在此，马克思汲取了黑格尔的观点，把劳动看做是人们进行交往活动的基础，但他认为劳动绝不是黑格尔的"精神劳动"，而是人类为满足自己的生存需要而进行的生活资料的生产，而且，这种生产只能在人们的相互交往中才能进行。"孤立的一个人在社会之外进行生产——这是罕见的事。"① 因为劳动一开始就是社会性的，只有借助于他人的劳动成果，在和他人直接或间接的交往协作中，劳动才能进行。正如马克思所指出的："人们在生产中不仅仅同自然界发生关系。他们如果不以一定的方式结合起来共同活动和互相交换其活动，便不能进行生产。为了进行生产，人们便发生一定的联系和关系，只有在这些社会联系和社会关系的范围内，才会有他们对自然界的关系，才会有生产。"②

交往，一方面是生产的前提，另一方面则是受生产决定的。也就是说，交往不是凭空产生的，它不是某种精神、观念或者自然生成的东西，而是基于人们最基本的物质需要而进行的物质生产的产物。正是在人们能动地改造外部世界的生产劳动中，建立起了他们之间的全部交往活动及其关系的基础。所以，在马克思看来，人类最基本的实践活动——物质生产，不仅生产人赖以生存的物质资料，而且也生产人们的交往活动及其关系，乃至整个社会关系，而这种社会关系便构成了人的现实生活，决定着人们的生活方式。在此意义上我们说，交往也是人们的一种生活方式。

交往作为人们的一种生活方式表明：一方面，人类社会是在人们的交往活动中形成和发展的。"社会，不管其形式如何，究竟是什么呢？它是人们交互作用的产物。"③ 正是在这种交互作用中，人创造了社会，也创造了自己。另一方面，交往是人的一种社会性需要，是一种真正的人类机能。无论任何时代、任何文化背景，个人一旦脱离他人、群体和社会，就难以生存和发展。而且，虽然人在交往中创造了社会，但反过来又必须受制约于社会，即在"不受他任意支配的界限、

---

① 中共中央马克思恩格斯列宁斯大林著作编译局. 马克思恩格斯选集（2）. 北京：人民出版社，1995：10

② 中共中央马克思恩格斯列宁斯大林著作编译局. 马克思恩格斯全集（6）. 北京：人民出版社，1965：486

③ 中共中央马克思恩格斯列宁斯大林著作编译局. 马克思恩格斯选集（4）. 北京：人民出版社，1995：532

前提和条件下"进行交往活动。

上述表明,马克思交往理论所考察的人类交往现象,是主体间的一种互动过程,是人们在实现着相互间的物质、能力、情感、信息等方面的交换和交流的过程。因此,交往不是静态的社会关系的总和,而是在物质生产实践活动过程中,动态地展现出来的人与人之间的协同活动。从这个意义上讲,交往作为人与人之间的互动,也是人类的一种基本实践活动方式,只不过这种活动方式与人类的劳动这一实践活动方式相比,其实践性体现为交往共同主体对客体的改造、认知作用,以及在多个主体之间表现的相互认识、相互作用和相互改造,而不是单个主体对客体的改造和作用。

(二)哈贝马斯对马克思交往思想的"修正"

在当今世界上,哈贝马斯可称得上是一位声名显赫的思想家,他在哲学、社会学、语言学等众多学术领域都有着不菲的建树,交往行动理论是其庞大理论体系的重要组成部分。它将马克思的历史观与现代西方的语言哲学、心理学及社会学结合在一起,形成了自己独具特色的交往理论,以此分析现代资本主义社会的现实问题,并在众多理论问题上,对马克思交往理论提出新的挑战,以期用"交往行为"概念重建历史唯物主义。

交往行为,在哈贝马斯那里是一个不断完善的概念。20世纪60年代他在《作为"意识形态"的技术与科学》一书中将其定义为:"把以符号为媒介的相互作用理解为交往活动。相互作用是按照必须遵守的规范进行的,而必须遵守的规范规定着相互的行为期待(die Verhaltenserwartung),并且必须得到至少是两个行为主体人的理解和承认。"[①] 70年代,哈贝马斯在其《交往与社会进化》一书中,进一步将达到以理解为目的的言语的有效性基础引入交往行为的概念之中。他

---

① 哈贝马斯.作为"意识形态"的技术与科学.李黎,郭官义译.上海:学林出版社,1999:49

认为，交往行为是以理解为目的的行动。如果行为者不能够相互理解、共享知识、彼此信任、两相符合的话，交往行为就不可能继续下去。80年代，哈贝马斯又提出"交往行为总是要求一种在原理上是合理的解释"①，从而把交往行为看做是人类社会诸种行动中最具合理性的行为。这种行为是行为者个人之间的、以语言为媒介的互动，相互理解是"交往合理性"的核心，"言语行为"则是交往的基本形式。

哈贝马斯是法兰克福学派的第二代主要代表人物。法兰克福学派作为西方马克思主义的一个最大的学派，是以社会批判理论著称于世的，反思现代文明，对现代社会进行文化和意识形态批判是其核心思想。在哈贝马斯看来，理想的社会应是"交往合理化"的社会，而不是"劳动合理化"的社会。劳动的合理化意味着人变成了劳动的工具，技术本身成了对人的统治，人变成了物，失去了本质的存在，被异化了。而交往的合理化则意味着人与人之间的相互理解、信任，以及各种冲突和矛盾的消解。现代资本主义社会是处于劳动合理化而交往行为不合理化的状态，要扭转这种局面，马克思关于生产力和生产关系、经济基础和上层建筑等规律的论述，以及解决这些矛盾的暴力革命等办法已经不再有效了，而是必须通过促进交往行为的合理化予以解决。

总之，哈贝马斯的交往理论是以变革传统"批判理论"、转变哲学理论方式为出发点，以反思现代文明、批判晚期资本主义社会为中心，以重建交往理性、实现社会合理化为目标的理论。尽管哈贝马斯与马克思一样都将哲学研究的视角从"纯粹精神"转向了现实生活世界，但他们却是沿着不同的思想路线进行理论探索的。体现在交往问题上，两者虽有相通之处，却也存在根本的分歧，表现为以下几个方面：

首先，两者虽然都坚持实践在交往理论中的基础地位，但他们对从何种实践建构交往理论有着根本的不同。马克思的交往思想坚持物

---

① 哈贝马斯．交往行动理论（第一卷）．洪佩郁，蔺青译．重庆：重庆出版社，1994：148

质生产实践的基础地位，注重的是人与自然的物质交换过程中所形成各种生产、经济、阶级等物质方面的交往关系；哈贝马斯的交往理论则坚持言语行为的基础地位，注重的是人与人在话语交流过程中所形成的主体间性，以及在思想观念、语言符号、道德价值等精神方面的交往关系。哈贝马斯也承认马克思关于技术进步是社会发展的重要因素，却不主张用生产力、生产方式的发展作为人们的交往形式和内容的决定性因素，而认为道德-实践类知识才对交往及交往结构具有决定性意义。

其次，两者对推动人类社会交往发展的动力认识不同。马克思认为生产力的不断积累和进步是交往关系发展的根本动力，因为交往形式之所以发生变革，是因为生产力的发展的要求。哈贝马斯也认为，理想的交往共同体不是玄思或科学预见的产物，而是情境性介入的实践理性的结果。但是，生产力不是交往和交往形式发展的推动力。例如，在论述资本主义的交往形式的产生时，他说："导致第一个文明的出现或导致欧洲资本主义产生的伟大的内在的进化性进步，尽管是随着生产力有意义的发展，却不以生产力有意义的发展为条件，在这些场合中，生产力的发展没能导致某种进化挑战。"[①] 相反，只有实现生产关系、交往结构的更迭，构建一种新的组织框架和社会一体化形式，才能充分利用、发挥只作为潜能而存在的生产力，实际促进生产力的增长。所以，推动人们交往发展和交往形式变更的内在动力是基于语言行为而建立起来的主体间的理解和认同活动，即学习机制。

最后，两者对于人类交往的历史发展的过程看法不一。与马克思相比，哈贝马斯并不是从研究人类征服自然能力和社会经济关系的宏观视角入手，而是侧重于微观考察个体儿童心理世界和道德意识的形成和成熟，作为他的交往发展阶段理论的基础。也就是说，马克思是从研究人类社会发展史的视角来把握个人的历史；而哈贝马斯则以分

---

① 哈贝马斯. 交往与社会进化. 张博树译. 重庆：重庆出版社，1998：151

析个体人的心理形成史来推演人类社会发展过程；马克思始终从人与自然和人与社会最根本的联系方式，即生产力与生产关系相统一的生产方式入手，来把握人类社会发展的普遍规律性和阶段性；而哈贝马斯则从人对世界的认识方式和人对社会规范的认知方式入手，把人们的世界观理想化程度，以及人际间的社会统一性结合方式作为划分历史时代的根本标准①。

总而言之，哈贝马斯的交往行为理论是力图以"交往范式"置换"劳动范式"，从而达到重构历史唯物主义的目的。"劳动范式"是哈贝马斯对马克思哲学的一种理论指称，主要是指以物质资料的生产为立足点，以人与自然的主客体关系为基本分析框架的理论范式；"交往范式"则是哈贝马斯对自己的交往行为理论的指称，表达一种以人际交往为核心，以人与人的主体间关系为基本分析框架的理论范式。在哈贝马斯所处的晚期资本主义时代，"是一个社会交往实践居于前台的社会"，"从某种意义上说，以主客体关系为基本结构的物质资料生产应当服务于以主体间性为基本结构的人际交往"②。因此，哈贝马斯提出要以"交往范式"置换"劳动范式"，他的结论是："人类解放的前景并不能从生产范式中导出，而只能在以相互理解与协调为主旨的交往范式中得到展现。"③

应该说，哈贝马斯的交往行为理论在方法论上更多的是受益于马克思的批判传统的；他的"交往行为"范畴的引入在很大程度上也来自马克思"社会劳动"概念的启发。然而，哈贝马斯在其理论建构上却又是背离马克思的基本观点的。他脱离生产关系来谈交往行为的合理化，撇开社会制度和经济制度去寻找人际关系的变更，并且无

---

① 范宝舟.论马克思交往理论及其当代意义.北京：社会科学文献出版社，2005：221-232
② 任日岂.析哈贝马斯的"交往异化论".中国社会科学院研究生院学报，1997，(6)：51-62
③ 郑召利.哈贝马斯的交往行为理论———兼论与马克思学说的相互关联.上海：复旦大学出版社，2002：127

论是在宏观领域对生活世界重要性的强调，还是在微观世界对语言重要性的强调，都只是论证了应该达到的理想状态，而缺乏对具体物质条件的分析，从而使其研究在许多问题上陷入空想，成为一种新的"乌托邦"式的理论。而马克思的交往理论虽然主要是一种经济学的语境，但由于是立足"现实的人及其活动"对人类交往现象的揭示，因此，对于我们今天认识教育中人的交往活动仍具有重要的启发意义。

二、教育中人的交往活动与学习活动

根据马克思的交往思想及其他交往理论，我们首先可以肯定的是，教育中人的交往活动与对象性活动，虽然同属教育中人的基本实践活动，但却是两种性质根本不同的活动，即对象性活动是主体作用于客体的活动，而交往活动是主体与主体之间交互作用的活动。有研究者对两者的区别作了进一步的分析，认为：首先，两种活动的对象不同。对象性活动以外在于主体的事物为变革的对象；交往活动则以主体间的相互关系或主体间的共同客体为变革的对象。其次，两种活动的方式不同。对象性活动是主体的目的、意志和力量在客体身上的反映和实现；交往活动则是主体之间通过中介客体的共同塑造而实现信息和意义的传递和共享，从而达到共享和共识。再次，两种活动的模式不同。对象性活动是把主体与客体对立起来，把它们看作相互作用的两极，因此构成的是单一的"主体-客体"两极模式；交往活动则是由诸主体通过改造相互联系的中介客体而发生的主体间的关系，所构成的是"主体-客体-主体"的模式[①]。

交往活动与对象性活动虽有着根本的区别，却也不是彼此孤立的，而是有着密切的内在联系的。正如人类的生产劳动与交往活动不可分

---

① 冯建军，尚志远. 走向类主体——当代社会人的转型与教育变革. 教育研究，2005，(1)：25-31

割一样,教育中人的学习活动与交往活动同样是不可分割的,表现为:在教育的世界中,学生的交往活动产生于他们的学习活动;同时,个体的学习活动又必须依赖交往活动而进行。

正是学习的需要和学习活动的展开,才使学生必然要与他人相互交流和来往。如前所述,学生的学习固然属于单个主体作用于客体的对象性活动,但它绝不是学生个体单纯的内化行为或自我建构,而是在人与人相联系的情境中和共体中才能完成的。正如一项研究发现,身处学校和其他环境中的年轻的学习者,在成功地解决有意义的问题或完成作业时,会主动借助他们环境中的资源(包括他们同辈人的专业知识)。这项研究表明,仅仅根据个体大脑中发生了什么样的认知过程,是无法理解学生学到了什么和他们是怎样学到的等问题。因此,学习是在"情境"中有效而自然地发生的[①]。这意味着,学习活动只有发生在人与人相互交往的实践活动中才是有效的。

另据一项研究表明:各行各业中的学徒个体都是通过逐步深入某一实践共同体(community of practice)中而学习的,即以某个实践共同体中合法但边缘的身份开始学徒,在变得更加熟练的同时,逐渐成为他们所选择领域的特殊生活的完全参与者[①]。当然,以掌握人类文化基础知识和基本技能为主的学生的学习,与以掌握某种特殊职业技能的学习的性质是不完全相同的,但就其人类的学习本质内涵而言,却应该是一致的,即个体的学习是在人的交往活动中完成的。"与'学习是内化'相反,学习是对实践共同体的持续深入地参与这种观点涉及活动于世界上的所有人。将学习看做一种参与,关注的焦点则是参与者关系的持续演变的方式。"[②]

很显然,在教育中,学生个体的学习活动与交往活动是交织在一

---

① 菲利普斯,乔纳斯,索尔蒂斯.学习的视界.尤秀译.北京:教育科学出版社,2006:73.

② 菲利普斯,乔纳斯,索尔蒂斯.学习的视界.尤秀译.北京:教育科学出版社,2006:74.

起的。与其说学生在学习活动中获得不断完善和发展，不如说是在交往活动中获得完善和发展，因为他们只有在交往活动中才能真正学有所获。由此而论，对教育中人的实践活动的认识，在一定意义上也就集中体现为对教育中人的交往活动的认识。

三、教育交往的特殊意蕴

近年来，关于教育与交往的关系在教育界已得到了普遍关注，人们不仅从交往与教育分别作为两种活动的角度探讨了两者的关系，如背景说、手段说、内容说等，还从教育在本质上就是一种特殊的交往实践过程进行了深入的剖析；不仅有教育学自身的阐释，还有诸如哲学、心理学、人类学、文化学等多视角的探讨[①]；有宏观上的整体把握，也有微观层面的具体分析[②]；人们不仅积极参与理论的研讨，更是踊跃地进行实践的探索。可以说，从交往的视角看教育，基本上已被人们所接受。然而，教育虽具有交往的特质，但教育并不等同于一般意义上的交往。人们在阐释教育交往时虽然也多以"特殊"作标示，即很多人都认为教育是一种特殊的交往活动，但对于其"特殊性"恐怕还有待于进一步挖掘。本书认为，教育交往作为人类的一种特殊交往形式，其特殊性表现在以下几个方面。

（一）教育交往是具有"教育意义"的交往

一般人们在分析教育交往的结构时，总是从主-客结构、主-主结构或主-客-主结构几个方面进行分析，这是一种实体性结构分析，即

---

① 岳伟.教育归属于交往行为——交往理论视野下的教育本质解读.《扬州大学学报》（高教研究版），2005，（4）：8-11；项贤明.关于交往与教育的哲学思考.上海教育科研，1996，（4）：8-12；刘慧群.交往理论研究的心理学基础.怀化学院学报，2004，（1）：110-112；徐书业.人类学视野中的教育交往.江西社会科学，2002，（8）：210-212；彭虹斌.文化哲学视野下的教育交往.华南师范大学学报（社会科学版），2002，（6）：83-88

② 2001年全国教育基本理论研究会第八次会议以"教育与交往"为主题进行了专题研讨，可谓是一种宏观上的整体的把握；而关于教育交往的研究，无论国内还是国外，大量集中在诸如教学过程、师生关系等微观层面，由于资料比较多，就不一一列举了

"交往实践的现实运动的解剖学结构"① 分析。不可否认，这种结构分析对于从整体上把握教育交往的特性，以及交往过程各个要素的性质、地位和作用均有着现实的意义。然而，笔者以为实体结构只是教育交往的表层结构，而意义结构才是教育交往的深层结构，要想真正理解教育交往的特殊性所在，必须透过表层的实体结构进入深层的意义结构中。

意义结构，是指在交往活动中，不仅表现为主客体之间、主体与主体之间的相互影响、相互作用，更重要的是在这种相互作用中蕴涵着一种"意义"的相互投射，或者说是存在着一种主体间的需要与被需要、满足与被满足的价值关系，这种关系"是交往双方相互联结、相互交流的本质原因和隐性要素"②。

意义，是一个哲学范畴，自弗雷格将"含义"与"指称"区别开来后，人们对意义的理解逐渐转向了主体层面，赋予了意义更多的人学意蕴。在此意蕴中，意义包括某物对人的意义、人自身存在的意义和人设定的意义。在交往中，意义首先是客观存在的，"它发生于交往实践过程中，又相对于各级主体的需要、利益和存在的状况，是交往实践过程的一部分"③。

这就是说，意义虽然体现为价值关系，但却是有着客观性的。这种客观性不是主体对意义的理解、领悟和自觉意识，而是蕴藏在主体的交往活动中的一种潜在的、可能性的价值关系，例如，孔子所说的"三人行，必有我师"便是这个意思。同时，交往着的人们不仅能够在交往活动的结果中获得意义，而且还会主动地设定意义，以求得交往活动的最大利益。因此，对于交往的任何一方主体来说，意义的作用都是双向的，一方面是交往活动对于主体的实际意义，另一方面则是主体设定、赋予行为过程的意义，这是同一过程的两个方面。不仅如

---

① 任平. 走向交往实践的唯物主义. 北京：人民出版社，2003：61
② 姚纪纲. 交往的世界——当代交往理论探索. 北京：人民出版社，2002：58
③ 任平. 走向交往实践的唯物主义. 北京：人民出版社，2003：67

此，人们在交往中对意义的感悟和理解又是具有个性化的，每一个交往者都是根据自己的感知和解读来体会交往活动对于个人的意义的，而且是根据当下的、此在的交往场域体会交往活动对于自身的意义。总之，意义的客观性、主体预设性及个体性就构成了交往的内在结构，即交往活动是否能顺利进行并达到预期结果，从根本上说，就在于这些不同性质的意义是否处在一种和谐、规范的状态之中。

教育作为一种交往活动，无论是以主-主结构的形式存在，还是以主-客-主结构形式的存在，都不能脱离意义结构的存在，而且对教育交往而言，首先要体现的是交往意义的存在。因为教育交往的宗旨不是一般交往意义上的"占有"，而是为了交往者（尤其是受教育者）个体获得身心的发展，是体现着教育意义的交往。因此，整个教育交往活动的展开和进行，应该说都是对教育意义结构的调整和完善，即如何使客观存在的、却又是潜在的、可能性的教育意义凸显出来，并转化为现实的、对个体人的发展的意义？如何使主体（尤其是教育者）预设的教育意义更加具有现实的根据，从而达到预期的教育结果？如何使个体（尤其是受教育者）对教育意义的理解趋向实际存在的意义或教育者预设的意义？由此而论，教育交往追求的不是交往本身，而是教育的意义，是教育如何成就人的现实生存和发展的使命。

此外，由于教育交往一开始就被赋予了"以有意识地影响人的身心发展为直接目标"的性质，所以，教育交往过程不只是对教育意义的调整和完善过程，还是教育者与受教育者为了达到共同的目标，在共同的生活和相互作用中不断生成和建构教育意义的过程。正如杜威所说："人们因为有共同的东西而生活在一个共同体内。而沟通乃是他们达到占有共同的东西的方法。"而且，"这种共同生活，扩大并启迪经验；刺激并丰富想象；对言论和思想的正确性和生动性担负责任"[1]。因此，真正的教育是在人们的共同生活和沟通中才发挥着教育

---

[1] 约翰·杜威. 民主主义与教育. 王承绪译. 北京：人民教育出版社，2001：9, 11

的作用的。从这个意义上说,教育交往也就是生成教育资源的过程。

总之,教育交往应指向对教育中人的意义生成,以及生成"教育意义"的交往,而不是一般意义上的个体之间的互动和来往。这种交往体现为对交往者双方精神的重构,尤其是对成长中的年青一代起着发展定向和驱动的作用。

(二) 教育交往是建立在实践理性基础上的交往

人是理性的存在,理性是人类在观念形态上掌握对象世界的高级方式。因此,理性既体现为人的行为能力,又体现为人的行为准则。哈贝马斯曾经为了使交往行为在原理上有一个合理的解释,提出了建构"交往理性"的主张,以期达到规范交往行为的目的。然而,却被视为只是一个"善良的愿望",表达了一种"善良的意志",甚至是"交往乌托邦"。究其根本原因就在于他把这种理性建立在对语言交往行为合理性的论证上,而不是对现实社会中的现实个人交往行为的分析,后者则是马克思早已为我们指出的以理性规范交往行为的正确之路——实践理性。教育交往尤其体现为是一种实践理性基础上的交往。

实践理性是相对于理论理性而言的。理论理性主要是关于人类认识世界的观念,以认识的合对象、合事实为根本标准,着重解决人与世界的关系"是什么"的问题。实践理性则主要是关于人类改造世界的观念,以合目的为根本标准,着重解决人与世界的关系"应如何"和"怎么办"的问题。概括地讲,理论理性是将客观实在内化为主观意志,是从实践中来的认识;而实践理性是将主观意志外化为客观实在,是要回到实践的认识。马克思以"哲学家们只是用不同的方式解释世界,而问题在于改变世界"的庄严宣告,以及"人的思维是否具有客观的真理性,这不是一个理论的问题,而是一个实践的问题"[①] 的明确表达,阐明了理性的实践内涵。

---

① 中共中央马克思恩格斯列宁斯大林著作编译局. 马克思恩格斯选集(1). 北京:人民出版社,1995:55.

教育作为一种交往活动，不仅要充分体现教育的意义，更要建立在对教育的理性认识基础上，而这种认识又突出地体现为实践理性的特色，表现在以下几个方面：

其一，对教育的理性认识，只能是"合目的"的，而非"合对象"的。人之为人的复杂性，以及教育过程中充满着的偶然性、变化性和个别性，使人的认识很难符合对象的"本来面目"。所以，对教育的认识，不是主观如实地反映客观的问题，而是主观建构客观的问题，即从主体的需要出发，把主观意志外化为客观实在，以达到主体的目的。这种建构是主体对如何从事教育活动的观念性掌握，是在教育活动中所体现的人的思维能力、控制能力和行为准则。当然，"合目的"并非要抛弃对对象"是什么"的揭示。只是对以人为核心的教育世界来说，其理性认识的对象不是现存的、给定的，而是人们主观意志的反映。因此对于教育"是什么"的解释，也就不可避免地包含在教育"应如何"的理念中。正是在这个意义上，杜威认为：统一的、真正的"教育科学"是实践者在哲学、科学资源的提示下，进行观察与思考、提出问题与科学假设、解决问题与验证假设而得出的科学理论。这个过程既是一个科学研究的过程，又是一个为着某种教育目的的实践过程，同时还是一个理解人之实践的目的与意义的过程。

其二，教育的真谛内含着教育理论是在实践之中并为了实践的理论旨趣。教育，从根本说是人类的一种实践形式，是使人为人并追求向善的实践过程。实践，作为人类特有的生存方式，从来就不是实践者单纯地接受和实施某些理论陈述的过程，而是将人的思与行内在地统一在其中的过程。而这种统一的形式就是实践理性。实践理性建筑在实践的观念形态之上，根植于理性的实践功能之中，体现着理性的技巧[①]。实践理性的这种品质，决定了它是教育理论题中的应有之义。

---

① 列宁. 哲学笔记. 中共中央马克思恩格斯列宁斯大林著作编译局. 北京：人民出版社，1963：230

这一方面体现为教育理论是以改变现实教育世界为旨归的理论，即通过一种合理的、合目的的思维过程，构建一个理想客体，以达到教育对人的生存与发展产生积极影响的目的。另一方面体现为教育理论是实践者的理论，是教育者的理论。由于教育的"是什么"与"应如何"之间、一般原则与具体行动之间，不是一种线性的、单一的逻辑推演过程，而是容纳了多种复杂因素、综合选择的过程，其中，教育活动的参与者不纯粹是理论的载体或执行者，而是最终行动的决定者，因此，真正能够对教育产生实践力量的理论，也就是教育实践者理性能力的体现。

其三，教育实践的意蕴规定了教育理论的实践理性内核。教育实践无论是作为"以人的培养为核心的各种行为和活动的方式"，还是作为"受教育活动内含之伦理规准所引导之实践性活动"，抑或是"有教育意图的实践行为"[①]，都首先是实践者头脑中理论图式的展开，是实践者理性能力的体现。"图式"蕴涵着实践者的信念和思维、欲求和意图，它既是观念的，又是实践的；是实践理性的具体化。实践理性的实践观认为，实践与理论的关系不是理论运用于实践的关系，而是理论在实践中得到实践智慧的判断、调整、改造，与实践一起服从变化，改善实践并发展自身。正如马克思所说："人应该在实践中证明自己思维的真理性，即自己思维的现实性和力量，自己思维的此岸性（狭隘性）。关于思维——离开实践的思维是否现实的争论，是一个纯粹经验哲学的问题。"[②]

从这一观点出发来看教育，不存在能够完全规范教育实践的教育理论，也不存在完全非理论化的教育实践。理论是普遍的、相对统一的；实践是具体的、特殊的。如何以普遍、统一的理论指导和规范具体、特殊的实践？这一矛盾的解决舍实践理性所不能。教育理论与教

---

① 石中英.论教育实践的逻辑.教育研究，2006，(1)：5-11
② 中共中央马克思恩格斯列宁斯大林著作编译局.马克思恩格斯选集(1).北京：人民出版社，1995：55

育实践之间的矛盾解决尤为如此。这就意味着,能够对教育实践产生影响的教育理论,应该是以充分体现着人的意志和强烈的目的性,并能够为人的行为提供一定法则的实践理性为核心的理论。

如此看来,教育交往的行为规范,既不能建立在哈贝马斯的语言交往理性的基础上,也不能建立在一种纯粹超验的理论理性基础之上,而只能以源于行为者的经验、意志,又高于这些经验、意志的实践理性为基础。也就是说,若想使教育交往顺利进行并卓有成效,最重要的是要养成和提高交往者的实践理性,即使他们对自己进行交往的目的、内容、方法等有一合理的认识,并达到在交往中建构自己的目的。

(三)教育交往中主体间的关系是生命与生命间的互动关系

交往是主体间的互动,是主体与主体之间的相互作用,教育交往同样如此,然而,对于教育交往中的主体来说,他们之间的交往不仅是有目的、有意识的活动,更是生命与生命间的互动。

从生命的意义和价值确立人的主体地位肇始于现代西方人本主义思潮。人本主义,无论在西方还是在中国哲学界,都没有一个统一的解释,不同流派、不同学者聚集在人本主义的大旗下,从各自不同的立场、思想和方法阐释不尽相同的观点。但它们有一个共同的突出特点,即以不同的方式强调人是哲学研究的出发点和归宿,而且在不同程度上强调人的能动性和创造性或超越性,从而形成了"生命主体"的概念。生命主体"指的是人不仅仅是有意识的个体,而且还包括信念、欲望、记忆、情感生活及自主地去追求自己的目标等一系列特征"[①]。它所强调的是个人生存的内在价值。从生命主体理论的发展过程来看,叔本华、尼采的唯意志主义、柏格森、狄尔泰的生命哲学和克尔凯郭尔的存在主义起到了开拓方向、奠定基础的作用;而海德格尔的生存论转向则标志着生命主体理论的最终确立。

---

① 李楠明.价值主体性——主体性研究的新视阈.北京:社会科学文献出版社,2005(导言):4

人的生命存在是以个体为出发点的存在，但这种存在又是整体性的存在和历史性的存在。任何对人的生命的认识如果没有彻底、全面透视人的生命存在的整体和历史，就不可能科学地说明人的生命。海德格尔正是基于这样的意识，把对作为生命主体的人的探寻由"在者"转向了"存在"。在他看来，"在者"只能从存在的既成状态出发，把生命所呈现的、处在活动过程中的"存在"，变为确定性的和凝固本质的"在者"。然而，"存在"比"在者"更根本，只有在"存在"的过程中，"在者"才能获得自身的根据。正是借助于这种思维，海德格尔将主体的形成阐释为历史性的、超越性的和生成性的过程。这一阐释不仅开辟了理解人及其主体性的新视角，实现了认知主体向生命主体的转向，而且通过对创造、超越、生成、历史、自由、责任、孤独、畏惧等人的品格充分、翔实的论述，使生命主体获得了丰富、充实的内容，进而赋予了主体以鲜活的生命色彩。

事实上，从人的生命过渡到对人及其主体性的理论关照，早在马克思哲学那里就有所体现，"动物和自己的生命活动是直接统一的。动物不把自己同自己的生命活动区别开来，它就是自己的生命活动。人则使自己的生命活动本身变成自己意志和自己意识的对象。他具有有意识的生命活动……仅仅由于这一点，他的活动才是自由的活动"[①]。然而，与生命主体理论所不同的是，马克思并不是就孤独的个体生命本身来求证其主体性，而是从人的生命活动及其赖以存在的现实生活世界出发说明人的主体性。这在我们前面所探讨的马克思关于人的自然性、社会性及发展性的揭示中，均可以得到明证。

总之，生命主体指的是，人不仅仅是有意识的个体，而且还是具有信念、欲望、情感生活及自主地追求自己的目标等一系列特征的生命个体，它所强调的是个人生存的内在价值。从生命的视角把握主体，

---

① 中共中央马克思恩格斯列宁斯大林著作编译局. 马克思恩格斯选集（1）. 北京：人民出版社，1995：46

使我们看到一个丰满充实、鲜活生动的主体形象，它不是一个概念符号，也不是一个抽象的理念，而是现实中的具体个人的主体性。

教育是直面生命、并指在提升生命质量的活动，这意味着教育对人的影响不是单纯的知识传授、能力培养、道德教化等，而是生命整体的改善。应该说，这对我们今天的教育学不是一个陌生的理念。然而，且不说这一理念在现实的教育中能有多少体现，仅就理论上对教育中人之生命的探讨，又有多少是在现实存在的人及其活动的层面来认识的呢？在教育交往的探讨中，人们关注到学生在交往中作为主体的地位和价值，并在此意义上倡导对学生生命的理解与尊重。但是，这种理解和尊重如果不是建立在对每一具体个人的现实存在和发展潜能的基础上，是无法在现实的交往中体现学生的主体性的。为此，我们不能只是强调学生作为一个主体的存在，更应强调其作为一个生命主体的存在，从而一方面突出从整体性上把握学生作为主体在交往中的意义，另一方面突出从具体性上把握学生作为主体在交往中的意义。

四、从交往的视角看教育中的人

如前所述，学习与交往是教育中人的两种最基本的实践活动，但两者在生成人的意义上却是有所不同的。学习是在"基础性"的意义上决定着教育中的人存在与发展的，即教育中人的存在根基是学习，并且教育的意义及人的价值也只能是在人的学习活动中得以体现的。然而，教育中人的学习活动又必须是在其交往活动中进行的，所以，交往就是在"现实性"的意义上决定着教育中的人存在与发展的。正如马克思把"自由自觉的活动"看作人的类本质，而把"一切社会关系的总和"看作人的现实本质，就像对现实人的理解只能从人的现实本质出发一样，我们对教育中人的认识也必须是从教育交往的视角对人的具体考察。

（一）教育交往中的主体是价值主体

交往是主体间的互动，因此对人类交往活动的强调，也就意味着是对人作为主体的强调。然而，长期以来，当我们在肯定了教育活动是一种特殊的交往活动之后，却无法真正确立其中交往者的主体地位。因为在现实的教育中，如其强调了教师的主体地位，似乎就会忽略了学生的主体地位；同样，如果强调了学生的主体地位，也会造成对教师主体地位的轻视；而对"双主体"的强调，好像又不符合逻辑——主体是相对客体而言的，没有客体也就无所谓主体。

　　上述这种尴尬局面的出现，其根源就在于人们把主体作为一个实体性概念来理解。事实上，主体，尤其是作为教育交往这一特殊交往过程中的主体，它是一个价值性概念，而非实体性概念。所谓价值性概念是指对处于某一活动中的人的地位和意义的评价，它不是要回答这个人是什么的问题，而是要回答这个作为主体的人应该是什么的问题。换句话说，主体是附着在人这个实体上的一种价值属性，说明的是作为主体的人应该具有哪些素质。主体作为价值性存在，体现的是一种关系性存在和能动性存在，即主体只有在与客体的相互关系中才能显示出作为主体存在的地位和意义，同时也只有在主客体的相互作用中表现出主体是积极主动的一方。换言之，人作为主体并不在于他是一个实体性的人，而在于他在与他人的关系中处于一种能动性的地位。如果失去了能动性的地位和对他人的积极主动的关系，人尽管还是人，但却不会是主体。所以说，主体不是一种实体性存在，而是一种价值性存在。

　　价值是一种关系，在客体属性满足主体需要的过程中产生。主体作为价值性存在，意味着一种属人的价值关系，只有处在这种关系中的人才是主体。因此，孤立的、单独的认识无所谓主体的。不仅如此，人成为主体，是他本身主动活动的结果，而且是一个不断生成的过程。没有哪一个人一开始就是主体，或者说无须作任何努力就可以主体自居。人只有在交往活动中，改变了对方，使对方向自我生成，才能创造属人的价值关系，从而确证人作为主体的意义和作用。

　　如果从这种"价值"思维而不是"实体"思维理解教育交往中的

主体问题，那么确定教师或学生在教育过程中的主体身份或主体地位问题就不是最重要的。而且，在全程性的教育过程中，也不可能出现永久性的以主体自居的人。当一名教师只是按照"教参"组织教材，在课堂上宣讲教案，虽然他掌管着教学内容，控制着课堂教学，甚至操纵着学生，但未必就是教育过程的主体。因为无论面对教材还是学生，他都只是一个机械的执行者或管理者，而非积极能动的创造者、建设者。同样，当一名学生只是在教材、教师限定的范围和思路中学习，虽然他是自己学习的主人，但也未必就是学习的主体，因为这样的学习在很大程度上只是一种被动的学习。

因此，教育过程中最重要的问题是如何使教师的教和学生的学，都成为一种积极主动的行为，而不是消极被动的运作。交往之所以称为主体间的互动，是因为这种活动的双方均处在一种积极能动的状态之中，并通过对对方的积极影响获得自身需要的满足，而不是消极地适应对方。教育交往也应体现这一特质。

(二) 教育交往旨在满足交往者的精神需求

人类的交往活动是基于人的生存和发展需要产生的，而人的生存与发展需要包括物质需要和精神需要。人不仅是一个自然性存在、社会性存在，还是一个精神性存在。人的精神属性既指人的意识、思维、理性等，也包括人的情感、意志、感觉、欲望等，是人的理性与非理性的统一。正是人有一个不同于动物的包括知、情、意在内的特殊的心理结构，有一个与外部客观世界不同的内部主观世界，才产生了人特有的精神生活、精神需要、精神能力和精神追求。也正是人具有这样的精神属性，才使人成为一个具有创造性、超越性和理想性的精神存在者。这就决定了人通过交往所要获得的不只是物质需要的满足，还有精神需要的满足。

教育交往在本质上是一种精神交往。因为在教育交往过程中，人们交换的是思想，交流的是情感，获得的是观念、意识、态度等的改变，以及知识、能力的提升等。当然，对人的精神需求的满足，并不唯教育所是，但是，绝对不可没有教育。"如果人性是不可变的，那么，就根本不要教育了，一切教育的努力都注定要失败了。因为教育的意义的本身就在改变人性以形成那些异于朴质的人性的思维、情感、欲望和信仰的新方式。如果人性是不可变的，我们可能有训练，但不可能有教育。因为训练与教育不同，仅是某些技能的获得。本性上的才能可训练到一个更高效率的程度，而并无新的态度和倾向的发展，但后者正是教育的目标。"① 如此表明，教育最终是指向人的精神属性的，集中体现为对人的精神的涵养，使人超越自然性和社会性，成为一个"大写的人"。

精神需要的满足于物质需要的满足的最大不同就在于：物质需要可以直接从外界或他人那里获得，而精神需要则必须是需要者在对外界资源充分理解、消化之后，才能内化为自身的精神财富。因此，在教育交往过程中，只是停留在"给予"的教育观念和方法上，是难以达到真正的教育效果的。

人对精神需要的追求，进一步证明了人之"自主"与"主动"的本性。然而，这并不意味着人的精神需要的满足可以像自然需要的满足那样自动完成，而是特别需要教育的培育和激发。只不过这里的教育仍需建立在对人的主动性的尊重和遵从基础上，否则，不仅难能满足人的精神需求，甚至还会压抑和危害人的主动发展本性，导致人的畸形发展。

(三) 教育交往所凸显的是个人的生命活动

从交往的视角理解教育中的人，就应特别关注个人的生命活动。如前所述，马克思对人的认识之所以最具真理性，是因为他既不是在观念、理性层面谈论人之一般，也不是把人作为"感性对象"来解析，而是从"生命活动"来理解现实存在的人。"动物不把自己同自己的生命活动区别开来，它就是自己的生命活动。人则使自己的生命活动本

---

① 约翰·杜威. 人的问题. 傅统先，邱椿译. 上海：上海人民出版社，1965：155

身变成自己意志和自己意识的对象,它具有有意识的生命活动……有意识的生命活动把人同动物的生命活动直接区别开来"[①]。在马克思看来,"个人怎样表现自己的生活,他们自己就是怎样"[②]。因此,对人之本质的理解,就必须是对现实存在着的、活动着的人的认识。

然而,不能否认,在现实的教育中把人看作等待加工、改造的对象,把充满灵动、生机盎然、主动发展的人性视为机械、呆板、被动的物性的现象比比皆是。我们许多的学校和教师,看重的是教学任务的完成、学生分数的高低、课堂秩序的稳定等,却忽略了进入教育过程的每一生命个体的生存方式及生命诉求,而后者恰恰是教育的本真内涵和价值所在。这种对教育过程中个体生命活动的无视,必然导致把原本富有创造性的教育教学活动变为重复性的简单劳动,从而使人(包括教育者和受教育者)的个性被压抑,主动性被剥夺,生命活力被封闭,以至于难能达到教育提升人的生命质量的终极目的。

从这个意义上说,教育变革最重要的不是教育教学内容、方法、手段等的改变,而是教育中人的生存、活动方式的改变。正如华东师范大学叶澜教授所主持的"新基础教育"改革,他立足于学生、教师、校长及研究者的真实生存状态,他追求的是作为具体个人的真实生命成长,他要着力改变的是进入教育过程中的每一个人的活动方式,即变被动行事为主动发展,最终所要完成的是"在成事中成人"和"以成人促成事"当代学校教育的整体性变革。在叶教授看来,"让师生的生存基调变为被动的受控,是对生命原生态的扭曲,是学校在人本身的自然生态上的严重破坏。所以,'新基础教育'并不是要强扭什么,而是要使原本就因生命存在而充满内在生机的教育,从被传统教育弊

[①] 中共中央马克思恩格斯列宁斯大林著作编译局. 马克思恩格斯选集(1). 北京:人民出版社,1995:46
[②] 中共中央马克思恩格斯列宁斯大林著作编译局. 马克思恩格斯选集(1). 北京:人民出版社,1995:67,68

端造成的'沙漠状态',重新转回到'绿洲'的本真状态"①。不难看出,"新基础教育"改革所看重的正是教育中人的生命活动,并力求通过对生命活动性质和方式的改变,改变教育中的人。因此就有了"互动生成"、"主动发展"、"生命自觉"等教育改革理论与实践的构建,有了充满生命活力"教育绿洲"的出现。毋庸置疑,只有这样的绿洲,才能孕育出鲜活、真实,并富有生机、内含无限发展潜力的新人。

生命活动作为人的生命本质,意味着人是鲜活的、灵动的和独特的。因此,教育既不是"外塑",也不是"内发",而是对人的生命活力的焕发,是人生的一段重要生命历程。人不应因为教育而变得暗淡无光、机械呆板、唯命是从;相反,应通过教育使人的好奇心、求知欲乃至超越自我的冲动得以刺激和激励,从而使人的生命活力获得最大限度的释放,并达到教育提升人的生命质量的目的。

人的生命活动决定着人之为人的本质,也决定着现实存在的具体个人的生存与发展方式,这是马克思实践生成人学的根本所在,也是教育学认识人之问题的重要思想启迪。

五、实践:教育学关于人之认识的思维路径

综观人学思想发展史,有从理性、观念层面对人的理解,有从感性、直观对人的认识。虽然,这是两种根本不同的对人的认识,但却遵循着完全相同的人的认识的思维理络,即以一种实体本体论的思维方式认识人,这是把人作为静止的、既成的,或物质的、或精神的对象进行剖析的认识方式。当然,随着人的认识水平的提高,也有从生成论的意义上谈论人的,如自然生成论、精神生成论、需要生成论等。但是,所有这些对人的认识都无法摆脱把人置于主观与客观、自然与

---

① 叶澜,李政涛. 为"生命·实践教育学派"的创建而努力——叶澜教授访谈录. 教育研究,2004,(2):8-12

社会、物质与精神、个体与群体、能动与受动等矛盾冲突的分裂状态之中的困扰。而马克思所开辟的从"现实的人及其活动"出发认识人的思维路径,不仅有效地解决了上述人之存在的矛盾冲突,更重要的是为我们指明了一条通达正确理解人的致思理路,也就是实践生成人的思维理络。

实践对人的生成的意义在于以下几个方面。

首先,实践是属人的。也就是说,实践,作为"行为方式及其结果"的指称,只存在于人类。因为"实践的含义永远有两层:其一是有意愿地,在活动和行动中创造的可能性;其二是实践在扭转人类的遭遇困境时对'必要性'的回应。依据这种实践的双重定义,人类以外的自然无法实践,因为它不会有意愿地创造,而上帝则无需实践,因为它没有必须扭转的困境"①。这意味着,由于人是唯一先天"未完成"、"不完善"的生物,需要后天的实践活动予以弥补,这就使人的实践具有可能性。同时,人又必须通过实践活动才能"完成"和"完善"自身,这就使人的实践具有必要性。

正是在此意义上,马克思认为:"通过实践创造对象世界,改造无机界,人证明自己是类存在物。"② 这种类存在物与动物的本质区别就在于:"动物只是按照它所属的那个种的尺度和需要来建造,而人懂得按照任何一个种的尺度来进行生产,并且懂得处处都把内在的尺度运用于对象。因此,人也按照美的规律来构造。"③所以说,实践是人类特有的活动。正是这种属人的实践,成就了人、完善了人,即实践生成人。

对人而言,实践是可感的、能经验的。在实践中,人们可以把自

---

① 底特利希·本纳.普通教育学——教育思想和行动基本结构的系统的和问题史的引论.彭正美译.上海:华东师范大学出版社,2006:14,15
② 中共中央马克思恩格斯列宁斯大林著作编译局.马克思恩格斯选集(1).北京:人民出版社,1995:46
③ 中共中央马克思恩格斯列宁斯大林著作编译局.马克思恩格斯选集(1).北京:人民出版社,1995:47

己的意愿转化为实在的感觉,把自己的主观意志变为直观的体验,甚至将抽象的人性对象化为看得见、摸得着的现实生活,从而驱动着人真实地改变,现实地发展。这也是马克思一贯主张的:对人的认识必须从"现实的人及其活动"出发,正如他所言:"这种考察方法不是没有前提的。它从现实的前提出发,它一刻也离不开这种前提。它的前提是人,但不是某种虚幻的离群索居和固定不变状态中的人,而是处在现实的、可以通过经验观察到的、在一定条件下进行的发展过程中的人。只要描绘出这个能动的生活过程,历史就不再像那些本身还是抽象的经验论者所认为的那样,是一些僵死的事实的汇集,也不再像唯心主义者所认为的那样,是想象的主体的想象活动。"①

在此,马克思对现实的强调,主要是对历史上那种抽象地谈人,并只停留在对人的解释的人之认识方式的批判。他认为,既然现实世界、生活世界是可以通过经验确定的事实,是每一个过着实际生活的需要吃、喝、穿的个人都可以证明的事实,那么一切的研究和探讨就应当从感性和经验出发,而不是从想象出来的前提或观念出发。而且,我们对人的认识并不只是要给出一个人之为人的解释,而是要获得人的改变和发展。而这一点恰恰正是教育学对人的认识宗旨所在。因此,教育学对人认识更要立足教育中人的现实存在,而这种现实存在也就是人的感性活动及其结果。

最后,人的实践是沟通人的内部世界与外部世界的桥梁。由于实践是内含着人的意愿性的行动,是人有意识的、自觉的活动,是对象性活动,这就决定了它是主观见诸于客观、理性见诸于感性、精神见诸于物质等双向构成的活动。人在这种双向互动的过程中,不仅改造外部世界,同时也改造着自身,进而获得发展。正是在实践中,"人对人来说作为自然界的存在以及自然界对人来说作为自然的存在"才得

---

① 中共中央马克思恩格斯列宁斯大林著作编译局.马克思恩格斯选集(1).北京:人民出版社,1995:73

到了确证。

前面我们谈及，人是世界上的一种特殊存在，即人是主观与客观、精神与物质、自然与社会、能动与受动、个体与群体的矛盾对立统一体。很显然，只有在实践中，人才不至于被分裂，才能获得完整发展。

所以说，人是自己活动的产物，是实践的产物。反过来说，实践就是我们认识人的立足点和思维路径。这是马克思实践生成论人学对教育学人之问题认识的方法论启示。

实践作为人的生成机制，是通过人类各种不同性质的实践活动体现出来的，即不同的实践活动对人而言，具有各自不同的意义。马克思所着重探索的物质资料的生产劳动是人类赖以生存的最基本的实践活动，因而对人的生成也就具有基础性的意义。教育，作为直面人的生存，并以促进人的发展为直接目标的人类实践活动，毫无疑问，对人的生存与发展具有意义非凡的作用。因此，立足教育实践而不是教育理论，通过教育实践的变革而不是教育理念、概念的翻新，旨在丰富和完善教育实践而不是对教育实践作出解释和评判，从而达成对教育中人的生存、生成及生命成长给予关注、呵护和提升，这就是教育学对人的认识的思维路径。

第六章　反思与重建

第一节　教育学中关于人之认识反思

如前所述，在教育学的形成与发展过程中，并非没有对人的关注与认识。然而，我们也可以看到，长期以来教育学领域更多的是哲学、心理学、生理学，抑或有一些社会学、文化学、人类学等视角对人的探究，缺乏一种真正意义上教育学视角对人的认识。难怪有人发出感慨:"研究起源于神秘,教育学不再感到人神秘而不再研究人;研究的持续起源于对人持续的热情,教育学是那样冷漠待人,所以,'人是什么'的问题淡出了教育学。"然而,"'人是什么',或者,'生命是什么',无疑是教育必须面对的第一问"①。它也是教育学所必须解答的第一个课题。

不能否认,由于教育与人的关系的密不可分性,古今中外,针对教育中人的思考和探讨从未停止过,尤其是教育学作为一门独立的学科形成以后,有关人的问题的研究更是异常丰富,并形成了成果不菲的理论和思想。那么,为什么教育学却仍会给人留下"人学空场"的印象呢?究其原因,根本在于我们的"认识"存在着一定程度的偏差,表现为以下几个方面。

一、缺乏主体意识的认识立场

这里所说的"认识立场"是指作为一门独立学科的教育学关于人的认识所特有的立场。而"主体意识"则是指以我为主的主观感受,是合理明智的理性判断,是作为主体的人接受与驾驭外界事物的自为性、能动性和超越性。在此,主体是指学科主体,而不是单个的人。长期以来,教育学关于人的研究之所以不尽如人意,首先就是因为缺乏学科自身所特有的认识立场。

学科立场的确立既是一门学科得以进一步完善和发展的前提和基点,也是该学科研究的自觉性、自主意识的象征。然而,教育学从表层看来具有集多学科于一身的综合性质,使其自独立形成之日起,就遭遇到是否具有自身的学科立场的质疑,进而造成在教育学的研究中主体的缺位和自我意识的缺乏,突出地体现为对教育问题的探究,更多的是哲学、心理学、社会学等其他学科的视角,似乎如果没有这些学科的支撑,教育学就难成为"学"。事实上,教育学既然作为一门独

---

① 张楚廷. 教育哲学. 北京:教育科学出版社,2006:24

立的学科存在，就必然有自身独特的学科立场，从而影响着学科研究对象与领域的界定，学科性质的明晰与价值取向的选择，学科研究方法论的构建，以及学科概念体系的形成等。

不可否认，教育学，作为促进人的生命成长的学问，具有集多学科于一身的综合性质，即所有与人相关的学科知识都是教育学知识的重要构成。但是，需要说明的是，这种构成并不意味着是教育学知识的直接组成部分，而是必须经过教育学立场的转换——也就说，以教育学特有的视角，运用其他相关学科知识，解决教育特殊的、具体的问题，这是学科独立存在与发展成熟的必然要求。"研究特殊乃至个别，是每一个学科领域研究的中心任务，也是正确使用一般的必要条件。不深入研究教育本身，就永远不可能有真实意义上的和具有独立价值的教育学科本身"①。这就是说，教育学与其他学科的关系是一般与特殊的关系。教育学既要善于吸收其他学科知识和研究方法作为自己的一般理论前提，又要深入教育内部，在研究教育问题而不是其他问题的过程中，形成教育学独特的理论体系。

上述表明，对人的认识和理解固然需要多学科的视角，教育学对人的研究也需要其他学科的积淀和支撑。但是，这不等于说其他学科关于人的认识和理解可以取代教育学对人的认识，而是要在其他相关学科知识基础上坚持教育学立场对人的认识。教育学立场也就是以教育学独特的研究对象和理论性质为根基，分析、研究教育问题，并运用特有的概念表达方式得出教育学的知识或结论。基于教育学立场对人的认识一方面表现为，教育学对人认识不仅仅在于认识人，更重要的是要改变人。正如马克思所言："哲学家们只是用不同的方式解释世界，而问题在于改变世界。"② 也就是说，教育学研究人，在其归根结底的意义上是要改变人，要最大限度地促进每一个体生命的健康成长。

---

① 叶澜. 教育研究方法论初探. 上海：上海教育出版社，1999：151
② 中共中央马克思恩格斯列宁斯大林著作编译局. 马克思恩格斯选集（1）. 北京：人民出版社，1995：61

因此，教育学对人的研究，应具有明确的"教育"指向、鲜明的"教育"特色和具体的"教育"使命，而不是一般意义上对人的理论探讨或就某一方面对人的探究。另一方面，基于教育学立场对人的认识还表现为，教育学对人的认识不只是要寻求一种对教育中的人的理解和把握，而且还要对其他相关学科关于人的认识作出自己应有的贡献，即提供一种认识人的视角、思维方式和研究方法。教育是以影响人的发展为直接目标的社会活动，教育的这一特质决定了教育学对人的理解和把握是全方位的，且是渗入教育实践，并在教育实践中不断生成的。所以说，教育学应该能够丰富和深化其他学科关于人的认识，从而在理论体系和方法论体系上作出本学科应有的贡献。

基于教育学立场对人的认识具有以下几个方面的特性：

整体性。教育是以人的身心发展为直接目标的活动，是为了使人更好地生存与发展的必要条件和手段。因此，教育学对人的认识就应是全方位的、整体的，既包括抽象层面的人本、人性等，也包括具体层面的身体、心理等，同时还应该是关于人的各个方面在教育情境下的综合理解、整体把握。

动态性。教育的最终目的是指向人的发展的，而人的发展是一个动态的过程。因此，教育学对人的认识也应该是动态性的，即教育学是从生长、变化、发展的视角认识人的各个方面及其特性，以获得教育活动的实效性，而不是寻求一种对人的认识的确定结论或永恒答案。

实践性。既然教育学对人的认识是为了使教育这一旨在推进人的生长和发展的活动更加有效，即认识的目的是要改变人，而不只是以不同的方式认识人。这就意味着教育学所获得的关于人的认识，只能是教育实践的产物，不是靠纯粹的演绎推理、理性思辨推论出来的，更不是人们的主观臆断。教育实践一方面不断催生着人们对人的认识的不同方面、角度和层次，另一方面则又不断丰富和完善着人们对人的认识。

二、本体论的认识思维方式

思维方式是人们认识世界、理解事物的方法和手段，同时也反映了人们在采用这些方法和手段时的某种观念与思想逻辑。因此，思维方式往往又体现为因认知积淀而形成的一种思维习惯，具有相对固定性，从而使思维方式在人类现实的认识活动中很容易转化为一种思维定式。如此而论，人类的思维方式既是促进人们进行理性认识的重要手段，又是对人们理性认识的思想局限和束缚。长期以来，教育学关于人的问题的认识，不仅缺乏教育学的学科立场，而且被一种单纯的、甚至是极端的本体论思维方式所束缚，致使教育学关于人的探究，总是停留在抽象层面的高谈阔论，而缺乏对现实教育中人的关照和揭示。

本体论是哲学研究中关于事物本原或本性的理论，即特别关注抽象意义上事物本质的揭示和原理的阐释，而忽略现实世界中事物的存在及其意义。在马克思主义哲学产生之前，有关人的问题的哲学思考，更多的是停留在这种本体论的思维方式，如黑格尔的"理性人"、费尔巴哈的"生物人"等。如此思维方式所体现的是一种典型的"体系哲学"的思维方式，而正是这种无所不包的"体系思维"方式，把人消融于其中，造成了现实的人及其生活的失落。所以说，这种以追求某种世界的"始基"为理论旨趣的本体论哲学思维方式，决定了它无论在理论上还是在实践上，都不能为人的安身立命提供指导和帮助。遗憾的是，教育学有关人的问题的思考，也往往囿于这种本体论的思维方式，表现为脱离现实教育谈论人，甚至背离教育的宗旨分析和解剖人，从而造成以人为对象的教育活动却是要么"目中无人"，要么面对"空人"，即教育所面对的是人们主观臆想、思辨抽象出来的人，而不是真实存在于教育过程之中的人。

马克思主义人学的革命性变革就在于终结了上述传统本体论的思维方式，把对人的理解方式建立在"现实的人及其活动"的基础上，从而使哲学对人的认识由理性世界回归到现实生活世界。"如果说,以对本体的理论诉求为内容的理性思维方式的生成,是对人类囿于周围世界可感环境的最初感性认知的一个否定,那么,以回归现实生活世界为标榜的新的哲学理路则表现为人类思维发展进程中的否定之否定。"① 也就是说,马克思立足"现实的人及其活动"对人认识的思维方式,是对纯粹思辨理性思维方式的否定,是对现实人的存在及其发展的弘扬。"事实上,在人学理论思考的底蕴中,人的存在方式不仅表现为一种'现实的'状态,更是一个'实现的'过程。换言之,'人'并非一个静态的存在,而是一个鲜活的生存过程,这正是人学理论思考的真实意蕴。"②

教育学对人的认识,归根结底是为了通过教育使每一具体个人获得更好的生存与发展。因此,仅停留在理性思辨的抽象层面对人的揭示,难能担当起教育学的理论使命;相反,必须依据马克思从"现实的人及其活动"出发认识人的思维理络,建立起教育学关于人的认识的理论构架,才是基于教育学立场认识人所应采取的根本思维方式。

三、无生命的认识价值取向

价值是客观事物与主观需要之间建立起来的一种关系,即客体的属性对主体需要的满足,也可以说是人们对事物性质、作用、意义等的肯定。价值取向则是主体在价值选择和决策中一定的倾向性,即人们根据一定的价值观念对不同价值目标所做出的行为方向的选择。这种选择意味着,人们从事某种活动目的、内容和方法。据此,我们认为,认识的价值取向也就是认识主体对所认识对象的价值选择,换言之,是认识主体为什么要认识所认识的对象,以及如何认识所认识的

---

① 康渝生. 马克思主义哲学的人学致思理路. 北京:社会科学文献出版社,2004:51
② 康渝生. 马克思主义哲学的人学致思理路. 北京:社会科学文献出版社,2004:57

对象的观念意识和行为倾向。

教育的对象是人，人首先是一种生命存在。生命从自然界进化而来，作为活的有机体，其重要特征就在于具有"自在性"，即能够形成一个完整的、自组织的有机体，通过这一机体主动与外界进行物质和能量交换，从而实现生命机体的自我生长和繁殖。与其他生命存在相比，人不仅是"自在"的存在，而且还是"自为"的存在，即人不只是依赖外界环境而生存，而且是通过自身的创造性活动使环境为我而生存。因此，人还是"超生命"存在——超越本能生命之上的生命存在。如此说来，人是具有主体性、主动性、能动性、创造性和超越性的生命存在。这是人之生命的独特性所在。

不仅如此，人还是一个极具复杂性的生命存在，且具有无限潜在发展可能性，尤其是依据马克思的观点，人之生命的根本特性在于"自由自觉的活动"，即实践活动是人的生命本质。生命存在的复杂性表明，人具有各种各样的内在需要；生命存在的潜在发展可能性则意味着人是处在不断成长之中的；而实践性作为人之生命本质，是要我们充分意识到人的生命的自主性，以及只有通过人自身的活动，才能将人的一切发展的可能性变为现实性。

然而，长期以来，教育所面对的人却是一种无生命的存在，即把人作为一种纯粹的客观对象，由教育这一主体对其任意加工、改造或塑造，把教育对人的培养等同于机器大工业生产流水线上的产品生产。对教育而言，人不过是等待接受知识的容器，为了其他各种目的而必须接受锻造的工具。可想而知，这样的教育给人带来的，不可能是人的生命存在需要的满足、人的生命活力的焕发、人的生命价值的实现以及人的生命光彩的绽放。

人是生命的存在，生命是鲜活的、生动的、自主的、不断发展变化的，是需要给予关爱与呵护、并给予支持和帮助的，这才是教育学对人的认识所应有的价值取向。

第二节　马克思主义指导教育学中人的认识之思

以马克思主义为世界观和方法论基础进行教育中人的探索，是我们基于对马克思主义理论价值和实践价值认识的选择。这意味着马克思主义关于人的学说作为一种理论具有跨时空的当代性。那么，如何认识这一当代性，这将直接关系到我们对教育中人的认识能否置于一种更加合理、正确的基础之上，以及如何以马克思主义为指导进行教育研究的方法论问题。所以，应特别关注以下几个问题。

一、回到本真的马克思主义理论中去

在第一章我们提到，在当代要想真正体现马克思主义对教育研究的指导作用，就必须既要"走进"又要"走出"马克思主义。而"走进"就意味着要回到本真的马克思主义理论中去，即在忠实于原创的马克思主义理论前提下领会其思想内涵和精神实质。这对于我们以马克思主义人学为理论基础，探索教育学中人的问题而言，同样如此。

首先，回到本真的马克思主义理论，就是要回到马克思、恩格斯等经典作家原初的语境中，深度耕犁其文本的理论意旨，以真实的解读奠定教育学关于人的认识的理论基础。胡塞尔曾经以"放弃现成的给定性，回到事情本身"作为现象学的重要理论入口；海德格尔也曾通过"回到"苏格拉底以前所谓"思之本真性"重写当代思想史的开端。这意味着"回到"是一种历史视阈的整合，是将一个有据可循的马克思主义展现在我们的面前；而非盲目地崇古或机械地退回，更不是要把马克思主义理论作为一种现成的解释法典。

众所周知，我们国家在相当长的一个历史时期内，在马克思、恩格斯等文本的研究中没有自己的主导话语和言说方式，基本上是原苏

联和东欧教科书式的话语移植①,缺乏自己独立的、原创性见解,以至于"似乎只要翻译一套全集,打开一部文本,马克思的思想便毫无遮蔽地在一个平面上全盘展开,剩下的只是根据我们现实的需要,任意地对其中的片断进行同质性(从第一卷的第一页到最后一卷的最后一页)的抽取,拿它'联系实际',拿它来与当代对话,拿它作为'发展'的前提"②。因此,我们所面对的就只能是一个教条的、无思的乃至虚构的马克思,从而难以真正显现马克思主义理论的当代价值。

对于教育学关于人的问题认识来说,回到马克思的原初语境,在今天也就是对马克思关于人的学说进行文本研读。而所谓"文本",并非指特定论著中文字的总合,而是一个极其复杂的历史语境的建构。即任何文本的生成,都必然与作者的文化背景与写作背景密切相关,并随着作者认知系统的变化而改变。"由于文本的形成过程不是一个静止的或线性的思维平铺,也不是一个毫无异质性的自我'独白',而是作者在与他同时代的人的思想交锋和碰撞中陆续形成的(大量的文本群就尤其如此),这就决定了文本的解读必须建立在发生学的基础上,从历史性中去评估其在理论建构中的真正价值"③。因此,对马克思关于人的学说文本的研读,不仅包括对马克思有关经典著作的悉心解读,而且包括对马克思形成有关人的问题思想脉络的穿透式把握。也就是说,既要读出显性的文字语意,又要读出隐性的理论构架。例如,对于马克思关于人的本质观,我们不仅要切实理解马克思的"人的类特性在于自由自觉的活动"、"人的本质在其现实性上是社会关系的总和"

---

① 我们国家的马克思主义经典文献的翻译,从早期的马克思列宁主义文选,到后来的《马克思恩格斯全集》等,基本上都是依赖苏联和东欧马克思主义编译局的前期工作,在原著研究方面的情况更是如此。也就是说,苏联和东欧的传统教科书解释构架,是我们原著研究唯一的制约性前设(张一兵,蒙木桂:《神会马克思——马克思哲学院生态的当代阐释》,北京:中国人民大学出版社,2004年,第204页注释①)。

② 张一兵,蒙木桂.神会马克思——马克思哲学院生态的当代阐释.北京:中国人民大学出版社,2004:204,205.

③ 张一兵,蒙木桂.神会马克思——马克思哲学院生态的当代阐释.北京:中国人民大学出版社,2004:208,209.

以及"人是人的最高本质"这些著名论断的真正含义；还要对马克思是如何从一个青年黑格尔派对"理性人"的崇尚，成为费尔巴哈唯物论人本学的拥护者，进而形成了坚定的历史唯物主义人的本质观的心路历程有一个全面的把握。只有这样，才能真正领会马克思关于人的本质思想的理论内涵和精神实质，从而也才能真正使其在我们今天的教育学关于人的探索中，发挥出应有的理论和实践指导作用。

其次，回到本真的马克思主义理论，就是要回到学术层面的马克思主义理论研究中去。我国自20世纪初接受马克思主义以来，可以说是意识形态化大于学术研究，"就20世纪而言，大多数论者理解和接受马克思主义，并不是把它当作一种单纯的学术对象，而主要是将其视为一种诠释时代问题和结局现实矛盾的策略、手段而考虑的"[①]。如此对马克思文本的解读，往往是解读者从既有的政治立场出发，根据当时的现实状况生发、概括出一些观点，然后到马克思的文本中去寻找论据和支持，并以此强化对自己的观点和策略的信念。很显然，这样对马克思文本的解读，就只能是充满了意识形态色彩和政治性考量，并使对马克思理论的阐释随着意识形态的转换，成为一种忽左忽右的政治游戏。"例如，对共产党宣言的解读，冷战时期将它的主旨意图概括为阶级斗争、'两个决裂'和'两个不可不避免'，现在又从中'读出'世界历史理论、世界史观抑或全球化思想。这些对立的观点由同一文本中生发出来，严重割裂和肢解了原始文本的完整性和真实内涵，损害了马克思文本研究的严肃性、科学性和恒定性"[②]。

所以说，回到本真的马克思主义理论，就必须是在学术层面对马克思等经典作家有关文本的解读和诠释。在此，可以有解读者不同的理解、观点和论断的分歧，但却是遵从逻辑与理性的分歧，不是趋同

[①] 聂锦芳．清理与超越——重读马克思文本的意旨、基础与方法．北京：北京大学出版社，2005：1

[②] 聂锦芳．清理与超越——重读马克思文本的意旨、基础与方法．北京：北京大学出版社，2005：2

权威与时尚的分歧。例如,对马克思关于人性的揭示,既不能单纯地作为一种与压抑人性相对立的人道主义来理解,也不能为了迎合国家"以人为本"的策略解释为一种人本主义;而是要立足马克思原初对人的问题关注的立场和理论旨趣,在学术探讨而非政治需要的意义上领悟马克思对人性揭示的思想内涵,为我们今天更加深刻地认识人的问题提供一种思想资源和理论视角。

可以说,以马克思主义为指导进行教育学的理论构建,在我国已成为一种学术传统,但是,扪心自问,我们又有多少关于马克思主义理论学术层面的探究呢?而若缺乏这一学术探究,我们又怎能避免对马克思主义忽左忽右、忽冷忽热的态度呢?所以,我们今天基于马克思主义人的学说探究教育学中人的问题,必须是建立在学术层面对马克思主义理论的掌握,否则将无法真正体现马克思主义理论的当代价值。

二、开拓可能的马克思主义价值域

马克思主义人的学说对当代教育学人的问题认识的影响力,当然首先体现在其理论的现实性上,即马克思主义人学理论本身对人的问题的揭示所具有的合理性、科学性和启发性。例如,马克思对人性的社会本质的解剖,他对人的实践本质的揭示,以及他对资本主义条件下人的生存状态和发展形态的分析等,都既超越了同时代相关的理论或学说,又体现出跨时空的理论建树和非凡的思想生命力。然而,在我们看来,马克思主义人学的当代价值并不仅仅在此,或者说,更能体现马克思主义人学当代价值的是其所具有的可能性。回到本真的马克思主义理论中去,只是实现马克思主义理论当代价值的重要前提和基础,而对马克思主义理论可能性的挖掘和开拓,才是真正意义上的马克思主义理论当代价值的体现。

所谓理论的"可能性",是指一种理论一旦产生,就交付给后人阅读和理解,并在与后人的对话中不断延续和增值其意义。这是一个开放的、在对话中生成和形成理论传统的过程。也就是说，任何一种具有影响力的理论文本，其意义都不是封闭的，而是向着未来有待展现和敞开的；同时这种意义也不是既定的，而是生成于读者和作者的对话之中的；不仅如此，一种有意义的理论还在于它开创了一种思想的传统，为后人留下了充分的参与和创作空间，"'传统'不是一种静止凝滞的'实体'，相反，'生成流变'和'自我超越'是'传统'成为可能的基本条件，或者说，传统根本不是一个'名词'，而是一个时刻保持创造态势的'动词'"①。这就表明，理论的意义正是在这种传统形成中不断生成和增值的。因此，理论的可能性，也就意味着理论所具有的潜在的价值性。

后现代大师德里达曾经把马克思喻为"幽灵"，称之是"不在场的在场"、"不可见的可见性"，意即在当今时代，马克思仍与我们同在，只是这种"同在"，不是一种实体意义的、现成的在场，而是精神性的、开放的在场。虽然我们都是马克思遗产的继承人，但是"我们首先要考虑的就是遗产的根本的和必要的异质性，是必定存在于遗产之中的无对立的差异性以及一种非辩证的'不一致'和近乎并置的关系……遗产根本就不能被聚集在一起，它根本就不是一个自身完整的整体……你必须过滤、筛选、批判，必须挑选出几种不同的可能"。而且，"如果遗产的可阅读性是给定的、自然的、透明的、单义的，如果这种可阅读性既不要求同时也不对抗解释，那我们就没有什么可以从中继承的东西了。那么我们受它的影响就像是受一种自然的或遗传的因素的影响"②。很显然，德里达在此所表达的是：马克思对我们的影响是一种潜在的、可能性的影响，而不是实体的、现成性影响。或者说，就马克思理论的当代价值而言，其理论的可能性上高于理论本身。

从价值意义上说，理论的可能性之所以高于理论本身，是因为任

---

① 贺来.关于马克思哲学"当代性"的理论思考.天津社会科学，2000，(6)：11-16
② 雅克·德里.马克思的幽灵.何一译.北京：中国人民大学出版社，1999：25

何理论都是在特定历史条件下产生的,"天才的思想家虽然常可以超出时代,提出富有预见力的思想,但就总体而言,它仍然是其时代的产儿,无论是所针对的问题、运用的材料、论证的方式、使用的语言、思考的方法等,都深植于具体的生活世界场域,不可避免地印染着时代特有的底色"①。从而,任何理论也就不可避免具有时代的局限性。"请求鸭嘴兽原谅"是恩格斯晚年的一个故事。当时,恩格斯和一般的科学家都认为,凡是哺乳类动物都是胎生的,不可能是卵生的。然而,1843年英国博物馆却展出了澳洲的一种哺乳类动物——鸭嘴兽生的蛋。后来恩格斯在给朋友康·施米特的信中写道:"我在曼彻斯特看见过鸭嘴兽的蛋,并且傲慢无知地嘲笑过动物会生蛋这种愚蠢之见,而现在这却被证实了!因此,但愿您对价值概念不要做我事后不得不请求鸭嘴兽原谅的那种事情吧!"② 所以,在恩格斯看来,"从我们接受了进化论的时刻起,我们关于有机体的生命的一切概念都只是近似地和现实相符合。否则就不会有任何变化;哪一天有机界的概念和现实绝对符合了,发展的终结也就到来了"②。这就是说,理论的价值并不在既有的、原版的理论样式中,而在它自身的发展态势中,在它通过与当代人创造性的对话所生成的意义中。当然,这种发展和对话是不能脱离原版的理论样式的,是基于原版理论意义的挖掘和生发。

如此而论,对于马克思关于人的学说当代性的认识,实际上可归结为是把马克思人学视为一种对当代人的生存与发展具有启迪意义、并可继承与发扬的可能性理论,还是将其看做一种凝固不变的、现成的实体理论。事实上,只有是前者,才能使马克思人学得到丰富和发展,进而也才能充分显现出其应有的当代价值。因此,在我们今天基于马克思主义人的理论认识教育学中人的问题过程中,所要着重思考的就是:如何在读懂和领会马克思等有关言说的基础上,结合当代人

---

① 贺来.关于马克思哲学"当代性"的理论思考.天津社会科学,2000,(6):11-16
② 中共中央马克思恩格斯列宁斯大林著作编译局.马克思恩格斯选集(4).北京:人民出版社,1995:747

的现实生存境遇,以及教育这一人的特殊生活领域,在保持一种"历史间距"的前提下与他们沟通、对话,并在这种沟通、对话中敞亮马克思主义人学思想的当代意义。例如,马克思的"实践生成人"的本真含义是什么?今天,在教育的视阈中,"实践生成人"又意味着什么?在现实的境遇中,如何实现实践对人的生成?只有在这一系列循环往复的解读、思考和对话中,马克思主义人学理论中那些对我们当前有关人的问题仍有解释力和启迪意义的思想资源才能清晰地展现出来。正是在这个意义上,我们特别强调对于马克思主义人学理论当代性的弘扬,应最大限度地开发其可能性价值。

三、准确把握当代人的现实生活本质与问题

正确认识自我,是正确认识对象的必要条件。对于马克思主义理论当代性的呈现,还必须建立在对我们自身所处的时代背景、生活旨趣及现存问题的准确透视和把握上。前面我们提到的"回到事情本身",一方面是要回到马克思主义理论原初的语境中,另一方面则是要回到我们当下的生存境遇中,即从我们的现实生活旨趣出发,与马克思主义的理论文本展开创造性的对话,才有可能使马克思主义理论的当代意义充分呈现出来。

一般来说,如果在失去自我、缺乏对自我认识的前提下解读一种理论,弘扬其所谓的当代性,将陷入两种抽象化的思想倾向:一是主观随意的倾向,即对原版理论独断和轻率的为我所有,最终将脱离原版理论的思想传统;二是无视自我的生活旨趣和理解视野,完全消除我们与原版理论之间客观存在的历史间距,还原出一个超历史、超时代的"原本理论",从而陷入"理论实体主义"。这两种倾向在表面上似乎彼此对立,但其结果却是完全一致的,那就是在极力推崇一种理论的过程中,既失去了自我,也失去了理论本身,当然就更谈不上体现理论所具有的当代价值了。因此我们说,对自我的准确定位和把握,是我们对话原版理论的"前理解"设置和清理,惟其如

此，我们才能在理解自己的同时更深刻地理解原版理论，也才能重新审视原版理论珍贵的思想资源，并建设性地挖掘其所蕴涵的理论"可能性"。

我们将教育学中人的问题的探索，建立在马克思主义关于人的学说的理论基础上，也就是要对马克思主义人的学说的当代价值予以深刻的认识和挖掘。而这种认识和挖掘则必须建立在对现实社会教育中人的生活本质和问题的准确把握上，包括对其生活背景、生活状态、生活需要和生活追求等的正确理解。只有这样，才能使马克思主义人学理论对我们当代教育学中人的认识方面的意义充分体现出来。

第三节 教育学关于人的认识理路

人是教育的第一问，对人的认识是教育学必须解答的第一个课题，那么，教育学究竟应如何认识教育中的人呢？

一、以人的方式认识教育中的人

马克思立足"现实的人及其活动"对人的探究，实际上是开辟了一种新的人之认识的思维方式，即以人的方式认识人。应该说，正是这种思维方式，使人学研究由思辨走向了实证，由抽象走向了具体，由理论走向了实践。因此，教育学关于人的认识也必须遵循这一思维方式。

我们国家自20世纪80年代以来的人学研究，的确取得了骄人的成绩，不仅对弘扬人道主义、张扬人的个性和主体性以及坚持以人为本起到了推波助澜的作用，而且为人之自我认识的理论发展作出了重要贡献。然而，不能否认的是，我们的人学研究在理论深度、理论创新方面还存在着严重的不足，而这种不足主要是源于研究方式的内在缺陷。

西方哲学史上一直存在两种不同的哲学范式：一种是追求普遍性知识的、思辨的理论哲学或意识哲学范式；另一种是关注生命的价值和意义的实践哲学或文化哲学范式。前者是与"科学"的含义基本相同的哲学范式，其理论意义主要指向严密的理性逻辑、普遍的真理和知识体系，在理论形态上表现为形而上学和认识论。后者是一种实践哲学范式，其理论意义主要指向人的天职和使命、正当生活的价值和意义，其理论形态表现为伦理学或道德哲学、美学等。新康德主义的重要代表人物李凯尔特将这两种哲学范式明确区分为意识哲学和文化哲学。他指出，受自然科学支配的意识哲学的方法是一种普遍化的方法，它排斥特殊性和个别性，强调自然之物中的普遍性和同质性，寻找规律性。而文化现象与自然现象相比具有很大的独特性，文化作为人为现象的突出特征是其价值内涵，衡量价值的根本标准不是其客观性问题，而是它的意义内涵。因而，文化哲学的方法不应是普遍化的方法，而应当是个别化的历史方法，它尊重文化的个别性和价值内涵。

由此反观我们对人的问题的认识，应该说基本上是一种理论哲学或意识哲学的研究范式，体现为对有关人的概念、原理及各种关系的普遍性的探究比较热衷，而对现实人的生存、生活及其意义和独特性关注不够。人们"习以为常地停留在非常宏大和一般的理论描述层面上，自觉不自觉地抽象出人的一些普遍特征，大而化之地勾勒出人之发展的过去、现在和未来的时空坐标系，并进行一些概念和范畴的推演和排列组合，偶尔外在地、表层次地联系一下实际，然后做一些永远正确、普遍适用，而又可有可无的理论指导或理论呼吁"[①]。如此人之认识，由于脱离了"现实的人及其活动"，缺乏实践和文化意识，因此在研究中难免会丢失了真正的人，从而也难以取得理论的突破和

---

① 衣俊卿.关于人学研究内在局限性的反思.江海学刊，2005，(5)：25-30

创新。

教育学对人的探究要想有所建树，就必须转变这种理论或意识的哲学思维方式为实践或文化的哲学思维方式，切实做到以人的方式认识教育中的人，在教育的特殊境遇中认识人，立足教育中人的实践活动把握人，从而使教育真正达到对人的发展的促进。

二、明辨"抽象"与"具体"的关系

在马克思主义实践哲学的影响下，我们每一个研究者几乎都明白：不能抽象地看问题，要具体地分析问题。而且，似乎人们也基本上认同：凡是从本质、意识、精神、价值等层面对人的谈论，就是一种抽象的研究人；凡是从实践、现实、物质等层面对人的谈论，才是具体的研究人。然而，究竟什么是"抽象"，什么是"具体"？这并不只是一个用词或研究对象的问题。在马克思看来，"具体之所以具体，因为它是许多规定的综合，因而是多样性的统一。因此它在思维中表现为综合的过程，表现为结果，而不是表现为起点，虽然它是现实的起点，因而也是直观和表象的起点"[①]。恩格斯也曾指出，"任何一种社会哲学，只要它还把某几个论点奉为自己的最终结论，只要它还在提供'莫里逊氏丸（灵丹妙药）'，它就远不会是完备的；我们最需要的不是空泛的结论，而是研究。结论要是没有使它得以成为结论的发展过程，就毫无价值，这一点我们从黑格尔那时就已经知道了；结论若本身固定不变，若不再成为继续发展的前提，就比无用更糟糕"[②]。

很显然，具体是"许多规定的综合"，是"多样性的统一"，是"结论的发展过程"。从这样的视角来看，在关于人的研究中，对于人的本质、精神、意识、价值、自由等的强调并不必定是抽象的，而完

---

① 中共中央马克思恩格斯列宁斯大林著作编译局. 马克思恩格斯选集（2）. 北京：人民出版社，1995：18

② 中共中央马克思恩格斯列宁斯大林著作编译局. 马克思恩格斯全集（3）. 北京：人民出版社，2002：511

全可以是具体的和历史的。例如，马克思对人的本质的分析，有从人对人的依赖，到人对物的依赖，过渡到人的全面发展的人的发展历程的探索；有"自由自觉的活动是人的类本质"、"人的本质在其现实性上是社会关系的总和"、"人是人的最高本质"的多重规定的揭示，从而向我们展示的是一个具体的、历史的、现实的人的本质观。又如，雅斯贝尔斯对于历史精神从世界历史"轴心时期"的自觉，一直到科技时代的精神状况的分析，是具体地植根于人类文化精神的演进历程的，因而具有特别的深刻性。因此，"具体"是对研究对象丰富性的展现，是对研究对象形成和发展过程的揭露，而不是研究对象本身。相反，那些以所谓的实践、现实等具体概念为对象的研究，恰恰可能是一种抽象的研究。例如，关于人的实践本性的研究，如果人们只是热衷于争论：实践的本质规定性是主观的，还是客观的，抑或是主客观统一的？实践的功能是什么？实践的要素和形式包含哪些？也就只能是一种抽象的对实践的理解。

当然，对于在实践的意义认识人，那些有关实践本身的理论探讨是必要的，但我们的研究不能只停留在这个层面，而忽略关于人和实践的历史的和文化的内涵的具体分析。真正的马克思主义实践人学理论，不是这种关于概念和原理的争论，而是结合不同时代的交往方式、生产力、人与人的关系等具体历史情境对人和实践的论述，是对阻碍人和实践的自由本质的异化力量的无情批判。虽然，抽象是理论研究所必须，但它只是研究的第一步，"在第一条道路上，完整的表象蒸发为抽象的规定；在第二条道路上，抽象的规定在思维行程中导致具体的再现"[1]。也就是说，"抽象的规定"只有"导致具体的再现"，才是真正具体的、也是完整的科学理论研究。

如此而论，我们的教育学关于人认识要从有关人的各种抽象规定

---

[1] 中共中央马克思恩格斯列宁斯大林著作编译局.马克思恩格斯选集（2）.北京：人民出版社，1995：18

（概念或原理），深入到这些规定的各种具体构成要素，即把人置于具体的实践活动和生活世界中加以理解。同时，还要特别注意防止把实践和生活世界抽象为一种外在实体的理论倾向，杜绝用现成的原理和普遍的理性观念去解释每一时代的精神特质和人的存在特征；而是必须把实践作为历史活动得以展开的人的具体的生成活动，把生活世界作为人的实践活动得以进行、人的生命价值得以生成的文化构成，在历史进程和现实生活世界中认识人之所在、所为的价值和意义。

三、在"综合"中提炼关于人的知识

教育学对人的问题的认识，就是对教育中人之奥秘的探究。而在教育学中并非存在着所谓"人学空场"，如有哲学、人类学对教育中人性、人本的揭示；有生理学、心理学等对教育中人的身心结构和发展规律的解析；还有政治学、经济学、社会学等对教育中的人与社会及他人关系的研究。然而，如前所述，这些研究虽然是教育学关于人的认识的重要理论基础，但却不能代替教育学对人的研究，因为它们不是基于教育的特殊境遇对具体生存于教育中的人的揭示。所以，教育学应将其他一切有关人的知识综合在教育的视角下，形成一种特有的对教育中人的认识。

在国内外有关教育学学科性质的探讨中，虽然有理论的、实践的、哲学的、科学的、抑或人文的等学科性质之争，但人们目前更多地倾向于认为教育学是一门综合性学科，这在一定的意义上也就意味着教育学的知识性质是一种综合性知识。一般认为，"综合性"要么指教育学的知识是各学科知识的综合；要么指教育学的知识是基础理论知识和实用理论知识的综合。而杜威则将这一综合看做是"哲学与科学的'教育'综合"和"'教育科学'的'实践'综合"。在他看来，"教育科学"是"人文的对象与改造了的科学程序与方法的综合"，是"改造了的科学的探究程序与实践的目的的综合"。在此，杜威一方面不赞成把教育科学作为其他科学演绎推理的结果；另一方面他坚持"没有一门特别独立的教育科学"，"没有内在的教育科学的内容"。真正统一的

教育科学,"是实践者在哲学、科学资源的提示下,进行观察与思考、提出问题与假设、解决问题与验证假设而得出的科学理论。这个过程既是一个科学研究的过程,又是一个为着某种教育目的的实践过程,同时还是一个理解人之实践的目的与意义的过程"[1]。很显然,杜威对"教育科学"的认识,是立足于两个基本点之上的:教育与实践,即教育科学首先应是"教育"的理论或知识,而这一理论或知识是具有鲜明的"实践"性的。因此,在杜威那里,其他学科知识与教育的实践过程一样,都是"教育科学"的重要资源,但不是"教育科学"的内容。

如此说来,教育学在综合各种有关人的知识形成对教育中人的特有认识时,就应该是依据教育实践的需要与目的,形成体现"教育"特质的人的知识,而不是直接把各学科的关于人的知识拿来"综合"(实则是拼凑)为教育学关于人的知识。其实,真正的综合应是"提炼",即从教育实践出发,对各种知识资源进行提炼,形成教育学的知识。也就是说,教育学对教育中人的研究不能是各种有关人的知识简单相加式的"综合",而是在立足教育实践的基础上,通过对各种有关人的知识的加工、提炼,形成具有"教育"性质的人的知识,也就是教育学对人的认识。

提炼,顾名思义,就是从原材料中提取出一种新质产品。这意味着教育学对人的认识,不是要抛开其他学科关于人的知识,另起炉灶构建出一个有关教育中人的理论体系;而是要把这些知识作为原材料,在教育实践的目的与需要作用下,形成一种对教育中人的特殊认识。很显然,这种认识是离不开其他学科知识的资源的,但同样也离不开教育实践的资源。我们之所以特别强调基于教育学立场对教育中人的认识,是对各种有关人的认识的提炼而非综合,是因为我们认为教育中人的人性表达、生存状态、发展规律等,是有其特殊性的。而只有对这一特殊性质予以深刻的理解和把握,才是对教育中人的真正认识,

---

[1] 唐莹. 元教育学. 北京:人民教育出版社,2002:110

也才能充分体现教育对人的存在与发展而言所具有的价值。

教育学对各种关于人的知识的"提炼"具体体现为：首先，以各种有关人的知识为认识之"前见"。苏联教育家苏霍姆林斯基曾经说过，凡是和人相关的一切知识都与教育有关；如今人们也经常说"教育学就是人学"；倘若要问"什么是教育"就等于问"什么是人"。的确，教育是关乎人的活动：教育的对象是人，教育的目标是影响人，教育所构成的是一个人——人系统。因此，对教育中人的认识，是不能离开各种有关人的知识的。但这些知识并不直接就是教育中人的知识，而是认识教育中人的基础，即对教育中人的理解的"前见"。

其次，实现认识视角的转换。各种有关人的知识之所以不能等同于教育中人的认识，是因为它们不是从教育的视角对人的分析和理解，无法体现"教育"这一现实的人的本质特性和生存状态，所以，必须实现认识视角的转换。例如，把对人性的认识，转换为对在教育过程中人的现实需要的分析；把活动在人的生成中的意义的理解，转换为教育中人的生存方式和生成机制的探索；把对人的身心发展一般规律的把握，转换为教育过程中人的发展意蕴、发展需求、实现机制等的研究，如此等等。总之，就是把对人的认识置于"教育"的视角下。

四、教育中"人的存在"到"人的生成"的教育人学构思

近些年，在我国哲学界"人学"的引领和教育发展的内在理论诉求下，我国教育的理论研究中开始出现了以"人学"为核心概念的论说，例如，"作为人学的教育学"、"马克思主义'人学'与教育现代化"、"创新教育：一种人学范畴的思考"、"论人学视野中的教育真义"及"论教育研究的人学路径"等；进而发展到"教育人学"概念的出现，如"教育人学论纲"[①]；"教育人学——当代教育学的人学路向"[②] 等。

---

① 扈仲平，蔡春．教育人学论纲．华东师范大学学报（教育科学版），2003，(3)：1-9
② 王啸．教育人学——当代教育学的人学路向．南京：江苏教育出版社，2003

对于教育人学的内涵，不同的学者有不同的理解，例如，扈中平、蔡春在他们的"教育人学论纲"中指出：教育人学是在人学世界观的信念指导下，整体地把握与透视教育，而不是照搬人学的分析框架。也就是说，教育人学所要做的工作，就是要以人学世界观为基点，对教育现象进行深刻而生动的描述，使真实的人、大写的人凸显于教育中，并使这种教育人学世界观深入教育者的内心，成为他们内隐的世界观。教育人学透过人学的教育学可以从两个层面上来考察教育中人学世界观的树立：其一，关注对作为终极价值的人的尊重，即人的存在本身对于世界、对于教育、对育人本身的意义……其二，关注作为抽象的人是如何成为现实社会历史活动的主体的，是"如何成为一个人"的，即是说，教育引导人"做人"。

王啸在其"教育人学内涵探析"中认为：教育人学是教育学与人学相结合的产物。它意味着，在充分吸收当代人学研究成果的基础上，去思考以人为目的、以人为对象、以人为主题的教育，能够为人的解放做出什么。所以说，教育人学是面向整个教育的，即它关注的绝不仅仅是教育的某一两个方面，而是教育得以成立、得以存在的根本条件和合法依据。教育人学的基本内涵包括三个层面——教育：人是目的；教育：人之生成；教育：人对人的活动。

虽然人们对教育人学内涵的理解有所不同，但其中也不乏一些共同的认识，表现为：首先，人们都倾向于把人学看作透视与把握教育的世界观和方法论。其次，都强调通过人学对教育的把握是一种整体性把握，而非对教育某一方面、某一具体问题的把握。再次，所谓对教育的整体性把握，实际上就是对教育中的人的整体把握。

对于教育人学的这种理解，笔者是比较赞同的，只是认为教育人学不应是教育学与人学合二为一的概念，而应该是一个纯粹的教育学概念，人学只是作为一种隐形的世界观和方法论被吸纳到教育学的范畴中。进一步说，教育人学是立足教育学立场对人的思考，而非人学立场对人的思考，但又必须借鉴人学对人的认识。由此而论，以教育视界中人的方式对人的理解和把握，就应该是对教育中人的生存和活动方式，以及教育中人的生成机制和生命价值理解和把握。

虽然人学研究的缘起，是因人们对自我生存状况的深切关注，对自我发展的理想追求，以及对整个人类前途命运的终极关怀。但是，综览目前的人学研究，当我们竭尽全力在为人的本质、人的价值、人的发展、人的关系等寻找一个理想、满意的答案时，当我们追求一种所谓"整体人"、"个体人"的探寻时，我们似乎丢掉了马克思主义人学的一个最根本的东西——现实人的存在和发展。即人学所要探究的人，是处在一定"社会关系"（也就是特定境遇）之中的人，是能够"经验到"的人，是从事着"实践活动"的人，而不只是一个"大写的人"、"超验的人"。因此，尽管如火如荼的人学研究，为我们增添了丰富的有关人的理性知识，但面对现实中人的种种谜团，我们仍茫然不知所措。鉴于此，我认为教育人学的探究，应改变一般的人性、人的本质、人的价值、人的发展等问题的人学研究思维路径，循着从教育中人的存在到教育中人的生成的致思理路，给予教育中的人以理论关照，这种关照具体体现为以下几个方面：

首先，对教育中人的生存与活动方式进行深入的考察和分析。认识"现实中人"，就必须从其生存和活动的方式着手进行考察，因为"个人怎样表现自己的生活，他们自己就是怎样。因此，他们是什么样的，这同他们的生产是一致的——既和他们生产什么一致，又和他们怎样生产一致"①。这是马克思主义人学交给我们解密人的问题的"法宝"和"锁钥"。也就是说，对现实中人的认识，就必须深入现实中人的存在与活动方式及其各种矛盾关系之中，才能真正再现人"何所是"、"何所为"；这样的人学研究也才真正对人生有意义。正如有学者提出的："我们为什么要研究'人'？换句话说，研究'人'对我们来

---

① 中共中央马克思恩格斯列宁斯大林著作编译局．马克思恩格斯选集（1）．北京：人民出版社，1995：67，68

说究竟意味着什么？这个似乎不必提的问题，实际上并不是自明的。"①应该说，人对自己的认识，不只是为了满足知识论上的兴趣，也不是为了去认识一个除去我们自身之外的"一般人"。我们研究人，是"为了人的生命活力的充分激发和释放，为了使人的生存的世界真正成为人的家园"①。

教育人学对人的探究同样如此，它是为了焕发教育中人的生命活力，是要提升人的生命质量，是要让教育的时空真正成为人的精神家园。因此，教育中人的生存与活动方式，便成为教育人学首当其冲的问题。

其次，对教育中人的生成机制进行研究。马克思借鉴黑格尔"劳动"在人类产生和发展中的作用的思想，认为劳动创造了人，人的本质只有在劳动中才能得以确认。这一结论是否也适合对教育中人的认识？也就是说，实践是马克思考察人的立足点，而劳动在马克思看来又是人的最基本的实践活动，那么，在教育过程中人的实践活动是怎样一种形式？教育中的人又是如何确证自己的本质的？就笔者理解，一个人确证自己本质的过程，也就是他作为一个现实中的人的生成过程，而他所借助生成的实践活动便构成了其生成的机制，透过人的生成机制便可以窥探到人的本质所在。因此，教育人学必须对教育中人的生成机制进行探讨。

最后，对教育中人的生命价值进行探讨。现实中的人是一个自然存在的人，更是一个超越自然存在的人。所谓超越自然存在，即人是追寻人生意义、趋向生命价值的存在，而且，这种存在与教育的关系最为密切。因此，对教育中人的认识，除了对其现实的生存状况和生成机制进行考察外，还必须对这一特殊生命个体——具有价值承载的生命个体进行分析，只有这样，才构成教育人学对现实的、完整的、个体的人的认识。

---

① 张曙光.生存哲学——走向本真的存在.昆明：云南人民出版社，2001：48

教育，无论是体现对人的关爱，还是彰显对人的价值，都必须通过对人的认识来实现；而对人的认识又必须借助人类各种思想资源。马克思主义人学是当代社会人之认识最宝贵和丰富的思想资源，有待教育学研究的深入挖掘与合理运用。同时，教育学对人的认识任重而道远。

参 考 文 献

埃·弗洛姆.1988.为自己的人.孙依依译.北京：读书·生活·新知三联书店
埃德加·莫兰.1999.迷失的范式：人性研究.陈一壮译.北京：北京大学出版社
埃米尔·诺埃尔.2000.今日达尔文主义.朱晓洁译.北京：北京大学出版社
安斯托伊科威奇.1979.南斯拉夫哲学论文集.中国社会科学院哲学研究所《哲学译丛》编辑部编译.北京：读书·生活·新知三联书店
奥兹门,克莱威尔.2006.教育的哲学基础.石中英,邓敏娜译.北京：中国轻工业出版社
巴格莱.2005.教育与新人.袁桂林译.北京：人民教育出版社
巴拉诺夫等.1979.教育学.李子卓等译.北京：人民教育出版社
鲍·斯拉文.2006.被无知侮辱的思想——马克思社会理想的当代解读.孙凌齐译.北京：中央编译出版社
博尔诺夫 O F.1999.教育人类学.李其龙译.上海：华东师范大学出版社
曹孚.1954.教育学通俗讲座.北京：人民教育出版社
陈成文.1997.个人社会化：一个概念的再探讨.求是学刊,(2)：26-28
陈桂生.1988.人的全面发展理论与现时代.上海：上海教育出版社
陈桂生.1993.马克思主义教育论著研究.上海：华东师范大学出版社
陈桂生等.1988.中国教育基本理论的新进展.见：《教育研究》杂志编辑部.党的十一届三中全会以来中国教育科学的回顾与展望.北京：教育科学出版社
陈志尚,张维祥.1998.关于人的需要的几个问题.人文杂志,(1)：20-26
陈志尚.2005.人学原理.北京：北京出版社
成有信.1985."三个面向"与现代教育的本质.教育研究,(3)：3-9
储朝晖.2004.论教育研究的人学路径.教育理论与实践,(1)：10-13
崔金赋.1995.人类潜能的哲学意蕴——论人的潜能需要、可能和现实.云南师范大学哲学社会科学学报,(4)：43-50
丁学良.1983.马克思的"人的全面发展"概览.中国社会科学,(3)：127-153
董标.1999.马克思主义教育思想论纲.徐州：中国矿业大学出版社
范宝舟.2005.论马克思交往理论及其当代意义.北京：社会科学文献出版社

范国睿.2000.教育哲学与教育科学：历史的观点.华东师范大学学报（教育科学版），（1）

菲利普斯，乔纳斯，索尔蒂斯等.2006.学习的视界.尤秀译.北京：教育科学出版社

费尔巴哈.1984.费尔巴哈哲学著作选集（上卷）.荣震华译.北京：商务印书馆

费迪南·费尔曼.2000.生命哲学.李健鸣译.北京：华夏出版社

冯建军，尚志远.2005.走向类主体——当代社会人的转型与教育变革.教育研究，（1）：23-29，47

冯克诚.2006.当代学习理论流派发展与教育论著选读.北京：中国环境科学出版社，学苑音像出版社

冯契.1992.哲学大辞典.上海：上海辞书出版社

冯增俊.1991.教育人类学.南京：江苏教育出版社

弗兰克·戈布尔.1987.第三思潮：马斯洛心理学.吕明，陈红雯译.上海：上海译文出版社

高清海，胡海波，贺来等.1998."类生命"与"类哲学"——走向未来的当代哲学精神.长春：吉林人民出版社

高伟.2006.生存论教育哲学.北京：教育科学出版社

格奥尔格·西美尔.2003.生命直观.刁承俊译.北京：生活·读书·新知三联书店

顾明远.1990.教育大辞典（第1卷）.上海：上海教育出版社

顾明远.1999.教育大辞典（简编本）.上海：上海教育出版社

郭艳君.2005.历史与人的生成——马克思历史观的人学阐释.北京：社会科学文献出版社

哈贝马斯.1994.交往行动理论（第一卷）.洪佩郁，蔺青译.重庆：重庆出版社

哈贝马斯.1998.交往与社会进化.张博树译.重庆：重庆出版社

哈贝马斯.1999.作为"意识形态"的技术与科学.李黎，郭官义译.上海：学林出版社

哈维兰 W A.2006.文化人类学.瞿铁鹏，张钰译.上海：上海社会科学院出版社

海德格尔.1987.存在与时间.陈嘉映，王庆节译.北京：读书·生活·新知三联书店

韩明友．2004．人性的起源——从动物本能到人类本性的进化．吉林：吉林科学技术出版社

韩庆祥．1992．马克思主义人学思想发微．北京：中国社会科学出版社

韩庆祥，亢安毅．2005．马克思开辟的道路——人的全面发展研究．北京：人民出版社

韩庆祥，邹诗鹏．2001．人学——人的问题的当代阐释．昆明：云南人民出版社

韩淑萍，姜德刚．2003．论人学视野中的教育真义．内蒙古师范大学学报（教育科学版），（2）：5-8

汉斯·伽达默尔．1988．科学时代的理性．薛华译．北京：国际文化出版公司

贺来．2000．关于马克思哲学"当代性"的理论思考．天津社会科学（6）：11-16

贺来．2001．生存哲学：中国语境及其使命．哲学动态，（1）：11-15

贺照田．2002．现代性的曲折与展开．长春：吉林人民出版社

赫德尔 J G．1998．论语言的起源．姚小平译．北京：商务印书馆

赫舍尔．1993．人是谁．隗仁莲译．贵阳：贵州人民出版社

黑格尔．1979．精神现象学（上卷）．王玖光，贺麟译．北京：商务印书馆

黑格尔．1979．美学．朱光潜译．北京：商务印书馆

扈中平．1997．教育目的论．武汉：湖北教育出版社

扈中平．1998．人的全面发展——历史、现实与未来．成都：四川教育出版社

扈中平．2005．"人的全面发展"内涵新析．教育研究，（5）：3-8

扈中平，蔡春．2003．教育人学论纲．华东师范大学学报（教育科学版），（3）：1-9

黄克剑．1996．人韵——一种对马克思的读解．北京：东方出版社

黄永军．2005．论人的需要的合理满足．河南大学学报（社科版），（2）：170-173

隽鸿飞．2004．论发展的多重内涵．唯实，（7）：13-17

卡西尔．人论．2003．甘阳译．上海：上海译文出版社

康德．1997．康德文集．刘克苏译．北京：改革出版社

康渝生．2004．马克思主义哲学的人学致思理路．北京：社会科学文献出版社

莱斯利·P．斯特弗，杰里·盖尔．2002．教育中的建构主义．高文，徐斌艳，程可拉等译．上海：华东师范大学出版社

兰德曼 M．2006．哲学人类学．阎嘉译．贵阳：贵州人民出版社

郎格朗．1985．终身教育引论．周南照，陈树清译．北京：中国翻译出版公司

劳丹．1990．进步及其问题．刘新民译．北京：华夏出版社

勒德雷尔．1988．人的需要．邵晓光译．沈阳：辽宁大学出版社

李家成．2006．关怀生命：当代中国学校教育价值取向探．北京：教育科学出版社

李楠明．2005．价值主体性——主体性研究的新视阈．北京：社会科学文献出版社

李荣海．2005．从"人"的发现到"以人为本"——马克思的'人学'发展理路．理论学刊，（1）：20-25

李中华．2005．中国人学思想史．北京：北京出版社

厉以贤．1992．马克思主义教育思想．北京：北京师范大学出版社

利伯特 R M．1983．发展心理学．刘范译．北京：人民教育出版社

联合国教科文组织国际教育发展委员会．1996．学会生存——教育世界的今天和明天．北京：教育科学出版社

联合国教科文组织总部中文科．1996．教育——财富蕴藏其中．北京：教育科学出版社

列宁．1972．唯物主义和经验批判主义（《列宁选集》第2卷）．中共中央马克思恩格斯列宁斯大林著作编译局译．北京：人民出版社．

列宁．1973．哲学笔记．中共中央马克思恩格斯列宁斯大林著作编译局译．北京：人民出版社

林崇德．2003．心理学大辞典（上）．上海：上海教育出版社

凌娟．1982．教育是促进个体社会化的过程．教育研究，（6）：8-12

刘放桐．2002．马克思主义与西方哲学的现当代走向．北京：人民出版社

刘峰．1988．人与教育．长沙：湖南教育出版社

刘慧群．2004．交往理论研究的心理学基础．怀化学院学报，（1）：110-112

刘敬鲁．2001．海德格尔人学思想研究．北京：中国人民大学出版社

刘翔平．2001．寻找生命的意义——弗兰克尔的意义治疗学说．武汉：湖北教育出版社

卢继传．1987．现代综合进化论．北京：光明日报出版社

鲁道夫·奥伊肯．1995．新人生哲学要义．张源，贾安伦译．北京：中国城市出版社

陆有铨．1997．躁动的百年．济南：山东教育出版社

米·马尔科维奇，加·彼德洛维奇．1994．南斯拉夫"实践派"的历史和理论．重

庆：重庆出版社

马克思·舍勒.1989.人在宇宙中的地位.李伯杰译.贵阳：贵州人民出版社

马斯洛.1987.动机与人格.许金声，程朝翔译.北京：华夏出版社

马万胜，陈东升.1998.马克思的人论及其教育学意义.教育研究与实验，(3)：10-13，71

迈尔.2003.很长的论点——达尔文与现代进化思想的产生.田明译.上海：上海科学技术出版社

孟明义.1992.教育的本质和教育的阶级性.高教研究与实践，(1)

孟宪承.2006.教育概论.福州：福建教育出版社

米德.1992.心灵、自我与社会.赵月瑟译.上海：上海译文出版社

聂锦芳.2005.清理与超越——重读马克思文本的意旨、基础与方法.北京：北京大学出版社

潘菽.1985.论人的实质的自然方面——新三界说.心理学报，(1)：1-14

彭虹斌.2002.文化哲学视野下的教育交往.华南师范大学学报（社会科学版），(6)：83-88

钱亦石.2006.现代教育原理.福州：福建教育出版社

渠敬东.2006.现代社会中的人性及教育——以涂尔干社会理论为视角.上海：上海三联书店

瞿葆奎.1989.教育学文集教育与人的发展.北京：人民教育出版社

瞿葆奎.1998.教育基本理论之研究.福州：福建教育出版社

全国十二所重点师范大学.2004.教育学基础.北京：教育科学出版社

任平.2003.走向交往实践的唯物主义.北京：人民出版社

任日岂.1997.析哈贝马斯的"交往异化论".中国社会科学院研究生院学报，(6)：51-62

桑新民.1987.人的全面发展学说新探.教育研究，(7)：20-24

桑新民.1993.呼唤新世纪的教育哲学——人类自身再生产探秘.北京：教育科学出版社

石佩臣.1999.马克思主义教育思想引论.北京：中国展望出版社

石中英.2006.论教育实践的逻辑.教育研究，(1)：3-9

舒新城.2006.教育通论.福州：福建教育出版社

孙鼎国.2003.世界人学史（1~4卷）.石家庄：河北人民出版社

孙喜亭.1991.关于教育的本质与功能的探讨.江西教育科研,（4）：1-10

唐莹.2002.元教育学.北京：人民教育出版社

滕纯.1998.中国教育魂——从毛泽东到邓小平.南昌：江西教育出版社

王伯恭.1999.中国百科大辞典.北京：中国大百科全书出版社

王道俊.2005.主体教育论的若干构想.教育学报,（5）：3-17

王汉澜.1992.教育是促使个体社会化完善化的活动过程.河南大学学报（哲社版）,（6）：79-84

王维达.1989.哲学人类学视野中的"人"——舍勒《人在宇宙中的地位》精粹.武汉：湖北人民出版社

王坤庆.2002.精神与教育——一种教育哲学视角的当代教育反思与建构.上海：上海教育出版社

王啸.1998.作为人学的教育学.高等师范教育研究,（5）：16

王啸.2006.教育人学内涵探析.华东师范大学学报（教育科学版）,（1）：3-29

夏征农.2002.辞海（缩印本）.上海：上海辞书出版社

夏正江.2001.教育理论哲学基础的反思——关于"人"的问题.上海：上海教育出版社

项贤明.1996.关于交往与教育的哲学思考.上海教育科研,（4）：8-12

谢弗勒.2006.人类的潜能——一项教育哲学的研究.石中英,涂元玲译.上海：华东师范大学出版社

欣茨曼.1986.学习与记忆心理学.韩进之译.沈阳：辽宁科学技术出版社

徐书业.2002.人类学视野中的教育交往.江西社会科学,（8）：210-212

许邦官.1989.引导、促进儿童的个性化是对教育本质的规定.教育研究,（9）：18-21

薛晓阳.2002.创新教育：一种人学范畴的思考.教育理论与实践,（5）：12-16

雅克·德里.1999.马克思的幽灵.何一译.北京：中国人民大学出版社

杨昌勇.1998."西方马克思主"'思潮与"新"教育社会学理论的关系分析.华东师范大学学报（教育科学版）,（1）：19-24

姚纪纲.2002.交往的世界——当代交往理论探索.北京：人民出版社

叶澜.1999.教育研究方法论初探.上海：上海教育出版社

叶澜.2003.教育创新呼唤"具体个人"意识.中国社会科学,(1):83-98,206

叶澜.2004."新基础教育"发展性研究报告集.北京:中国轻工业出版社

叶澜.2005.二十世纪中国社会科学——教育学卷.上海:上海人民出版社

叶澜.2006.教育概论(修改版).北京:人民教育出版社

叶澜.2006."新基础教育"论——关于当代中国学校变革的探究与认识.北京:教育科学出版社

衣俊卿.2005.关于人学研究内在局限性的反思.江海学刊,(5):24-29

袁贵仁.1994.对人的哲学理解.郑州:河南人民出版社

袁贵仁.1996.马克思的人学思想.北京:北京师范大学出版社

袁贵仁.2000.教育制度改革是治本之策:学习江泽民'关于教育问题的讲话'.求是,(6):11,12

约翰·杜威.1965.人的问题.傅统先,邱椿译.上海:上海人民出版社

约翰·杜威.2001.民主主义与教育.王承绪译.北京:人民教育出版社

岳伟.2005.教育归属于交往行为——交往理论视野下的教育本质解读.扬州大学学报(高教研究版),(4):8-11

岳勇,1997.关于马克思主义人学的几点思考.前言,(2):29-32

张楚廷.2006.教育哲学.北京:教育科学出版社

张健.1989.马克思主义教育思想研究.北京:教育科学出版社

张汝伦.1995.历史与实践.上海:上海人民出版社

张诗忠.1997.生物进化与人类进化的比较.上海:上海社会科学院出版社

张曙光.1994.人的世界与世界的人——马克思的思想历程追踪.郑州:河南人民出版社

张曙光.2001.生存哲学——走向本真的存在.昆明:云南人民出版社

张天宝.2005.走向交往实践的主体性教育.北京:教育科学出版社

张文喜.2004.马克思论"大写的人".北京:社会科学出版社

张一兵.1991.西方人学第五代.上海:学林出版社

张一兵,蒙木桂.2004.神会马克思——马克思哲学原生态的当代阐释.北京:中国人民大学出版社

赵德强等.1996.周恩来教育思想研究.福州:福建教育出版社

赵敦华.2005.西方人学观念史.北京:北京出版社

赵卫.1995.人的全面发展理论与教育.兰州：甘肃文化出版社

赵卫.2000.马克思主义"人学"与教育现代化.教育科学，（3）：1-4

赵中建.1996.教育的使命——面向二十一世纪的教育宣言和行动纲领.北京：教育科学出版社

郑召利.2002.哈贝马斯的交往行为理论——兼论与马克思学说的相互关联.上海：复旦大学出版社

中国百科大辞典编委会.1990.中国百科大辞典.北京：华夏出版社

中国大百科全书出版社《简明不列颠百科全书》编辑部.1986.简明不列颠百科全书.北京：中国大百科全书出版社

中国教科所比较教育研究室.1989.简明国际教育百科全书·人的发展.北京：教育科学出版社

中共中央马克思恩格斯列宁斯大林著作编译局.1979.马克思恩格斯全集（第42卷）.北京：人民出版社

中共中央马克思恩格斯列宁斯大林著作编译局.1995.马克思恩格斯选集（第1～4卷）.北京：人民出版社

周辅成.1987.西方伦理学名著选辑（上卷）.北京：商务印书馆

朱红文.1994.人文精神与人文科学——人文科学方法论导论.北京：中共中央党校出版社

朱作仁.1987.教育辞典.南京：江苏教育出版社

后 记

　　人是教育的对象，更是教育学研究的核心。基于对人的问题的极大兴趣，尤其是对教育过程中人的全面理解和深刻把握方面的特别关注，同时也基于对马克思主义当代价值的认同，我选择了以马克思主义人的学说为理论基础，探究立足教育学视角人的认识问题为研究课题。

　　面对马克思主义理论的博大精深，面对人之问题的纷繁复杂，我强烈地感受到了自身知识的浅薄和能力的有限，进而想到了退缩。是我的导师叶澜教授，及时地为我导航引领，排疑解难，并以诲人不倦的学者风范驱动着我跋涉在这段学术历练的征程中。在华东师范大学教育学系读书的三年，不仅使我在知识、思想等方面收获颇丰，更重要的是使我强烈地感觉到，从此开始了一种真正的学术人生，且向往着走向"生命自觉"。这对我这个一向"受动性"大于"能动性"的人来说，其中所包含的意蕴，也许只有我自己才能够深切地体会到。所以，尊敬的叶老师，此时此刻虽然一个"谢"字不足以承载我厚重、感恩的心意，但在暂时别无选择的情况下，也只好借此深深地道一声：感谢您！此外，华东师范大学的陆有铨老师、杨小微老师、杜成宪老师、熊川武老师、郑金州老师、范国睿老师等的渊博知识和悉心教诲，让我受益匪浅，记忆深刻。卜玉华老师、李家成老师、李政涛老师、李伟胜老师等敏捷的思维和扎实的学术功底，使我耳目一新，备受激励。真心地谢谢你们，华东师范大学教育学系的老师们！

在我生命成长的过程中，曾给予我重要影响和帮助的还有王道俊老师、郭文安老师、扈中平老师、王坤庆老师等我的硕士导师。是他们严谨治学的态度，深邃丰盈的思想、学识，以及不吝赐教的良师行为，促发了我学术思想的萌芽，并滋养着我精神生命的成长。在此，同样向我的这些恩师们献上我最深切的谢意！

另外，在此还要特别感谢我的爱人侯宝顺、儿子侯雨以及我的父母。由于曾经经常在外读书求学，忽略了许多作为妻子、母亲及女儿的责任和义务。对于家人的浓浓亲情和默默支持，我也心存一份感激之情。

在本书的写作过程中，昔日的同窗、学生以及现在的同事、学生都以不同方式给予我很大帮助。在此，不便一一列举，但感谢之意却一定要呈上。

对于本书的出版，科学出版社和河南大学教育科学学院的领导给予了大力支持，尤其是科学出版社的付艳编辑做了大量辛勤的前期工作，在此一并表示感谢。

最后，本书的写作参考了国内外许多相关研究成果，对于这些学术前辈所做的研究成果给予本书的启迪和支撑，本人深表敬仰和感谢。

虽然本书最终画上了一个句号，但我深知，由于本人学识有限，能力不及，书中所述难免肤浅和不当。所以，这个句号并不意味着有关教育学视阈中人的问题研究的结束；恰恰相反，这只是研究的开始。本人恳切地期待着读者以其睿智和慧眼，对本书提出宝贵的批评和指导，并慷慨赐教，从而扶持我前行在接下来的研究征途上。

刘黎明

2009 年 12 月于河南大学